Marc Boettcher

Alexandra

Ihr bewegtes Leben, ihre sehnsuchtsvollen Lieder, ihr tragischer Tod

Knaur

Originalausgabe Februar 1998
Droemersche Verlagsanstalt Th. Knaur Nachf., München
Copyright © by Marc Boettcher, Berlin
Ein Projekt der Edition diá, Berlin
Das Werk einschließlich aller seiner Teile ist urheberrechtlich
geschützt. Jede Verwertung außerhalb der engen
Grenzen des Urheberrechtsgesetzes ist ohne Zustimmung
des Verlages unzulässig und strafbar. Das gilt
insbesondere für Vervielfältigungen, Übersetzungen,
Mikroverfilmungen und die Einspeicherung und
Verarbeitung in elektronischen Systemen.
Umschlaggestaltung: Agentur Zero, München
Umschlagfoto: Süddeutscher Verlag, München
Satz: Ventura Publisher im Verlag
Reproduktion: Franzis-Druck, München
Druck und Bindung: Clausen & Bosse, Leck
Printed in Germany
ISBN 3-426-60757-3

3 4 5 6 7

Im Gedenken an meine Großmutter
und an meine Freunde Wilm und Eva-Marie

Oft ist's im Leben anders, als es scheint.
Belächeln wirst du, was du einst beweint.
(Alexandra)

Inhalt

Vorwort	9
Kinderjahre	13
Nikolai	32
Sascha	44
Auf dem richtigen Weg	54
Fred Weyrich	68
Alexandra	76
Die Ruhe vor dem Sturm	90
Rußland	99
Gilbert Bécaud	109
Adamo	119
Sehnsucht	133
Hans R. Beierlein	143
Udo Jürgens	155
Rio de Janeiro	171
Truck Branss	188
Zusammenbruch	201

Pierre	216
Zweifel	230
Veränderungen	240
Schock	251
Vorahnungen	267
Der Unfall	275
Rätselhafter Tod	281
Diskographie	295
Alexandras Aufnahmen	298
Bildnachweis	301
Liednachweis	303
Danksagung	308
Personen- und Liederregister	309

Vorwort

Manchmal, wenn man das Radio anstellt, ist sie wieder da, ist sie immer noch da, diese Stimme, dunkel, rauchig, unverwechselbar: *Mein bester Freund ist mir verloren, der mit der Kindheit mich verband.* Wehmut, Sehnsucht, Melancholie – aus tiefster Seele kommende Gefühle. *Mein Freund, der Baum ist tot, er fiel im frühen Morgenrot ...* Eine Stimme, die einzigartig war in der deutschen Musikbranche und die bis heute unerreicht geblieben ist.

Am 31. Juli 1969 kam Deutschlands große Chanson-Hoffnung Alexandra bei einem Autounfall ums Leben. Sie war gerade 27 und erst knapp drei Jahre erfolgreich im Showbusiness. Die ganz große Karriere lag noch vor ihr.

Heute, fast drei Jahrzehnte später, hat eine Welle der Nostalgie den deutschsprachigen Raum erfaßt und Alexandra wiederentdeckt. Jedes Jahr erscheinen CDs mit ihren unvergessenen Hits *Zigeunerjunge* und *Sehnsucht – das Lied der Taiga* usw. Die Verkaufszahlen beweisen, daß die verstorbene Sängerin neben ihren vielen älteren Fans neue hinzugewonnen hat und begeistert, eine Generation, die erst nach ihrem Tode herangewachsen ist, die sie also nie gekannt hat. Das ist ein erstaunliches Phänomen. In ihrer kurzen Karriere gelang es ihr, sich ein musikalisches Denkmal zu setzen, und das ausgerechnet in einer Zeit, in der Studentenunruhen, die erste Mondlandung und die Beatles für Schlagzeilen sorgten. Wie war das möglich?

Kollegen wie Peggy March, Hildegard Knef und Peter Kraus feiern heute ihr Comeback, doch an Alexandra kann nur die vorliegende Biographie erinnern, da ihre verheißungsvolle Karriere an einem heißen Julitag ein abruptes Ende fand. Als ich vor vier Jahren zu recherchieren begann, hatte ich eigentlich nur vor, eine Hommage für die Bühne zu schreiben. Ich ging davon aus, daß es schon längst eine umfassende Biographie über Alexandra geben müßte. Um so erstaunter war ich, daß dies nicht der Fall war und es in den zahlreichen Presse- und Filmarchiven kaum Informationen über ihr Leben und ihre Karriere gab. So fing ich an, Verwandte, Freunde und Kollegen zu interviewen sowie Fotos und Fernsehaufzeichnungen auszuwerten. Schließlich hatte ich so viel Material zusammengetragen, Anekdoten, Zeitungsartikel und Selbstzeugnisse, daß dieses Buch daraus entstand. Die Geschichte einer jungen Frau, die nach Anerkennung und beruflicher Erfüllung strebte, doch mit dem einsetzenden Erfolg den grausamen Preis des Ruhms erkennen mußte: Verleugnung der Persönlichkeit, Zerstörung des Privatlebens, seelische Zerrüttung. Alexandra sagte einmal: *Ihr alle kennt mich nicht, wie ich wirklich bin. Ihr alle kennt nur einen kleinen Teil von mir. Ihr seht nur das, was ihr sehen wollt, ihr seid blind.* Nach außen hin umgab sie sich mit einer geheimnisvollen

Aura, um von sich selbst, ihrer Herkunft und ihren Gefühlen abzulenken. Ihr plötzlicher Tod, der bis heute immer wieder Rätsel aufgibt, hat das Mysterium um sie herum noch verdichtet. Sie wurde zur Legende. So ist es vielleicht auch zu erklären, daß sie 1978 posthum als erste deutsche Sängerin mit einer »Goldenen Langspielplatte« ausgezeichnet wurde und ihr Sohn im Alter von 25 Jahren ein Millionenerbe antreten konnte.

Wer aber war Alexandra wirklich? Was steckt hinter der Fassade der ersten deutschen Liedermacherin, deren Repertoire bis heute nichts an Aussagekraft und Aktualität verloren hat? Hat sie ihren frühen Tod vorausgesehen? War es nur ein Unfall? Fragen über Fragen. Vielleicht kann diese Biographie nach all den Jahren etwas Licht in das Dunkel bringen.

KINDERJAHRE

Wir sind vom Memelland. Meine Mutter stammt aus einer wendischen Familie, mein Vater ist Halblitauer. Wir haben sehr viele Russen, sehr viele Tschechen in der Familie, aber auch Spanier, ein ziemlich buntes Gemisch also.

Zweiter Weltkrieg. Nach dem gewaltigen Vormarsch deutscher Truppen in alle Richtungen Europas bringt im Dezember 1941 der Kampf um Moskau die Wende des Krieges. Noch aber fürchten die Memelländer keinen Angriff der russischen Armee. Sie scheinen sich fast schon an das ständige politische Tauziehen um ihr Land nahe der russischen Grenze gewöhnt zu haben.

Erst wenige Jahre zuvor, im März 1939, hatte Hitler die Rückgabe des überwiegend von Deutschen bewohnten Memelgebietes erzwingen können, das seit 1919 aufgrund des Versailler Vertrages als Kriegsschuld erst unter französischer Besatzung stand und 1923 von Litauen annektiert worden war.

Noch unter litauischer Verwaltung heiratet im Mai 1936 der 37jährige Justizsekretär August Treitz die dreizehn Jahre jüngere Wally Swetosch, deren Eltern eine kleine Kolonialwarenhandlung mit angegliederter Gaststätte und eine gutgehende Meierei führen. Mit Stolz zeigen sie ihren Kunden und Besuchern die Medaille, die sie zu Beginn der dreißiger Jahre für den besten Tilsiter Käse bekommen haben. August Treitz kommt aus eher einfachen, bäuerlichen Verhältnissen, doch aufgrund seines Beamtenstatus und dem damit verbundenen ansehnlichen Einkommen gilt er als eine gute Partie. Das jungvermählte Paar beschließt, sich in der verträumten Ortschaft Heydekrug unweit des Kurischen Haffs niederzulassen. Ein Jahr nach der Hochzeit wird ihre älteste Tochter Melitta, drei Jahre darauf Marianne und schließlich am 19. Mai 1942 »Pummelchen« Doris geboren, die Ende der sechziger Jahre als Sängerin Alexandra eine grandiose Karriere starten wird.

So oft es geht, treffen sich die Familienangehörigen in Heydekrug oder im nicht weit entfernten Willkischken, wo die Großeltern und Wallys Schwester mit ihren fünf Kindern wohnen. Wally hat ein temperamentvolles, energisches Wesen, ähnlich ihrer Mutter Hermine, daher gehen sich beide gern aus dem Weg. Wallys Schwester Hildegard Lessing dagegen ist der Ruhepol der Familie, verständnisvoll und sensibel. Besonders Doris fühlt sich von klein auf zu ihr hingezogen, und noch während ihrer Karriere als Schlagersängerin schüttet sie ihrer Tante des öfteren ihr Herz aus.

Ende 1942 bahnt sich der Untergang des Dritten Reiches an. Von allen Seiten rücken die Frontlinien auf Deutschland zu. August Treitz und sein Schwager Hermann Lessing werden zum Volkssturm eingezogen. Die Frauen bereiten sich mit ihren Kindern auf die Flucht vor, ohne zu wissen, ob sich die Familien je wiedersehen werden.

Hildegard und ihre Kinder sowie die Großeltern versuchen vergebens, im Oktober 1944 Platz auf einem der letzten, restlos überfüllten Flüchtlingsschiffe nach Dänemark zu bekommen. Ein Transport des »Roten Kreuzes« in verlausten Viehwagen, bei dem keinerlei Gepäckstücke mitgeführt werden dürfen, bringt sie völlig mittellos ins dithmarsische Lunden bei Heide. Der Großvater wird während der Flucht von seiner Familie getrennt, verschleppt und getötet. Hermann Lessing wird verwundet und stirbt wenig später in einem Seuchenlazarett unweit von Insterburg.

Wally und ihre drei kleinen Töchter müssen bereits zwei Monate früher aus Ostpreußen flüchten. Doris ist gerade zwei Jahre alt. Es wird eine Flucht auf Leben und Tod. In Hühnerställen und Rauchfängen verstecken sie sich vor den Russen, geraten immer wieder in die Schußlinie von Partisanenkämpfen, bis sie schließlich einen Treck finden, der sie auf abenteuerlichen Wegen nach Sachsen bringt, teils mit Pferdefuhrwerken, teils zu Fuß. Dort treffen sie wieder mit dem Vater zusammen und fliehen weiter nach Norden über Walkenried im Harz bis in die ausgebombte Kriegshafenstadt Kiel, wo ihre Flucht nach mehr als sechs Monaten ein Ende findet.

Eine Rückkehr in ihre geliebte Heimat ist unmög-

lich. Im Januar 1945 haben die Russen das Memelland vollständig besetzt, und nach Kriegsende wird es der Sowjetrepublik Litauen angegliedert. Heydekrug, die östlichste Stadt des ehemaligen Deutschen Reiches, erhält den Namen Siluté.
Überglücklich finden beide Familien über Großmutter Hermines unverheiratete Schwester Alwine wieder zusammen. Die in Wuppertal lebende Krankenschwester ist es auch, die ihren Verwandten während der Nachkriegsjahre ständig Pakete mit Nahrungsmitteln und Kleidung nach Norddeutschland schickt. Trotz Währungsreform und Wirtschaftswunder ist es für die beiden Familien nicht leicht, sich eine neue Existenz aufzubauen. Noch immer leiden sie unter den Folgen des Krieges, durch den sie vertrieben worden sind und all ihr Hab und Gut verloren haben. Schwer getroffen ist die Familie, als 1956 die geliebte Tante und Schwester unerwartet stirbt. Im selben Jahr wird in der jungen Bundesrepublik durch Bundeskanzler Konrad Adenauer die Wehrpflicht wieder eingeführt.

Nach seiner Rückkehr aus der Gefangenschaft tritt August Treitz eine sichere Anstellung bei der Kieler Staatsanwaltschaft an und zieht mit seiner Familie von einer zugigen und engen Notunterkunft in der Stiftstraße in eine schöne, großzügige Altbauwohnung im Knooper Weg 163. Sie entspricht ganz den damaligen Verhältnissen, nicht viel Komfort, aber dennoch ansprechend eingerichtet. Einziger »Luxus« sind ein Klavier und eine Vielzahl von Büchern. Die Eltern können nun erstmals wieder ihren Hobbys nachgehen und widmen sich in ihrer Freizeit der Hausmusik und dem Schreiben von Kurzgeschichten, die sie aber nie veröffentlichen. Die Mutter, die Ende der zwanziger Jahre eine Ausbildung an der Berliner Kunstgewerbe-Akademie absolviert hat und dabei auch ein wenig das süß-frivole, pulsierende Leben der Hauptstadt genießen konnte, ist eine ausgezeichnete Pianistin. Sie ist auch eine exzellente Geschichtenerzählerin und reißt jeden Zuhörer in ihren Bann. Der Vater wiederum ist ein Virtuose auf der Querflöte und ein begeisterter Naturfreund und Angler. So zieht er oft mit seinen drei Töchtern los, erklärt ihnen alles Wissenswerte über Flora und Fauna und vergißt darüber sogar gelegentlich das Mittagessen, was seine Frau jedesmal verärgert. Einmal schummelt er sich mit den Kindern sogar in ein geschlossenes Museum, nur um ihnen das Skelett eines Wals präsentieren zu können.

Kinderjahre
Musik: Adamo; Text: Alexandra

Wir hüpften auf dem Schienenstrang
der kleinen Bummelbahn entlang
bis hin zum alten Moor.
Wir drückten an die hohlen Masten
der Telegrafen oft das Ohr,

auf unsichtbaren Orgeltasten
spielte der Wind uns Kindern vor.

Geheimnisvoll schien uns die Welt,
wir wußten nichts von Ruhm, von Geld,
doch glücklich waren wir –
Kinderjahre.

Wir rollten unsere bunten Reifen
und mußten laufen, mußten springen;
wir konnten damals nicht begreifen,
warum die Großen langsam gingen.
Und dann verblühten die Geranien
im Garten vor dem Nachbarhaus,
wir sammelten im Herbst Kastanien
und machten lange Ketten draus.

Und sonnig schien uns der ganze Tag,
weil noch kein Schatten auf uns lag,
denn Kinder waren wir –
Kinderjahre.

Bald zauberte ans Fenster weiß
der Frost die Blumenpracht aus Eis,
fremdartig und bizarr;
wir rodelten den Hang hinunter,
grad dort, wo es verboten war;
wir rutschten unbeschwert und munter
hinein ins nächste Kinderjahr.

Und heut' gehört die Kinderzeit
schon lange der Vergangenheit,
uns so vertraut und lieb –
Kinderjahre.

Am Waldrand blühte roter Mohn,
er flog im Sommerwind davon,
jedoch sein Leuchten blieb –
Kinderjahre.

Die Kinder wachsen wohlbehütet auf und zeigen schon bald künstlerische Neigungen. Melitta, die älteste und Lieblingstochter des Vaters, ist ein stilles, verträumtes Kind mit einer zarten Stimme. Kaum daß sie schreiben kann, hält sie ihre Gedanken in seitenlangen Aufsätzen und Gedichten fest und träumt von einer Karriere als Ballerina.
Marianne hingegen ist der Wirbelwind der Familie. Sie läßt sich nichts gefallen und haut auf den Tisch, wenn ihr etwas nicht paßt. Gemeinsam mit ihrer jüngsten Schwester geht sie schwimmen und zum Leichtathletikunterricht in einen Sportverein. Sie heckt immerzu Streiche aus und bringt ihre unbändige Phantasie im Malen von Bildern zum Ausdruck. Am Gymnasium wird man auf ihr tänzerisches Talent aufmerksam und bietet ihr ein Stipendium für die Ballettschule an, doch die Eltern untersagen ihr diese Ausbildung.
Doris, das Nesthäkchen, scheint verschiedene künstlerische Begabungen in sich zu tragen. Sie tanzt,

singt, malt und spielt bereits im Alter von zehn Jahren hervorragend Klavier. Wallys Wunsch, daß all ihre Töchter Instrumente spielen mögen, erfüllt sich nur bei ihrem »Dorettchen«. Nur sie hat die Freude und die Ausdauer dazu. Doris ist vom Klavierunterricht derart begeistert, daß sie sogar die Schule darüber vernachlässigt, doch das stört ihre Mutter nur wenig. Im Gegenteil, sie verfolgt sogar ehrgeizig das Ziel, ihre Jüngste Karriere machen zu lassen. Immer wieder versucht sie, ihre Tochter von ihren Talenten zu überzeugen. Das stärkt natürlich Doris' Selbstbewußtsein. Auch sonst ist sie ein recht aufgewecktes Mädchen, das schon früh lernt, seinen eigenen Willen durchzusetzen, und das der Familie ab und zu auf der Nase herumtanzt.

Als Sechsjährige tritt Doris in einer Schulveranstaltung auf und spielt in »Schneewittchen« den kleinsten Zwerg. Während ihren Mitschülern vor Lampenfieber die Knie schlottern, stibitzt sie ohne Zögern, vor versammeltem Publikum, von den sieben Tellerchen die Kekse und ruft immer wieder »Bumbautz, Bumbautz!«, was natürlich für helle Aufregung sorgt.

Neben Schule und Klavierunterricht singt Doris auch jahrelang im evangelischen Kirchenchor mit.

Da gab's dann an Sonn- und Feiertagen sechzig Pfennige, dafür konnten wir ins Kino gehen. Das war also eine grandiose Sache, aber ich muß sagen, ich hab nicht wegen der sechzig Pfennige gesungen, sondern weil es mir wirklich sehr viel Spaß machte. Ich weiß noch, ich war immer die dritte Stimme, ich hab immer unten im Baß gesungen, wo die Männer dann den Tenor erklingen ließen.

Ostern 1953 wechselt Doris von der Volksschule zum Kieler Ricarda-Huch-Gymnasium. Ihre bemerkenswerten künstlerischen Begabungen bleiben auch hier den Lehrern nicht verborgen. Ihre im Unterricht entstandenen Zeichnungen und Bilder sind so gut, daß sie in den Schulkorridoren ausgehängt werden. Ein Spleen von Doris ist es, all ihre Werke in kyrillischer Schrift zu signieren. Sie liebt die russische Sprache und beginnt fleißig, Vokabeln zu pauken.

In der 10. Klasse unternimmt Doris eine Klassenfahrt zum Schloß Nehmten am Plöner See, das dem verarmten Grafen Plessen gehört und an einen Landschulheim-Verein verpachtet ist. Eines Nachts schleicht sie sich heimlich mit ihrer besten Freundin Helga, begleitet von einem jungen Förster, in ein nahegelegenes Wildgehege, um bis in die frühen Morgenstunden die Tiere zu beobachten. Als die Schulleitung von diesem nächtlichen Abenteuer erfährt, werden die beiden Mädchen zur Strafe vorzeitig nach Hause geschickt. Die Hauptschuld wird jedoch Doris in die Schuhe geschoben, die in der Schule als aufmüpfig gilt. Sie läßt sich von den Lehrern nichts vorschreiben. Sie hält nicht brav ihren Mund, sondern widerspricht gern und stellt unangenehme Fragen. Diese Eigenschaft wird auch während ihrer späteren Karriere noch so manchen

Regisseur und Kollegen aus der Fassung bringen. Melitta beschreibt ihre jüngste Schwester als »eine Mischung aus unbefangen, kindlich und dickköpfig. Manchmal sprang sie mit den Menschen ganz unbekümmert um. Sie war sehr verspielt und probierte oft ihre Wirkung auf andere Menschen aus. Doris ging offen auf die Leute zu, doch über das Tiefste in ihrer eigenen Seele sprach sie nicht«.

In den Sommerferien 1957 bekommt Familie Treitz Besuch von Hildegard Lessing und ihrer Tochter Marleen. Wallys Schwester ist mit ihrer Familie bereits fünf Jahre zuvor von Lunden nach Remscheid umgezogen, so daß die regen Besuche zwischen den Verwandten recht selten geworden sind. Großmutter Hermine hat einige Monate zuvor von Marleen und ihrer gleichaltrigen Cousine Doris verlangt, daß sie sich während ihrer Schulzeit gegenseitig englische Briefe schreiben. Aus diesem erzwungenen Briefwechsel erwächst schon nach kurzer Zeit eine wertvolle Freundschaft, die dann ein Leben lang hält.

Vier Wochen lang vertrauen sich die beiden ihre Geheimnisse an und amüsieren sich. So gehen sie mit den Schülerausweisen der älteren Schwestern ins Kino, um sich »Anastasia« mit Ingrid Bergmann und Gruselfilme mit Vincent Price anzusehen, oder zu Tanzveranstaltungen, zu denen Doris auch ihre erste große Liebe Bernd mitnimmt, einen zwei Jahre älteren, gutaussehenden Jungen aus dem Nachbarhaus. Anfangs war er nur so etwas wie ein Bruderersatz für sie, doch plötzlich sind sie ineinander verliebt und genießen erste Zärtlichkeiten. Gemeinsam mit Marleen hören sie Jazz und Rock 'n' Roll, aber auch Freddy Quinns »Heimweh«, die einzige deutsche Single, die sich Doris jemals gekauft hat. Ansonsten bevorzugt sie klassische Musik, vor allem Werke von Mozart, Chopin und Schubert. Doris ist entzückt von Marleens tiefschwarzem, vollem Haar. Sie selbst hat nur dünne, brünette Haare und beschließt daraufhin, sie etwas dunkler zu färben und zu toupieren, was einige Jahre später zu ihrem unverwechselbaren Markenzeichen werden wird: dunkle Stimme zu dunklen Augen und dunklen Haaren.

Zwischen 1958 und 1960 tritt Doris regelmäßig bei den Schülerkonzerten ihrer Klavierlehrerin Ilse Knust im Kieler Goethe-Gymnasium und in der Pädagogischen Hochschule auf. Sie spielt mit beachtlichem Erfolg Werke von Bach, Schubert, Brahms, Haydn und Mozart. Doris' Klavierspiel ist zu dieser Zeit schon so ausgereift, daß ihr nahegelegt wird, aufs Konservatorium zu gehen. Sie wagt sich an erste Eigenkompositionen heran und beginnt, Lieder zu schreiben. Alles, was an Melancholie und Romantik, aber auch an Ausdrucksvermögen und urwüchsigem, slawischem Temperament in ihr schlummert, wird jetzt geweckt.

Die erwachenden künstlerischen Regungen führen bei Doris in den folgenden Jahren zu einem Wirbel von Gefühlen und Entschlüssen, von denen sie noch nicht weiß, welche richtig, welche bleibend sein werden. Nur eines ist ihr klar: Sie will heraus aus der Schule, künstlerisch tätig sein und damit auch Geld verdienen.

Mein Vater wollte unbedingt, daß ich das Abitur mache. Da hab ich ihm gesagt, für mich kommt nur ein künstlerischer Beruf in Frage, und das Abitur ist für mich einfach verlorene Zeit, noch drei lange Jahre Schule. Er sagte: »Nein, du mußt, du mußt – die Marianne hat's auch gemacht. Nu mal ran.«

In den darauffolgenden anderthalb Jahren überzeugte ich ihn aber dann doch, daß es für mich verlorene Zeit ist, die Schule zu absolvieren. Ich habe nur noch gezeichnet, gemalt, Klavier gespielt, getanzt und obendrein noch in einer Laiengruppe Theater gespielt. Ich hab ihm also bewiesen, daß ich an der Schule keinerlei Interesse mehr hatte. Es war für mich vorbei. Ich hatte genug gelernt, ich hatte Latein und alles mögliche gehabt – vorbei – vorbei – vorbei; du willst auf dein Ziel los, und das kann nur ein künstlerisches sein.

Im März 1960 geht Doris vom Gymnasium ab und hinterläßt vor allem bei ihrer Klassenkameradin Helga eine schmerzliche Lücke: »Ich werde nie das Gefühl vergessen, das ich am ersten Tag nach ihrem Schulabgang hatte. Es war so etwas wie ein Verlassenwerden, das nicht zu verkraften ist. Ich habe unter dieser leeren Bank neben mir sehr gelitten und in der Schulzeit, von der Sexta bis zur Obersekunda, nie wieder eine so enge Freundschaft geschlossen. Alexandra sagte einmal später, daß sie eigentlich keine Freundinnen brauchte. Sie machte aber die Ausnahme bei mir und ›Nati‹ [Renate], weil sie Vertrauen zu uns hatte. Sie trat sonst Frauen skeptisch und mißtrauisch gegenüber, wie ihre Schwestern es auch taten. Doris hat in mir eine Art von Unverletzbarkeit erhalten, da sie im tatsächlichen Leben so oft gekränkt und belächelt wurde, jedenfalls in ihrer Kindheit und Teenagerzeit. Sie war ein sehr guter Mensch, ehrlich und integer. Sie war klug und warmherzig, aber auch sehr zart, verletzlich und zerbrechlich.«

Nach dem Schulabgang tappt Doris noch völlig im dunkeln, was ihre berufliche Zukunft angeht. Sie schwankt zwischen Zeichnen, Ballett, Schauspielerei, Singen und Klavierspielen. Sie kann sich einfach nicht entscheiden. Daß sie zwei Wochen später kurzentschlossen eine Grafikausbildung beginnt, hat sie ihrem Vater zu verdanken, der in einem solchen Berufszweig noch am ehesten eine spätere Verdienstmöglichkeit und Anstellung sieht.

Ich wußte wirklich überhaupt nicht, was ich machen sollte, bis mein Vater ein Machtwort sprach und sagte: »Hör mal, jetzt wirst du Grafikerin. Der Beruf hat am meisten Aussichten, ja, da bist du wenigstens ein bißchen gesichert.« Daraufhin habe ich dann eine Schule besucht, die mir wahnsinnig viel Spaß gemacht hat, aber die ich nach zwei Semestern wieder abbrach, da Singen und Schauspielerei immer mehr die Oberhand gewannen.

Während ihrer Ausbildung auf der Kieler »Muthesius-Werkkunstschule« zeigt Doris von Anfang an ein ausgeprägtes Interesse für Tierillustrationen. Sie spezialisiert sich auf diesem Gebiet und kopiert unter anderem in realistischer Manier und Genauigkeit den Fuchspelz ihrer Mutter als farbiges Aquarell. Doris gilt als talentiert und verkauft in wenigen Monaten Dutzende ihrer Bilder.

Ich hab das Fach Buchgrafik studiert und mich auf Tierillustrationen konzentriert. Ich mußte alle Tiere zeichnen, dabei haben mich die Raubkatzen am meisten fasziniert. Sie sind für mich die schönsten, elegantesten und geschmeidigsten Tiere, die sich nicht oder nur sehr schwer unterordnen lassen. Sie lieben die Freiheit. Sie kriechen nicht vor den Menschen, und das imponiert mir. Gerade weil der Mensch immer gewohnt ist, alles sich unterzuordnen, die Natur, die Naturgewalten und die Tierwelt. Ich war bei einem Zoodirektor und hatte direkten Kontakt mit Löwen. In ihrem Käfig habe ich sie gestreichelt, und sie haben mir nichts getan. Ich habe dieses Studium nicht zu Ende gemacht, aber immerhin habe ich an die vierzig, fünfzig Tierbilder verkauft.

Später, während ihrer Karriere, wird Doris häufig auf diese Ausbildung und auf ihre Zuneigung zu Tieren hin angesprochen. *Ich wurde oft gefragt, ob ich besonders tierlieb sei. Ich kann behaupten, daß ich's bin, denn für mich ist Tierliebe nicht, einen Pudel oder ein Lämmchen süß zu finden, sondern daß ich, wenn ich durch den Wald gehe, kein Spinnennetz zerreiße oder Käfer zertrete und daß ich auch meinen Sohn in dieser Hinsicht erziehe.*

Von dem ersten Geld, das Doris mit dem Verkauf ihrer Tierillustrationen, aber auch als Zimmermädchen in den Ferienmonaten verdient hat, erfüllt sie sich einen langersehnten Traum. Sie kauft sich eine Gitarre.

Eines Tages kam die Folklore-Welle auf, und da kaufte ich mir eine Gitarre und begann zu singen. Ich habe mir die Akkorde auf dem Klavier zusammengesucht, und dann plötzlich hatte ich sie auf der Gitarre. Das war wohl die erste ausschlaggebende Zündung. Von da an nahm das Verhängnis, mein eigentlicher Beruf, seinen Anfang. Des öfteren habe ich mich nun abends mit ein paar Kollegen und Freunden zusammengesetzt und mit ihnen musiziert und gesungen. Jeder wußte ein Lied, das der andere noch nicht kannte. Wir haben uns dann gegenseitig die Griffe beigebracht. Es war eine sehr schöne Zeit. Und da hab ich auch schon an sich erkannt, daß das, was ich in meinen Zeichnungen immer ausdrücken wollte, mein eigenes Ich, meine Gefühle, daß ich die im Grunde genommen mit meiner eigenen Stimme ausdrücken konnte. Das war Folklore.

Das Märchen einer Frühlingsnacht
Musik: Rolf Soja; Text: Alexandra

Neigt sich die Weide tief zum Fluß,
spürt sie der Wellen kühlen Kuß;
und ihre Zweige spürt sie beben
in ahnungsvollem Leben;

und in den Knospen regt sich sanft
das Märchen einer Frühlingsnacht.

Der Mond, der blaß am Himmel fror,
tritt leuchtend aus dem Wolkentor.
Der Frösche erstes Hochzeitsläuten
weiß lächelnd er zu deuten,
denn auf der Erde ist erwacht
das Märchen einer Frühlingsnacht.

Es war einmal, es war,
doch sieh, auch dieses Jahr
hat die Natur es wahrgemacht
das Märchen einer Frühlingsnacht.

Tief in der Erde Dunkelheit,
flüstern die Blumen: »Es ist soweit.«
Und schon der erste warme Regen
treibt sie dem Licht entgegen,
und es erstrahlt in Blütenpracht
das Märchen einer Frühlingsnacht.

In allen Herzen ist erwacht
das Märchen einer Frühlingsnacht.

Von nun an gilt Doris' ganzes Interesse nur noch der Musik. In jeder freien Minute greift sie zur Gitarre und singt. Das nimmt schließlich derart überhand, daß sie ihre Ausbildung an der Werkkunstschule abbricht und sich nach bestandener

Aufnahmeprüfung für das Sommersemester 1961 auf dem Hamburger Johannes-Brahms-Musikkonservatorium anmeldet.

So zieht auch Doris in die Hansestadt, wo ihre Mutter mit den beiden Schwestern schon seit längerer Zeit eine Sozialwohnung am Rothenburgsorter Marktplatz bewohnen. Das Hochhaus mit der Nummer 5 befindet sich in einem neugebauten Arbeiterviertel. Der Schmutz der Straßen reicht bis ins Treppenhaus und in den Fahrstuhl hinein. Und auch die Dreieinhalbzimmerwohnung der Frauen macht nach Aussage eines Freundes »einen recht düsteren, ja fast schon unbehaglichen Eindruck. Sie war recht einfach eingerichtet. Ich erinnere mich, wie miefig und unaufgeräumt sie meistens war. Es stand alles ziemlich voll, auf den Schränken waren Pappkartons mit Zeitschriften. Es herrschte ein regelrechtes Chaos. Ich fand's jedenfalls sehr deprimierend und dunkel dort, einfach nicht einladend. Doris' Mutter wollte vielleicht auch deshalb keine Besucher in der Wohnung. Sie war sehr dominant, und vor allem Melitta litt unter ihren Bevormundungen. Ihre Jüngste dagegen war ihr Liebling. Doris achtete stets auf ein gepflegtes Äußeres, war aber, was ihre Kleidung betraf, eher unscheinbar. Auch sonst wirkte sie sehr zurückhaltend und äußerst sensibel, ja fast schon schwermütig. Wir sangen manchmal zusammen, weil wir dieselbe Gesangslehrerin hatten, und ich merkte schon da, daß sie mit ihren Liedern auf sich aufmerksam machen wollte«.

Wenige Monate zuvor haben sich Doris' Eltern kurz vor ihrer Silberhochzeit getrennt. Die Kinder sind erwachsen, und Wally hat das Gefühl, in ihrem Ehedasein zu verkümmern. Nach dem Krieg ist ihr Mann immer einsilbiger geworden. »Das Familienleben«, so erinnert sich Alexandras Cousine Marleen, »war meinem Onkel August zu hektisch und zu laut. Er konnte einem leid tun unter all der Weiberschaft, er hatte kein Mitspracherecht mehr und wurde stets überstimmt. Wenn er es jedoch nicht mehr zu Hause aushielt, packte er seinen Rucksack, schwang sich aufs Fahrrad und fuhr zum Angeln.« So war es nur eine Frage der Zeit, wann sich die Eheleute auseinanderlebten. Mit 49 Jahren sprüht die attraktive Wally noch so vor Lebensfreude und Tatendrang, daß sie die Scheidung möchte. Sie sehnt sich nach neuen Aufgaben und Erlebnissen. Und was ihren Lebensunterhalt betrifft, so kann sie sich als Schneiderin gut ihr eigenes Geld verdienen. Ihre beiden älteren Töchter aber müssen von nun an für sich selbst aufkommen.

Marianne, die auf Wunsch ihres Vaters eine Ausbildung als Rechtsanwaltsgehilfin abgeschlossen hat, ein anschließendes Jurastudium jedoch energisch ablehnt, verdient sich ihr Geld unter anderem als Tänzerin beim »Zirkus Krone« und als Bardame in St. Pauli, wo sie auch ihren späteren Ehemann Manfred Kraft, einen ehemaligen Fremdenlegionär, kennenlernt.

Melitta, die zwei Jahre zuvor als erste der Familie an

die Elbe gezogen war, um dort nach längerem Unterricht eine Ballett-Karriere zu beginnen, begräbt aufgrund der finanziellen Misere ihren Traum. Sie hält sich fortan mit Gelegenheitsjobs über Wasser und versucht, auf der Abendschule ihr Abitur nachzuholen.

Aber auch Doris, die noch mit der Unterstützung ihrer Eltern rechnen kann, hat kein Glück. Ihre Freude, auf dem Konservatorium zu studieren, schlägt schon nach wenigen Monaten in herbe Enttäuschung um. *Sie wollten aus mir eine Opernsängerin machen. Ich sollte nicht tief singen, sondern hoch, was ich auch kann, aber nicht gern tue.*

NIKOLAI

Ein knappes Jahr später hat Doris von ihrem Musikstudium die Nase voll und bricht es ab, ohne zu wissen, wie es jetzt für sie weitergehen soll. Mutter wie Vater sind außer sich und fordern Doris auf, wie ihre Schwestern künftig selbst für ihren Lebensunterhalt zu sorgen. Das tut sie dann auch und versucht sich bis zu ihrer Entdeckung als Sängerin in mehr als einem halben Dutzend Beschäftigungen. Am liebsten aber verdient sich Doris etwas Geld beim abendlichen Tingeln durch Hamburgs Kneipen und Restaurants. Selbstbewußt greift sie dann in die Saiten ihrer Gitarre und singt manchmal bis in die frühen Morgenstunden hinein Volkslieder und Balladen.
Einer ihrer beliebtesten Auftrittsorte ist das kleine russische Restaurant »Rodina« in der Nähe des Hauptbahnhofs. Der Geschäftsführer freut sich jedesmal über ihr Kommen. Er liebt es, wenn Doris – erfüllt von ihrer slawischen Seele – in ihren Liedern von seiner Heimat erzählt und den Traum einer Reise nach Rußland besingt.
An einem dieser Abende bittet er sie daher an den Tisch eines guten Freundes. »Darf ich Ihnen Nikolai Nefedov vorstellen, Fräulein Treitz? Er stammt aus Riga, und er freut sich immer, wenn er mit jemandem russisch sprechen kann.« Es dauert nicht lange,

und die beiden sind ganz ins Gespräch vertieft. Doris macht es Spaß, endlich einmal ihr Russisch anwenden zu können, und Nikolai amüsiert sich königlich über ihren Akzent und die vielen grammatischen Fehler, die sie selbst ohne mit der Wimper zu zucken übergeht.

Doris erfährt, daß der um dreißig Jahre ältere Nikolai Schmuckhändler ist und in seiner Freizeit für eine russische Exil-Zeitung prozaristische Artikel schreibt. Er und seine Familie waren im Krieg nach Hamburg emigriert, doch nun trägt er sich mit der Absicht, nach Amerika auszuwandern, um sich in Boston eine neue Existenz aufzubauen.

Doris und Nikolai verstehen sich prächtig. Sie entdecken viele Gemeinsamkeiten, so auch die Liebe zur Musik. Nikolai ist ein sehr guter Balalaika-Spieler, und seine Schwester Lydia ist sogar eine ausgebildete Opernsängerin. Zum Abschied verspricht er Doris, ihr allerlei Noten alter russischer Lieder vorbeizubringen, sofern sie bereit ist, ihm ihre Adresse zu geben. Verschmitzt wartet der eingefleischte Junggeselle auf eine Antwort. Beeindruckt von seiner Direktheit, aber auch von seinem Charme, gibt sie ihm ihre Anschrift.

Sie findet Gefallen an Nikolai. Jung und unerfahren, wie sie ist, sucht sie eine dominierende Persönlichkeit, die ihren unbändigen und zugleich labilen Charakter zu nehmen vermag. Ihren Vater hat sie durch die Trennung der Eltern aus den Augen verloren, und von ihrem neuen Freund, einem jun-

gen Studenten, fühlt sie sich vernachlässigt. Außerdem liebt sie alles Russische, und mit dem Kennenlernen Nikolais fühlt sie verborgene Sehnsüchte in sich aufleben.
Von meiner Mutter hatte ich einen Schuß russisches Blut. Alles Slawische interessierte mich brennend. Ich träumte sogar von einem russischen Ehemann mit dunklem Bart, einer Troika und einem Gut in Sibirien mit Pferden und Hunden. Und plötzlich stand er vor mir, leibhaftig, wenn auch ohne Bart, ohne Pferdeschlitten und Gutshof.

Drei Wochen vergehen. Doris hat den Abend im »Rodina« und Nikolai schon fast wieder vergessen, als er sich bei ihrer Mutter meldet und darum bittet, sie besuchen zu dürfen. *Er, reif und charmant, kam zu uns mit Blumen, klugen Worten und mit Balalaika-Noten alter, russischer Volkslieder. Er weckte in mir ein neues Gefühl – und ich glaubte damals, es sei Liebe.*
In den darauffolgenden Wochen treffen sich die beiden immer häufiger, und sie verlieben sich. *Es war keine Liebe auf den ersten Blick. Aber nach einiger Zeit fanden wir uns immer interessanter. Noch nie hatte sich ein Mann meinetwegen ein Bein ausgerissen. Ich fühlte mich wie eine Prinzessin.*
Auch Nikolai ist wie ausgewechselt. Seiner Freundin Tonitschka Ortel, die er nach seiner Flucht aus dem Baltikum in einem Auffanglager bei Geesthacht kennengelernt hatte, schwärmt er pausenlos von Doris vor. Als er dann auch noch einen gemeinsamen Besuch ankündigt, um seine Traumfrau und

deren Mutter Bekannten vorzustellen, wird allen klar, wie ernst es ihm ist. Nikolai präsentiert ihnen Doris liebevoll als seine kleine »Koschkaja«, »mein Kätzchen«. Etwas irritiert und unsicher begrüßt Doris seine Freunde, doch als sie in der Ecke eine Gitarre stehen sieht, verfliegt sofort ihre anfängliche Schüchternheit. Sie kann es kaum erwarten, die extra für diesen Abend einstudierten russischen Volkslieder vorzutragen. Und so greift sie zur Gitarre und spielt ein Lied nach dem anderen. Nikolais Freunde sind so ergriffen von Doris' Darbietung, daß Tonitschkas Vater schnell sein Tonbandgerät herausholt, um diesen Abend für immer festzuhalten. In ausgelassener Stimmung feiert und singt man bis spät in die Nacht. Als Doris keine Lieder mehr einfallen, setzt sie sich kurzentschlossen ans Klavier und präsentiert zur allgemeinen Überraschung ein paar Kostproben aus ihrem klassischen Repertoire.

Nikolais Freunde sind entzückt von dem jungen Mädchen und ihrer Ausstrahlung, doch von einer engeren Bindung oder gar Heirat raten sie ihm allein des großen Altersunterschiedes wegen ab. Tonitschka rät ihm sogar, sich doch besser an die Mutter von Doris zu halten, die genauso alt ist wie er.

Auch Wally rät ihrer Tochter von einer festen Bindung ab. Sie soll sich erst einmal umsehen und ihre Jugend genießen. Sie erinnert Doris an den jungen Studenten, den sie kurz vor Nikolai kennengelernt hat und der sich rührend um sie bemüht.

Doch all die Bedenken und Ratschläge stoßen bei dem Paar auf taube Ohren. Jetzt, da alle gegen eine Beziehung sind, will Doris, die zuerst nur eine Freundschaft zu Nikolai suchte, erst recht eine engere Bindung. Im Februar 1962 verloben sich die beiden und träumen von einer gemeinsamen Zukunft im fernen Amerika, das sie im Juli erstmals zusammen besuchen wollen. Etwas enttäuscht schreibt Wally an ihre Schwester Hildegard: »Doris kannte hier einen reizenden Jurastudenten, der zur Zeit in Hamburg seinen Doktor macht. Als er von seinem Winterurlaub aus der Schweiz zurückkam, war Dorettchen verlobt. Es hat ihn sehr getroffen. Sie kannte ihn genauso lange wie Nikolai, aber Nikolai war schneller, er hatte nur einen Wunsch, sich mit Doris zu verloben. Die Studenten lassen sich eben zu viel Zeit.«

Vor ihrer Sommerreise nach Amerika ziert Doris zum ersten Mal das Titelblatt einer deutschen Illustrierten. Der »Stern« berichtet im Juni von der Wahl der »Miß Germany« in Travemünde, wo Doris mit der Startnummer »Eins« ins Rennen geht und sich der Jury stellt. Mit einem einteiligen Badeanzug bekleidet und einer schraubenförmig hochgesteckten Frisur strahlt sie zusammen mit ihren neun Konkurrentinnen von einem Leiterwagen herunter in die Kameras der Fotografen. Der »Stern« schreibt

dazu: »Die Nummer 1 hat Doris Treitz aus Hamburg, 20 Jahre alt. Sie liebt Musik. Kein Wunder: Doris ist Gesangsstudentin. Größe: 1,71 cm, Haare: dunkelblond, Augenfarbe: braun, Oberweite 92, Taille 58, Hüfte 92.«
Trotz der verheißungsvollen Startnummer belegt Doris nur einen der hinteren Plätze. Aber das bedrückt sie nicht im geringsten. Allein die Teilnahme an dieser Wahl ist für sie schon eine Auszeichnung. Diesen kurzen Ausflug in die Welt des Glamours und der Medien wertet sie als ein kleines Abenteuer, das ihr einen Eindruck davon vermittelt, was es bedeutet, vor einem großen Publikum im Rampenlicht zu stehen und das Lampenfieber und die unerträgliche Spannung hinter den Kulissen zu spüren.
Verbunden mit der »Miß-Germany«-Wahl erhält Doris von der renommierten Strumpffirma »Dupont« das Angebot, als Modell auf der Internationalen Düsseldorfer Modemesse »Igedo« zu arbeiten, was ihr ein willkommenes Taschengeld für die bevorstehende Reise einbringt.
Dann, Ende Juli, kann es endlich losgehen. Für acht Wochen fliegen Nikolai und Doris an die amerikanische Ostküste, wo Nikolais Mutter und seine Schwester Lydia in einer großen Villa wohnen. Wenn sie verheiratet sind und die Aufenthaltsgenehmigung erhalten haben, möchte auch Nikolai nach Boston auswandern, um dort mit seiner jungen Frau ein neues Leben zu beginnen. Zum ersten

Mal hat Doris das Gefühl, richtig frei zu sein: fernab der engen Hamburger Sozialwohnung, fernab von Jobsuche, Familienzwistigkeiten und Zukunftsängsten.

Freiheit war und ist für mich wichtig. Oder ich muß wissen, daß ein zeitweiliger Verzicht auf Freiheit später zu größerer Freiheit führt. Meine Ehe mit Nikolai sollte ein Sprung in die ganz große Freiheit sein.

Während ihrer Amerikareise erlebt Doris eine herrliche Zeit am Strand, wo sie ungestört baden und Gitarre spielen kann. Sie unternimmt Bootsfahrten, ist von den amerikanischen Museen und Galerien fasziniert und hört sich mit Begeisterung Country-Songs an. In einem Brief schildert Doris ihrer Mutter ihren Tagesablauf und den Ausflug zu der wunderschönen Halbinsel Cap Cod: *Cap Cod hat kleine Kurorte, Buchten und freie Küsten. Wir sind ans offene Meer gefahren und hatten Verpflegung wie für eine Armee Soldaten mit. Morgens sind wir losgefahren, die Fahrt dauerte rund zwei Stunden und war sehr interessant für mich. Dann der offene Ozean. Die Weite ist grandios. Das Geschrei der riesigen, gefleckten Möwen und das eintönige Rauschen der Wellen, das alles erfüllt mich jedesmal mit einem unbeschreiblichen Gefühl. Ach, ich kann mir nichts Herrlicheres mehr vorstellen, als im Atlantik zu baden. In Hamburg werde ich wohl große Sehnsucht nach dem Ozean haben, obwohl ich hier in der ersten Zeit auch schon mal aus Sehnsucht nach Dir, Muttichen, geweint habe.*

Gegen Abend sind wir aufs neuerworbene Grundstück eines Bekannten gefahren und haben dort überm Lagerfeuer Steaks gebraten. Noch ist dort die Natur Herr; später wird ein Haus dort stehen, von gepflegten Wegen umgeben. Ich bin auf eine Kiefer geklettert und habe mir eine nette Zecke eingefangen, die ich erst am nächsten Morgen im Badezimmer an meiner linken Hüfte bemerkte. Wir haben sie dann mittels Jod und Pinzette entfernt. Die Zählebigkeit der Zecken ist ungeheuerlich, ich habe gedacht, die meinige wäre schon längst beim Baden oder im Jod ersoffen. Aber als wir sie endlich auf weißem Papier betrachten wollten, mit einem Stückchen Haut von mir in den Zangen, krabbelte sie munter drauflos. Ich habe sie schließlich gegen den Protest aller übrigen aus dem Fenster in den Garten geworfen. Soll sie ruhig noch ein bißchen vor sich hin »zecken«.
Als wir die Steaks gegessen hatten, verkleidete sich Lydia mittels Handtüchern und Ketten als Haremsdame. Und Nicki haben wir als leichtes Mädchen ausgestopft. Dann haben wir ein bißchen zur Radiomusik auf dem Gras getanzt und schließlich einen Abendspaziergang zu einem romantischen Gewässer gemacht. Zahllose Grillen zirpten, ein ganz beachtlicher Lärm für solch kleine Tiere. Fledermäuse huschten, und ab und zu raste ein großer, schwarzer Hund knurrend an uns vorbei. Vor uns lag ein kleines Boot im See. Ich stieg ein und Michaeloff, der Grundstücksbesitzer, stieß mich ab. Ich hatte eine alte Holzlatte als Ruder und trieb immer weiter vom Ufer ab. Als ich mich schon mit dem Gedanken abgefunden hatte, ins Wasser zu springen und ans Land zu schwimmen, hab ich

mich, ohne es zu merken, wieder ans Ufer bewegt, die Holzlatte war doch ganz gut. Es war einfach ein wundervoller Tag. Wir wollen morgen wieder losfahren, heute leider regnet es.

Trotz der vielen unvergeßlichen Erlebnisse und Touren auf dieser Reise bemerkt Doris bald, daß sie und Nikolai doch nicht so recht zusammenpassen. Der Altersunterschied von dreißig Jahren macht eine harmonische Beziehung fast unmöglich. Ihr wird bewußt, daß sie zwar in Nikolai einen liebevollen Vaterersatz gefunden hat, aber keinen verständnisvollen Ehemann. Ihre erwachenden Gefühle von Freiheit, Abenteuerlust und Schaffensdrang kann er in seinem reifen Alter nicht mehr mit ihr teilen. Die letzten Wochen ihres Boston-Aufenthalts werden daher von Streitigkeiten und Mißverständnissen überschattet.
Nikolai schreibt seiner Freundin Tonitschka nach Deutschland, daß sich Doris nicht sonderlich für die Familie interessiere und daß es den Anschein habe, als ginge alles in die Brüche. »Sie hilft wenig im Haushalt und kommt unregelmäßig zum Essen. Sie tut nur das, was ihr gefällt, und schaut nicht auf die anderen. Meine Familie besteht nicht aus Bediensteten.« Nikolais Mutter legt ihrem Sohn nahe, die Verlobung zu lösen. Sie versucht ihm einzureden, daß Doris keine Frau für ihn sei und daß sie, wenn er einmal krank würde, nicht einmal ein Glas Wasser holen, sondern eher aus-

gehen und sich amüsieren werde. Als Doris dann auch noch einen einflußreichen Geschäftsmann kennenlernt, der sie zufällig am Strand singen und Gitarre spielen hört und sofort Interesse zeigt, sie zu protegieren, reicht ihr Nikolai das Rückflugticket nach Deutschland und fordert sie auf, abzureisen.

Doris macht sich erst über seine Eifersucht lustig, doch als sie den Ernst der Lage durchschaut, fängt sie an zu weinen und verspricht ihm, sich zu bessern. In ihren Briefen nach Hause erwähnt sie nichts von alledem, sondern schreibt: *Nickis Familie mag mich sehr gern, sie sind alle sehr lieb zu mir. Ich helfe auch im Haushalt. Lydia hat sehr viel Arbeit. Durch den Strand kommt viel Staub und Sand ins Haus, und die Männer wollen immer gut essen. Ich habe sogar schon zugenommen. Ich esse viel Obst, rohes Gemüse, Butter, Fleisch und Eis. Das Eis ist die Wucht. Du schreibst, wenn man gesund ist, ist man steinreich. Ich merke erst hier in Amerika richtig, wie wahr es ist, denn es gibt hier viele degenerierte junge Menschen, unförmig, aufgeschwemmt. Es kommt vom zu guten, zu vielen Essen. Ich bin froh, daß ich so schlank und gesund bin, das kann ich Dir sagen. Ich schwimme sehr viel und bin sehr ausdauernd geworden. Frieren gibt es bei mir nicht mehr. Ich gehe am frühen Morgen und am späten Abend ins Wasser, ob es kalt oder warm ist. Ich kann mir nichts Herrlicheres mehr vorstellen, als im Atlantik zu baden. Ich habe mich zu einer echten Wasserratte entwickelt. Meinen Beinen tut es Wunder. Das Wasser ist hier sehr salzig und durchblutet die Haut wundervoll. Ach, Mutti, so eine Erholung wünsche ich Dir auch einmal. Papi schrieb mir, er fahre eventuell Anfang nächsten Monats von der Gewerkschaft aus nach Österreich. Er schrieb weiterhin, er habe letzten Sonntag eine wunderschöne Radtour nach Schulensee gemacht. Er hat mich sehr vermißt. Ich habe das Gefühl, er würde gern mit uns zelten, vielleicht im Sauerland oder sonstwo. Für Dich wäre eine Luftveränderung auch mal sehr gut. Ich werde ihm nachher schreiben und ihm den Vorschlag machen.*

Als das Paar Ende September nach Hamburg zurückkehrt, erfährt Doris, daß sie ein Kind erwartet. Waren ihre Eltern vor der Fahrt nach Amerika noch strikt gegen die Heirat, so bestehen sie nun auf einer Eheschließung. Eine Frau mit einem unehelichen Kind ist der Gesellschaft zu Beginn der sechziger Jahre in Deutschland ein Dorn im Auge. Die Familie Nikolais wiederum sieht in einer Abtreibung die Lösung jeglicher Probleme. Da Doris sich aber ein Kind wünscht, willigt sie schließlich in die Heirat ein. Sie knüpft diesen Entschluß jedoch an zwei Bedingungen: Spätestens nach zwei Jahren möchte sie wieder von Nikolai geschieden sein, und das Kind soll mit zwölf Jahren selbst darüber entscheiden, bei welchem Elternteil es leben möchte. Nikolai erklärt sich mit den Forderungen einverstanden, und so tritt das ungleiche Paar am 7. Dezember 1962 vor den Standesbeamten. Die kirchliche Trauung findet einen Monat später in der russisch-orthodoxen Kirche des »Heiligen Prokopius« in Hamburg-Eidelstedt statt. Mit brennenden Kerzen in den Händen verfolgen zahlreiche Freunde und Familienangehörige die märchenhaft anmutende Zeremonie vor dem Altar.

SASCHA

In den folgenden Monaten ziehen Nikolai und Doris von einer möblierten Wohnung in die andere, wo sie sich jedesmal nur zur Untermiete einquartieren. Sie lernen die unterschiedlichsten Unterkünfte kennen, von einer hellen, großen Wohnung in der Rothenbaumchaussee bis hin zum verschimmelten Kellerloch an der Kleinen Freiheit. Ein eigenes Heim kommt für Nikolai nicht in Frage, denn er hat nach wie vor die Absicht, mit seiner jungen Familie nach Amerika auszuwandern und wartet nur noch auf die Einreisegenehmigung.
Am 26. Juni 1963 bringt Doris einen gesunden Jungen zur Welt. Die glücklichen Eltern lassen ihn auf den Namen Alexander taufen, doch wird er von allen nur liebevoll Sascha genannt. Doris hat von nun an alle Hände voll zu tun, um den Pflichten einer jungen Mutter und Hausfrau nachzukommen.
Nikolai kam zum Glück mittags schon nach Hause und bereitete dann das Essen zu, bis ich es schließlich mehr schlecht als recht von ihm gelernt hatte.
Doris versucht, eine gute Ehe zu führen, aber sie beginnt von Tag zu Tag mehr zu spüren, daß das häusliche Leben sie nicht ausfüllt. Sie fürchtet, ihr Ziel, künstlerisch tätig zu sein, aus dem Auge zu verlieren. Sie merkt, wie sie sich anpaßt und unter-

ordnet, ohne sich selbst bisher richtig kennengelernt und ihre Sehnsüchte ausgelebt zu haben. Die Freiheit, die sie auf ihrer Reise nach Amerika noch empfunden hatte, schlägt jetzt um in eine Gefangenschaft in den eigenen vier Wänden.

Was dann kam, war ein ständiges Auf und Ab. Wir waren an einem Tag glücklich, am nächsten stritten wir uns bis zur Verzweiflung. Ich war zu jung, er war zu alt für die Ehe. Ich wollte etwas für mich selbst erreichen. Und ich war ehrgeizig. Ich wollte wer sein.

Doris fühlt sich zunehmend wie in einem Käfig. Sie sitzt zu Hause und kann ihrer Frustration nicht einmal entfliehen, indem sie sich in der Stadt etwas Neues zum Anziehen kauft. Sie ist weiterhin auf die Schneiderkünste ihrer Mutter angewiesen. Nach außen hin fehlt es ihr an nichts. Für die Imagepflege ist Geld da, aber um sich auch nur einen neuen BH zu kaufen, muß Doris ihren Mann regelrecht anbetteln. Auch das Wirtschaftsgeld hält er knapp. Nikolai ist einfach zu alt, um sein lebenslanges Junggesellendasein, seinen vom Alleinsein geprägten Egoismus aufzugeben.

Als ein guter Bekannter beerdigt wird, bittet Doris ihre Schwester Melitta, ihr ein Paar schwarze Handschuhe zu borgen. Während der Trauerfeier verliert sie jedoch einen von ihnen und fängt an zu weinen. Tonitschka Ortel, die inzwischen die Patentante des kleinen Alexander ist, nimmt sie daraufhin in den Arm, weil sie glaubt, sie weine aus Trauer um den Toten. Doch als Doris ihr das Mißgeschick von den Handschuhen erzählt, zieht sie sich entrüstet zurück. Doris hat das Gefühl, niemand würde sie und ihre Situation verstehen. So steht sie weinend da, ohne Geld und ohne zu wissen, wie sie ihrer Schwester den Verlust erklären soll. Alleingelassen mit ihren Sorgen und Gedanken, greift Doris in diesen Augenblicken innerer Einsamkeit und Ausweglosigkeit zu ihrer einzigen wirklichen Freundin, ihrer Gitarre, und singt und spielt für ihren kleinen Sohn.

Mein Kind, schlaf ein
Musik und Text: Alexandra

Kalt schon weht der Abendwind,
und es naht die Nacht geschwind.
Schlaf und laß das Weinen sein,
schlaf nur, schlaf,
mein Kind, schlaf ein.

Ach, du kennst noch keine Not,
weißt noch nichts von Krieg und Tod!
Deine Welt ist neu und licht,
bis der Kindheit Traum zerbricht.

Morgen schon bist du erwacht
aus der langen Märchennacht.
Morgen ist die Welt schon dein,
halt dein Herz nur immer rein!
mmh, mmh, mmh, mmh,

MEIN KIND, SCHLAF EIN   Text u. Musik: ALEXANDRA

Kalt schon weht der Abendwind,
und es naht die Nacht geschwind.
Schlaf, und laß das Weinen sein,
schlaf nur, schlaf,
mein Kind, schlaf ein.
mmh, mmh, mmh, mmh
schlaf nur, schlaf,
mein Kind, schlaf ein.

Ach, du kennst noch keine Not,
weißt noch nichts von Krieg und Tod!
Deine Welt ist hell und licht,
bis der Kindheit Traum zerbricht,
mmh, mmh, mmh, mmh
bis der Kindheit Traum zerbricht.

Morgen schon bist du erwacht
aus der langen Märchennacht.
Morgen ist die Welt schon dein,
halt dein Herz nur immer rein!
mmh, mmh, mmh, mmh
halt dein Herz nur immer 'rein!
mmh, mmh, mmh, mmh,
schlaf nur, schlaf,
mein Kind, schlaf ein.

---

halt dein Herz nur immer rein!
mmh, mmh, mmh, mmh,
schlaf nur, schlaf,
mein Kind, schlaf ein.

Eines Tages sitzt Doris – wie so oft – am Ufer der Alster und spielt einige ihrer Lieder. Da kommt zufällig ein Herr mittleren Alters an ihr vorbei und hört ihr zu. Er ist begeistert von ihrer Stimme und bittet sie nach einem kurzen Gespräch, in seinem Club, dem etwas anrüchigen »Kolibri«, aufzutreten. Doris ist einverstanden, denn sie erinnert sich noch gut an die Zeit, als sie singend mit ihrer Gitarre durch das Nachtleben Hamburgs zog.
Das will sie nun wieder tun: mit ihrer Gitarre vor Menschen auftreten, sie mit ihren Liedern erfreuen und sich damit aus den Fesseln ihres unerträglichen Ehealltags befreien.
Nikolai darf jedoch von alledem nichts wissen. So sagt sie ihm, wenn sie zu einem ihrer Auftritte muß, sie gehe zu ihrer Mutter, die ein neues Kleid für sie nähen wolle.
Es dauert aber nicht lange, da fliegt der ganze Schwindel auf. Ein Freund Nikolais sieht im Schaufenster eines Clubs Doris' Foto mit einer Ankündigung hängen. Er erzählt es dem unwissenden Ehemann, und folgerichtig kommt es zu einem furchtbaren Krach. Immer wieder versucht Doris verzweifelt, ihren über alle Maßen eifersüchtigen Ehemann zu beruhigen und ihm klarzumachen, was sie sich

vom Leben erhofft und wonach sie sich sehnt. Doch er versteht sie nicht.

Ich konnte nicht ohne Nikolai, und ich konnte auch nicht mit ihm leben. Wir stritten uns immer häufiger. Ich fühlte mich einer Ehe überhaupt nicht gewachsen. Und weil ich merkte, daß unser gemeinsames Leben – und auch das unseres Kindes – eines Tages darunter leiden würde, bat ich ihn, die Scheidung einzureichen. Er war völlig überrascht und lehnte ab.

Immer wieder spricht Nikolai von ihrem gemeinsamen Traum, in Amerika zu leben, und von dem quälenden Warten auf ihre Einreisepapiere, das ihre Ehe auf eine harte Probe stelle. Er erkennt nicht, was im Kopf seiner jungen Frau vor sich geht und was sie seit längerer Zeit bedrückt.

Doris ist hin und her gerissen. Was will sie eigentlich? Wofür soll sie sich entscheiden? Sie träumt einerseits von einem Leben in Amerika, andererseits von einer künstlerischen Karriere. Sie entscheidet sich für letzteres, nimmt ihren Sohn und geht zu ihrer Mutter.

Ich will was werden, ich will singen, ich will keine weiteren Kinder ... In den folgenden Wochen flehte ich Nikolai immer wieder an, sich von mir scheiden zu lassen, und schließlich konnte ich ihn mit Vernunftsgründen überzeugen, und wir gingen in Freundschaft auseinander.

Nikolai Nefedov erinnert sich später an diese Zeit: »Wissen Sie, wir Russen haben eine eigene Vorstellung von der Ehe. Uns geht die Familie über alles. Aber Doris wollte unbedingt im Showgeschäft Erfolg haben. Beides läßt sich schwer miteinander vereinbaren. Wir haben uns oft deswegen gestritten. Ihre Familie prophezeite Doris eine Weltkarriere. Aber nur ohne mich. Anfangs habe ich mich gegen eine Scheidung gewehrt. Doch bald sah ich ein, daß ich meine Frau dann ganz verlieren würde. Also willigte ich ein.«

Als Doris mit Nikolai Anfang 1964 vom Scheidungsrichter kommt, fällt sie ihrem Mann schluchzend um den Hals und gesteht ihm, wie sehr sie ihn immer noch liebt. Er tröstet sie und fährt mit ihr zurück in ihre gemeinsame Wohnung, um dort am Abend mit Freunden ihre Versöhnung und ihren zweiten Versuch zu feiern.

Es ist seltsam, aber als die Scheidung ausgesprochen war, verstanden wir uns plötzlich so gut wie nie zuvor. Die Zeit danach war eigentlich die glücklichste Zeit unseres gemeinsamen Lebens.

Nikolai und Doris versichern sich gegenseitig ihrer Liebe und Treue, aber sie sind auch bereit, von nun an die Wünsche und Freiheiten des Partners zu akzeptieren.

Sechs Monate nach der Scheidung bekommt Nikolai die Benachrichtigung, daß die Einreise nach Amerika und die damit verbundene Aufenthaltserlaubnis für seine Familie und ihn genehmigt worden ist. Das ist wohl der schönste, aber auch zugleich traurigste Tag im Leben des Paares Nefedov. An diesem Tag werden endgültig die Weichen für Doris' weiteres Leben und die damit verbundene Kar-

riere gestellt. Die Entscheidung ist gefallen. Nikolai geht allein nach Boston, denn nach der Scheidung ist Doris nun nicht mehr berechtigt, mit einzuwandern. Das Kind hingegen soll, wie vereinbart, später selbst entscheiden, bei wem es leben möchte.
Auf dem Hamburger Flughafen bricht Doris weinend zusammen. Immer wieder ruft sie, sie wolle mitfliegen. Doch sie bleibt mit ihrem kleinen Sohn zurück und zieht wieder zu ihrer Mutter in die bedrückende Wohnung am Rothenburgsorter Marktplatz.

Ein leeres Haus
Musik und Text: Charlie Niessen

Ein leeres Haus,
das starrt mich an – ganz ohne dich;
ein leeres Haus,
das ist so stumm und kalt für mich;
wo magst du sein
in dieser einsamen Nacht?
Ich habe dir, und du hast mir
kein Glück gebracht.

Ein leeres Haus
und nicht ein Mensch,
der mit mir spricht;
im Spiegel drin sehe ich nur
mein eigenes Gesicht;

ich schaue es, und es schaut mich
fragend an,
ist das das Glück, das große Glück,
das einst begann?
Es fing an wie ein schöner Roman
und ich las darin gern,
fühlte mich auf einem anderen Stern,
aber als die Entscheidung dann fiel,
wußte ich, was der Anfang verspricht,
das hält leider das Ende nicht.

Ein leeres Haus,
das ist so kalt ohne dich;
ein leeres Haus,
das ist so stumm und kalt für mich;
wo magst du sein
in dieser einsamen Nacht?
Ich habe dir, und du hast mir
kein Glück gebracht.

Bis zu dem tragischen Unfall verlieren Doris und Nikolai nie den Kontakt zueinander. Sie treffen sich sogar noch ab und zu in Deutschland, das letzte Mal im Herbst 1968, und verbringen mit ihrem Sohn jeweils ein paar schöne Tage im Harz.
Nikolai kommt nur schwer darüber hinweg, daß Doris' Wunsch nach Erfolg und Karriere seinen Traum vom harmonischen Lebensabend in einer Familie zerstört hat. Dennoch bleibt er ihr treu. Doris ist die große Liebe seines Lebens, und es

bricht ihm beinahe das Herz, als er von ihrem Tod erfährt.

Doris dagegen beginnt, ihr Leben und ihre wiedergewonnene Freiheit zu genießen. Sie macht Karriere, hat mehrere Affären, doch immer, wenn sie sich einsam, unverstanden und bedrückt fühlt, was im Laufe der folgenden Jahre immer häufiger vorkommt, zieht sie sich zurück und schreibt Nikolai lange Briefe voller Melancholie und Sehnsucht.

Ich habe den ganzen Tag an Dich gedacht und habe schreckliche Sehnsucht nach Dir. Ich habe russische Platten gehört, das hat mich völlig um meine Fassung und Beherrschung gebracht. Ach, Nicky, wärst Du jetzt bei mir. Es ist seltsam, anstatt ich Dich langsam vergesse und meine Liebe zu Dir Erinnerung wird, ist das Gegenteil der Fall. Du bist nun mal meine erste Liebe. Liebe, mit allem, was dazugehört, und es gibt ein altes Sprichwort: Die erste Liebe vergißt man nicht.

AUF DEM RICHTIGEN WEG

Nach der Abreise Nikolais fährt Doris für ein paar Wochen nach Andalusien, um Abstand zu gewinnen und zu überlegen, wie es nun für sie weitergehen soll. Sie wohnt dort bei armen, einfachen Menschen, lernt Flamenco zu tanzen und neue Lieder auf ihrer Gitarre zu spielen.

Fünf Wochen habe ich bei den Zigeunern in Andalusien wie eine Tochter gelebt. Und dabei sollte ich zur gleichen Zeit viel Geld als Stoffdesignerin in Hamburg verdienen. Aber ich habe das Angebot in den Wind geschlagen, bin einfach abgehauen. Ich wollte von der großen Freiheit trinken. Eigentlich hat mein Leben erst nach der Scheidung richtig begonnen. Jetzt tat ich endlich das, was ich immer tun wollte, und ich hatte viel Glück dabei. Trotzdem glaube ich daran, daß Ehe und Liebe im Leben einer Frau das Schönste sind.

Tanz, alter Tanzbär
Musik und Text: Alexandra

Jedes Jahr im tiefen Winter
kamen sie vom Osten her,
weiß verschneit in ihren Pelzen
Meister Igor und sein Bär.

In dem Gasthof an der Grenze
kehrten sie gewöhnlich ein,
starken Wodka für den Meister
und dem Bär'n vom süßen Wein,
bis zur Neige her die Geige,
da jauchzen groß und klein,
durch die Nase einen Ring aus Gold
tanzt der Tanzbär,
bis der Rubel rollt.

Tanz, alter Tanzbär
dreh dich im Kreise,
dreh dich, alter Tanzbär,
zur Zigeunerweise.
Tanz, alter Tanzbär,
bis das Lied vorbei.

Wieder einmal kam der Alte,
und sein Gang war müd und schwer;
sei gegrüßt, doch Meister Igor,
sag, wo ist dein alter Bär?

In den Gasthof an der Grenze
kehrte er wie immer ein,
starken Wodka möcht ich bitten,
heute bin ich ganz allein,
doch zu Ehren meines Bären
trink ich auch vom süßen Wein;
um den Hals trug er den Ring aus Gold,
tanzen will ich heut, solang ihr wollt.

Doch am Morgen wollte Igor gehn,
niemals wieder hat man ihn gesehen.
Tanz, alter Tanzbär,
dreh dich im Kreise,
dreh dich, alter Tanzbär,
zur Zigeunerweise.
Tanz, alter Tanzbär,
niemand mehr schaut zu,
schlaf, alter Tanzbär,
nun hast du endlich Ruh.

Erfüllt von ihrer zurückgewonnenen Freiheit und einem unerschöpflichen Drang nach Selbstfindung, wagt Doris nach ihrer Rückkehr aus Spanien einen ersten, entscheidenden und zukunftsweisenden Schritt.
Sie hat sich die Worte ihrer Schwester Marianne zu Herzen genommen: »Überlege dir, was du kannst. Was kannst du am besten? Du hast eine wunderbare Stimme. Du kannst singen, und du spielst verschiedene Instrumente. Du beherrschst die Noten. Jetzt mach was draus!«
Im September 1964 bewirbt sich Doris bei der bekannten Hamburger Schauspiellehrerin Margot Höpfner, um in ihrer Schule Unterricht zu nehmen. Zu den Anforderungen der Eignungsprüfung gehören Singen und Tanzen im Ensemble, das Solo-Singen eines vorgegebenen Liedes, eine Improvisation, eine Übung in Pantomime und das Vorsprechen eines selbstgewählten Textes. Das alles schreckt

Doris nicht ab. Im Gegenteil, sie will es sich und den anderen beweisen.

Margot Höpfner merkt sofort, daß die junge Frau nicht nur im Gesanglichen außerordentlich begabt ist, sondern auch großes Talent im Tanz und im Darstellenden Spiel besitzt. So ist es selbstverständlich, daß sie aufgenommen wird und eine dreijährige Ausbildung beginnen kann.

Margot Höpfner, die selbst viele Jahre als Schauspielerin und Choreographin tätig war, ist als eine egozentrische und bestimmende Persönlichkeit bekannt. Tut man nicht, was sie sagt, so hat man unter ihr nichts mehr zu lachen. Jeder muß anstandslos parieren. Aber sie sorgt sich auch um ihre Schützlinge und treibt sie mit Eifer und Hingabe durch die Prüfungen.

Doris wird anfangs wie alle Schüler streng und autoritär behandelt, doch im Laufe der Zeit, nachdem Margot Höpfner erkannt hat, daß ihre Schülerin auf dem Weg zu einer großen Karriere ist, erwächst aus dem Ausbildungsverhältnis eine enge Freundschaft mit einer beinahe verwandtschaftlichen Zuneigung.

Die Ausbildung ist hart, so daß von durchschnittlich zwölf Anfängern nur drei am Ende ihren Abschluß machen. Auch für Doris heißt es kämpfen. Um die Schule bezahlen zu können, jobbt sie halbtags abwechselnd in einer Speditionsfirma und einem Verlagshaus als Sekretärin. *Ich mußte mir oft überlegen, ob ich eine Tasse Kaffee trinken oder lieber mit dem Bus nach Hause fahren sollte. Für beides hat das Geld selten gereicht.*

Auf finanzielle Unterstützung der Eltern kann sie jetzt nicht mehr hoffen, denn sie lehnen eine solche Ausbildung grundsätzlich ab. Ihre Mutter ist immer noch verärgert, daß Doris nicht weiter aufs Konservatorium gegangen ist. Das ist in ihren Augen eine einmalige Chance gewesen. Die Schauspielschule Margot Höpfners dagegen sieht sie nur als Brutstätte für Hungerkünstler.

Um den Unterricht und den Lebensunterhalt für sich und ihren Sohn finanzieren zu können, tingelt Doris nun nächtelang als Folkloresängerin durch Hamburg. Aus ihrer Not heraus versucht sie sich sogar als Tänzerin in berüchtigten und freizügigen Rotlichtbars wie dem »Paradieshof«. Doch das ist auf Dauer zuviel für sie.

Zu Beginn des Winters wächst Doris die Situation über den Kopf. Ihre Arbeit, das Kind und die Schauspielausbildung unter einen Hut zu bringen, ist ihr unmöglich geworden. Besonders am Monatsende verspürt sie einen immensen Druck. Sie weiß einfach nicht, wie sie am Ersten jeden Monats das Schulgeld bezahlen soll, und Margot Höpfner ist, was das betrifft, hart und unnachgiebig. Wer nicht zahlen kann, muß gehen!

Doris' depressive Stimmung verstärkt sich, als sie zudem erkennt, wieviel ihr noch zu einer guten Schauspielerin und Sängerin fehlt. Diese Erkenntnis hat zwar jeder Schüler einmal, und viele werden

dadurch abgeschreckt und brechen die Ausbildung ab. Für Doris jedoch ist dieses Studium inzwischen zur Lebensaufgabe geworden.
Ehrgeizig und mit diesem Ziel vor Augen bricht Doris erschöpft zusammen. Der Arzt der Schauspielschule empfiehlt eine längere Kur und rät ihr, vorübergehend von »jeglicher künstlerischen Betätigung und Ausbildung« abzusehen. Mit diesem Attest will er Doris auch die Chance geben, im Ernstfall ihren Vertrag mit Margot Höpfner auflösen zu können, denn sie vertraut ihm an, daß ihr die Lehrmethoden ihrer Lehrerin zunehmend mißfallen. Ihre Schwester Melitta bemerkt dazu: »Doris überlegte, ob sie die Ausbildung woanders fortsetzen sollte. Der Arzt wollte ihr dabei helfen. Es war unheimlich nervenaufreibend und anstrengend bei der Frau. Sie fühlte sich unter Druck gesetzt, und es gab ständig Krach.«
Trotz ihrer Erschöpfung und der Querelen beschließt Doris, ihre Ausbildung fortzusetzen und nicht schon wieder alles hinzuschmeißen. Nach einer längeren Aussprache finden sie und Margot Höpfner einen Kompromiß. Doris wird bis zu ihrer Genesung nur am Gesangsunterricht teilnehmen, worauf sie eindringlich besteht, sich sonst aber zu Hause ausruhen.
Ich habe einen dicken Kopf. Und ich glaube, jeder hat so viel Pech, wie er verdient. Das ist keine Floskel. In schlechten Zeiten habe ich mir immer gesagt: Jetzt gerade!
Drei Monate später, im Februar 1965, hat Doris ihr

Tief überwunden und meldet sich gesund und munter bei Margot Höpfner zurück. Von nun an arbeitet sie zielstrebig und diszipliniert. Sie ist eine gute Schülerin, in manchen Fächern sogar herausragend, vor allem in Gesang, Tanz und Rollenspiel. Im Unterricht für Körperbeherrschung und Ballett darf sie daher auch einige Male ihre Lehrerin vertreten. Die Fächer Pantomime, Fechten und Theorie liegen ihr dagegen überhaupt nicht. Sie versucht geradezu, sich vor diesen Stunden zu drücken.
Nach dem Unterricht zieht Doris am späten Abend erneut singend mit ihrer Gitarre durch die Kneipen und Clubs der Hansestadt. Zwielichtige Angebote als Tänzerin aber lehnt sie von nun an entschieden ab. Ihre Mutter unterstützt diese nächtlichen Streifzüge, indem sie ihrer Tochter dafür die Kostüme näht. Auch ihre anfängliche Ablehnung gegenüber der Schauspielausbildung schlägt in bedingungslose Zustimmung um. Sie ist jetzt fest davon überzeugt, daß ihre Tochter Karriere machen wird. Sie wird sogar zur treibenden Kraft, zum Motor. Sie redet manchmal fast schon ungeduldig auf Doris ein, richtet sie aber auch auf und bestärkt sie, wenn nicht alles so läuft, wie es sich Doris wünscht.

Meine Mutter ist der einzige Mensch, dem ich bedingungslos vertraue. Alles, was ich erreicht habe, verdanke ich ihr. Sie hat auf vieles verzichten müssen, um mir meine Ausbildung zu ermöglichen. Sie hat mir immer wieder Mut gemacht, wenn ich aufzugeben drohte und verzweifelt war.

Als Doris zu Beginn des Jahres so niedergeschlagen und unglücklich ist, liest Wally zufällig in der Zeitung eine Anzeige von der »Deutschen Wochenschau«: »Gesucht werden die ersten deutschen Folksinger«, heißt es darin.

Kurzentschlossen nimmt Wally ihre Tochter bei der Hand, packt ihre Gitarre ein und fährt mit ihr zu der angegebenen Adresse. Als Doris dem Leiter der »Wochenschau«, Jürgen Haese, gegenübersteht, springt bei beiden sofort der Funke der Sympathie über. Ohne Zögern greift Doris zur Gitarre und trägt einige ihrer russischen Lieder vor. Jürgen Haese ist von Doris und ihrem Gesang zutiefst beeindruckt, so daß ihr Auftritt in der »Wochenschau« nur noch eine Frage der Formalitäten ist.

Dank ihrer Mutter erwacht Doris nun aus ihrer Lethargie und Trübseligkeit und gewinnt von einem Moment zum anderen neue Kraft und die Zuversicht, doch den richtigen Weg eingeschlagen zu haben. Mit neuem Mut setzt sie ihre Ausbildung bei Margot Höpfner fort.

Bis zu ihrem Tod bleibt Doris mit Jürgen Haese freundschaftlich verbunden. Sie findet stets ein offenes Ohr bei ihm. Er ist einer der wenigen, denen sie vertraut.

Für Doris ist eine ehrliche und aufrichtige Freundschaft weitaus wichtiger als ein Liebesverhältnis. Nach ihrer Scheidung und besonders mit Beginn ihrer Karriere genießt sie es, von Männern umschwärmt zu werden und mit ihnen – wenn sie es will – auch ein paar aufregende Nächte zu verbringen. Aber bald muß sie erkennen, wie wenig Halt ihr solche amourösen Erlebnisse geben, wie einsam und unverstanden sie sich jedesmal nach einem Abenteuer fühlt.

Freundschaft ist für mich die erstrebenswerteste Bindung. Sie verlangt alles – von beiden Seiten. Liebe ist wie ein schöner Regenbogenvogel. Man freut sich, ihn zu besitzen, aber man hat kein Recht, ihn egoistisch in einen goldenen Käfig zu sperren. Eine Freundschaft fordert auf lange Zeit mehr Vertrauen, als eine Liebe je erwarten kann. Mir ist eine tiefe Freundschaft wertvoller als eine unüberschaubare Liebe. Liebe verlangt vielfaches Anpassen. Freundschaft ist das andauernde Verstehen, auch wenn lange Zeiten der Trennung dazwischenliegen.

Im Frühjahr 1965 kommt der »Wochenschau«-Bericht mit Doris als Folklore-Sängerin in die Kinos. Da zu dieser Zeit erst wenige Menschen einen Fernseher haben, sind die »Wochenschauen« neben den Radiosendungen die wichtigste Nachrichtenquelle. Millionen von Kinobesuchern werden in diesen »Wochenschauen« über das Neueste im In- und Ausland informiert. Ende Mai sind die Hauptthemen: Der erste Staatsbesuch der britischen Königin führt Elisabeth II. nach Bonn und West-Berlin, wo sie von der Bevölkerung begeistert empfangen wird. Am Brandenburger Tor äußert sie sich erschüttert über die Teilung der Stadt und den Bau der Mauer im August 1961. Bundeskanzler Ludwig Erhard unterzeichnet das Abkommen über die Aufnahme diplomatischer Beziehungen zu Israel, wogegen die arabischen Staaten Protest einlegen und zum Teil ihre Botschafter aus Bonn abziehen. Daneben wird ein musikalischer Beitrag vom Kinopublikum mit großem Interesse verfolgt:

»In Hamburg entdeckt: der erste Folksinger-Club in der Bundesrepublik. Nach der Beatles-Welle entscheidet sich Amerika für eine andere Musik. In einer dunklen Hamburger Bar, wo noch vor kurzem Musikbox und Plattenspieler für leere Tische und leere Kassen sorgten, fand eine Gruppe junger Leute Einlaß und mit ihnen ein neuer Sound, eine Musik, die seit Jahrzehnten verstummt und vergessen war. Sie haben sich einer neuen Welle verschrieben, die – aus Amerika kommend – sich bereits in London und Paris durchgesetzt hat. Erst seit wenigen Wochen kennt sie die Öffentlichkeit. Sie singen Volkslieder aus aller Welt – Chansons, Balladen und Blues.«

Mit noch unsicherem Auftreten, langen Haaren und unauffälliger Kleidung singt Doris das russische Volkslied von den schwarzen Augen, *Otschi Tschernia*, eingebettet in ein Programm aus jüdischer, spanischer und amerikanischer Folklore. Bei der Produktion dieses Beitrages lernt sie auch John O'Brian Docker kennen, den Gründer und Bandleader der Hamburger »City Preachers«, in dessen Gruppe sie häufig als Gastsängerin auftritt und ihre russischen Lieder singt.

Die beiden verlieben sich, und Doris lernt ein ihr bisher unbekanntes Leben kennen. Sie tanzen in Diskotheken zu Beat-Rhythmen, fahren Tretboot auf der Alster, unternehmen Abstecher nach Travemünde und verträumte Picknickausflüge ins Grüne. Nachts muß sie oft zu John schleichen und sogar durch sein Fenster steigen, weil er zur Untermiete wohnt und Damenbesuch strikt untersagt ist. Doris reizt dieses ungezwungene Leben. Endlich genießt sie einmal die Freiheiten und Leidenschaften Gleichaltriger. Sie treiben allerlei Unsinn miteinander, und Doris lernt, mehr aus sich herauszukommen, mehr zuzulassen. Empfindet John sie anfangs noch als ein »steifes, unnahbares Bügelbrett«, so entwickelt sie sich mit der Zeit zu einer leidenschaftlichen jungen Frau. John erkennt, daß man nicht ohne weiteres an sie heran kann und geht daher verständnisvoll auf sie ein und hat Geduld mit ihr.
Einige Monate sind die beiden glücklich miteinander, aber als John vorschlägt, Doris fest bei den »City Preachers« aufzunehmen, sind die anderen Mitglieder dagegen. Doris ist nicht sehr enttäuscht darüber. Ihr genügt es, gelegentlich bei Konzerten als Gast der Gruppe aufzutreten und damit keine engeren Verpflichtungen einzugehen. Außerdem nimmt die Schauspielschule sie immer mehr in Anspruch. Und so kommt es, daß Doris und John sich allmählich aus den Augen verlieren. Ihre Wege trennen sich, und die Beziehung schläft langsam ein.

[1] 1950: Doris »Alexandra« im Alter von acht Jahren

[2] Mai 1936: Hochzeit der Eltern August Treitz und Wally Swetosch, Heydekrug/Memelland

[3] Wally Treitz mit ihren drei Töchtern Doris, Melitta und Marianne

[4] Kiel 1957:
Doris im Alter von 15 Jahren

[5] 1958:
Konfirmandin
Doris

[6] Hamburg 1961: Im Zoo Hagenbeck

[7] 1958: Marianne, Doris, Melitta

[8] Travemünde 1962: »Miss-Germany-Wahl«

[9] Hamburg, Januar 1963: Hochzeit mit Nikolai Nefedov

[10] 1965: Doris mit ihrem Sohn Alexander »Sascha« Nefedov

[11] Andalusien 1964: Doris kurz nach ihrer Scheidung

[12] Neumünster, September 1966: Szenenfoto, Einakter »Käfige«, Doris mit Partner Gerd Röben

[13] Sommer 1966: Doris »Alexandra«
kurz nach ihrer Entdeckung

[14] ... im Berliner Tonstudio Esplanade mit Tonmeister Georg Dozel und Produzent Fred Weyrich

[15] ... mit ihrem Regisseur Truck Branss

[16] Alexandra mit ihrem Gesangslehrer Peter Anders jr.

[17] … in der Schauspielschule

[18] … mit Margot Höpfner, deren Ehemann und ihrer Mutter Wally

[19] Frühjahr 1967: Erste Single »Zigeunerjunge«

[20] UdSSR, Mai 1967:
Tournee mit Hazy Osterwald

[21] Deutschland, Sommer 1967:
Bäder-Tournee mit Renate Kern
und Chris Howland

[22] Berliner Reichstag, Februar 1968:
als Spartakistin in dem Dokumentar-Spielfilm
»Friedrich Ebert – Geburt einer Republik«

[23] Gruppenfoto am Wörthersee: Hans R. Beierlein, Fred Weyrich, Helmut Zacharias, Alexandra, Udo Jürgens, Joachim Relin und Walter Brandin

[24] Alexandra mit Salvatore Adamo in Paris, März 1969

[25] Juli 1967: Gilbert-Bécaud-Show »Monsieur 100 000 Volt«

Weißt du noch?
Musik: I. Vandor/J. Fishman; Text: Alexandra

Frühling kam auf den silbernen Schwingen
   der Nacht,
Frühling war in den Weiden am Ufer erwacht,
und sie neigten die Zweige tief auf den See,
der ruhig schlief.
Weißt du noch, wie uns oft erst in der Dämmerung
der Morgen heimwärts rief?

Auf den Feldern am See war der Sommer erblüht,
und die Lerchen verkündeten jubelnd sein Lied,
doch wir lauschten den Sommer lang
nur der eigenen Herzen Klang.
Weißt du noch, wie sich über uns
leuchtend das Blau des Mittags schwang?

Längst schon zogen die Schwalben hinaus übers
   Meer,
fand der Herbst ihre Nester verlassen und leer,
und am See wartet tief verschneit
nur auf mich die Einsamkeit.
Weißt du noch, all die Träume,
die Pläne, der kurze Weg zu zweit?

Weißt du noch, denn da kehrten die Schwalben
   zurück
zur Frühlingszeit.

Aufgrund ihrer zahlreichen Auftritte hat sich Doris im Laufe der Monate ein umfangreiches Repertoire angeeignet. Wie ein Schwamm saugt sie alle neuen Lieder auf, die sie zu hören bekommt, und setzt sie auf ihrer Gitarre um. Jede freie Minute nutzt sie, um zu üben, ganz gleich, ob sie damit morgens ihre Mutter aus dem Schlaf reißt oder spätabends die Nachbarn stört. Ihr Repertoire reicht mittlerweile von russischen Volksliedern über englische, spanische und jüdische Folklore bis hin zum französischen Chanson.
Ihre Mutter macht den Vorschlag, ein Demoband mit einer Auswahl ihrer Lieder an den Norddeutschen Rundfunk zu schicken. Doch das Band mit Liedern wie *Wild ist das Land*, *Dunkles Wolkenmeer* und *Es war einmal ein Fischer*, die sie selbst arrangiert oder komponiert und getextet hat, liegt schon wenige Tage später wieder in ihrem Briefkasten. Mit der Begründung, ihr Gesang und ihre Lieder seien zu schwermütig und melancholisch, so etwas wollten die Leute nicht hören, erhält Doris eine klare Absage. Ein knappes Jahr später wird der Abteilungsleiter für Unterhaltung jedoch große Augen machen, als Doris ihm als Alexandra gegenübersitzt und dem NDR in einem Interview von ihrem erfolgreichen Karrierestart berichtet.

Im Herbst 1965 besucht Doris mit ihrer Mutter ein Konzert von Charles Aznavour. Seit einiger Zeit begeistert sie sich für französische Chansons von

Juliette Gréco und Gilbert Bécaud, dessen Lied »Nathalie« sie gar nicht oft genug hören kann. Das Konzert wird für sie zu einem unvergeßlichen Erlebnis.

Die Eintrittskarten waren ungewöhnlich teuer, aber es hat sich hundertfach gelohnt. Seine Schallplatten sind gut, aber ihn auf der Bühne zu sehen, ist das beste, was ich je gehört und miterlebt habe. Man sagt über ihn, er sei der größte Chansonnier heutzutage, und das ist nicht übertrieben. Die Hamburger und wir natürlich auch sind in Ekstase geraten, haben geschrien, getrampelt und sogar geweint – ich auch fast – und über eine halbe Stunde noch, nachdem er sich zum wiederholten Male verabschiedet hat, weitergeklatscht, um ihn noch einmal zu sehen und zu hören.

Ähnliche Begeisterungsstürme erlebt zu dieser Zeit auch die Welt des Kinos. Die Verfilmung von Boris Pasternaks »Doktor Schiwago« mit Omar Sharif und Julie Christie lockt Millionen von Zuschauern in die Lichtspielhäuser. Die russische Liebesgeschichte und ihr tragischer Ausgang rührt nicht nur Doris und ihre Familie zu Tränen. Das Hollywood-Spektakel löst eine wahre Rußland-Welle aus. Pelzmützen werden zu Verkaufsschlagern, russische Bücher sind vergriffen, und die westliche Welt übt sich im Kasatschok-Tanzen.

Es ist nur noch eine Frage der Zeit, bis Doris auf den fahrenden Zug aufspringt und als Alexandra mit der slawischen Sehnsucht in der Stimme Karriere macht.

FRED WEYRICH

Im Laufe ihrer Ausbildung versucht Doris sich in den unterschiedlichsten Rollen. Einige von ihnen führt sie mit ihren Mitschülern bei schulinternen Studio-Vorstellungen auf, um erste Spielerfahrungen zu sammeln.

Ihr Repertoirebogen erscheint wie ein Streifzug durch die Weltliteratur: Sie spielt die »Antigone« von Anouilh, die Grusche in Bert Brechts »Kaukasischem Kreidekreis«, die »Widerspenstige« von Shakespeare und besonders gern die Piperkarcka in Hauptmanns »Ratten«. *Gerhart Hauptmann ist mein Lieblingsdichter. Seine Frauenrollen entsprechen meinem Naturell am besten.*

Im Dezember 1965 steht Doris zum ersten Mal außerhalb ihrer Schauspielschule auf einer Theaterbühne. In Oldenburg wirkt sie erfolgreich in einem Weihnachtsspiel mit, und Margot Höpfner wertet diesen Auftritt in einem Neujahrsgruß anerkennend als den »verheißungsvollen Auftakt für eine Karriere«. Sie soll mit diesem Ausspruch recht haben, denn 1966 wird für die junge Elevin das Jahr ihrer Entdeckung.

Im darauffolgenden Juni trägt Doris in einer Studio-Vorstellung mit ihren Mitschülern einige Chansons vor. Ihre Darbietung ist so beeindruckend, daß die Hamburger »Bild«-Zeitung auf sie aufmerksam wird

und über ihren Auftritt einen kurzen Artikel mit einem großen Foto von ihr bringt:
»29. Juni: Schauspielschülerin Doris Nefedov macht einen Freudensprung. Hurra, das hat geklappt. Die 22jährige hatte mit ihrem Chanson *Heut hat mein Geliebter Hochzeit im Strandhotel* einen ersten Erfolg. Doris begleitete sich bei der Nachwuchsvorstellung im Hamburger Margot-Höpfner-Studio selbst auf der Gitarre. Sie mußte nach dem Erfolg dieses Sprech-Chansons sogar eine Zugabe geben. Die gelernte Grafikerin will in knapp einem Jahr ihre Schauspielprüfung ablegen. Musikalische Romanzen und Balladen sind das Hobby der jungen Künstlerin. Kein Wunder. Doris behauptet von sich: Meine große Liebe ist die Gitarre!«
Doris fühlt sich durch diesen Artikel geehrt und freut sich insgeheim, daß der Redaktion ein kleiner Fehler unterlaufen ist. Nach deren Angaben ist sie zwei Jahre jünger, und das gefällt ihr so gut, daß sie beschließt, diese kleine Ungenauigkeit künftig beizubehalten.
Kurz nach diesem erfolgreichen Auftritt bekommen Doris und ihr Mitschüler Gerd Röben über Margot Höpfner ein erstes Engagement in Neumünster vermittelt. Ende August beginnen beide im »Theater im Fürstenhof« mit den Proben zu Lewis John Carlinos Einakter »Schnee-Engel« aus seinem Zyklus »Käfige«. In äußerst kurzer Probenzeit, die Premiere findet bereits drei Wochen später statt, erleben Doris, die eine Prostituierte spielt, und ihr Kollege

Gerd den professionellen Theateralltag. Für die jungen Debütanten ist das Zwei-Personen-Stück eine Herausforderung, denn die Regie verlangt ein intimes, fein nuanciertes Spiel, das die Vereinsamung und Hoffnungslosigkeit zweier Menschen zum Ausdruck bringt.

Ich mußte im Büro der Speditionsfirma täglich bis 14.00 Uhr arbeiten. Dann holte mich mein Partner Gerd Röben ab, und wir fuhren nach Neumünster. Von vier Uhr nachmittags bis Mitternacht probten wir. Um zwei Uhr morgens war ich wieder zu Hause. Dann lernte ich noch bis vier Uhr morgens den Text. Um sieben stand ich wieder auf, um ins Büro zu gehen.

Doch der Streß lohnt sich. Die deutsche Erstaufführung wird ein Erfolg. Die »Lübecker Nachrichten« berichten am 9. September eingehend über die gute Inszenierung und heben dabei auch Doris' schauspielerisches Talent hervor:

»In ›Käfige‹ ist die weibliche Person eine Dame aus dem horizontalen Gewerbe. Sie heißt Connie und empfängt, abgespannt und ziemlich müde, spätnachts noch einen Gast namens John. Der Knabe John hat präzise, spezielle Wünsche. Er will nicht billigen Sex, er will Liebe. Oder wenigstens die Illusion davon. Connie soll die Rolle seiner ersten, unvergessenen Liebe nachspielen. Nach den szenischen Notizen seines Tagebuchs. Connie sträubt sich dagegen, sich in eine andere Person verwandeln zu sollen und drängt am Ende den Knaben John in die Rolle ihres ersten Liebhabers.

Das ist eine faszinierende dramatische Idee, die der Autor außerordentlich geschickt aufzubereiten verstand. In diesem Dialog stimmt alles: der nüchterne Ton der Dame, die ihre Zeit nach Dollars bemißt, und der lyrisch-verquollene Text des jungen Mannes, der über seine erste Enttäuschung nicht hinausgereift ist. Wenn Gerd Röben als seelisch verklemmter John auch nicht ganz in das Format seines Textes hineinwuchs, so traf Doris Nefedov als Connie mit ganz fundamental wirkender Begabung genau jene Zwischentöne von beruflicher Gereiztheit und individuellem Empfinden, die ihrer Textvorlage exakt entsprachen.« (Alexander Kus)
Die Kritiken fallen durchweg positiv aus. Aber wer kommt schon nach Neumünster? An sieben Wochenenden wird gespielt, dann haben alle Neumünsteraner das Stück gesehen.
Die Kritiken waren prima. Das ist schon eine feine Sache, so auf der Bühne zu stehen und zu merken, wie der Kontakt zum Publikum entsteht. Das macht mir auch beim Singen Freude.

Wenige Wochen vor Beginn der Proben zu »Käfige« bekommt Doris überraschenderweise einen Anruf von Fred Weyrich. Sie weiß sofort, mit wem sie es zu tun hat, denn er ist kein Unbekannter in der Musikbranche.
Der Schallplattenproduzent, der Showgrößen wie Karel Gott, Vico Torriani und Heidi Brühl betreut, ist auf Doris aufmerksam geworden, als ihm sein

Freund, der Hamburger Zeitschriftenverleger Alfons Semrau, zufällig eine beeindruckende Geschichte über eine seiner Angestellten erzählt:
Er hatte einige Zeit lang halbtags eine junge Frau bei sich beschäftigt, die nicht nur gut schreiben, sondern auch noch hervorragend zeichnen konnte. Sie versah Geschichten mit kleinen Zeichnungen, war auch im Layout tätig und machte eigentlich ein bißchen von allem, je nachdem, was erwartet oder gewünscht wurde. Doch dieses Mädchen konnte einem das Leben auch schwermachen. Entweder kam sie zu spät, oder sie diskutierte erst einmal über all das, was man ihr zu tun aufgab. Als sie dann auch noch bei einer kleinen Meinungsverschiedenheit wutentbrannt einen Papierkorb auf seinem Schreibtisch auskippt, wirft Alfons Semrau sie fristlos hinaus. So etwas kann er sich nicht gefallen lassen.
Beim Erzählen dieser Geschichte regt er sich noch immer maßlos über das Verhalten dieser jungen Frau auf, erwähnt aber dennoch am Rande voller Anerkennung, daß sie auf einer der letzten Betriebsfeiern wundervoll gesungen und Gitarre gespielt hat. »Sie hat nur Musik und traurige Lieder im Kopf.« Ihr Name: Doris Nefedov!
Diese Geschichte amüsiert Fred Weyrich, aber vor allem weckt sie seine Neugier. Er läßt sich kurzerhand die Telefonnummer der jungen Frau geben, denn Alfons Semrau sträubt sich energisch, den Vermittler zwischen ihnen zu spielen. Er will nichts mehr mit dieser »aufmüpfigen Person« zu tun ha-

ben. So ruft Fred Weyrich bei Doris an und verabredet sich mit ihr noch für denselben Nachmittag. In der Regel nimmt er solche vermeintlichen Neuentdeckungen nicht ernst, denn derlei wird ihm oft erzählt. Immer wieder behauptet ihm gegenüber jemand, er habe das Stimmwunder schlechthin entdeckt. Doch in diesem Fall hört sich die Geschichte interessant an, und er will sich selbst ein Bild von der jungen Unbekannten und ihrem musikalischen Talent machen.

Zwei Stunden nach dem Telefonat wartet der 44jährige Fred Weyrich im »Fun Eck«, einer kleinen Kneipe in der Nähe des Hamburger Hauptbahnhofs. Etwas verspätet erscheint Doris mit ihrer Gitarre unter dem Arm. Fred Weyrich findet sofort Gefallen an ihr. Er ist hingerissen von ihren unglaublich schönen Augen und ihrem Gesicht. Er begrüßt sie lächelnd mit den Worten: »Wenn Sie singen, wie Sie aussehen, dann ist alles weitere nur noch reine Routine.« Als wäre das ihr Stichwort, greift Doris zu ihrer Gitarre und will ihm sogleich eine Kostprobe ihres Könnens liefern. Er kann sie gerade noch zurückhalten und bittet sie, das doch lieber in seiner Wohnung zu tun.

Verärgert über diese Äußerung, denn sie glaubt, er ist ein ausgekochter Kerl, der sich auf diese Art ein günstiges Rendezvous verschaffen will, springt sie auf und verabschiedet sich. Fred Weyrich muß über dieses Mißverständnis kräftig lachen und erklärt ihr, daß bei diesem Treffen natürlich auch seine Frau anwesend sein wird. So verabreden sie sich zu einem Vorsingen in Weyrichs Hamburger Wohnung wenige Tage später. Es wird das wohl wichtigste und entscheidendste Treffen in Doris' Leben.

Fred Weyrich kann sich an diesen Tag noch genau erinnern: »Sie kam um fünf zu mir. Und dann geschah das, was mich fasziniert hat wie eigentlich nie sonst eine Entdeckung. Sie spielte und sang vier, fünf Stunden lang, ununterbrochen, sie war überhaupt nicht aufzuhalten. Sie wollte zwischendurch weder essen noch trinken. Sie sang in deutsch, hebräisch, französisch, spanisch, russisch und englisch. Vielleicht nicht alles unbedingt perfekt, vor allem Spanisch nicht, aber gefühlsmäßig sensationell. Meine Frau Hella und ich waren begeistert. Im Zimmer brannten Kerzen, die Stimmung war unbeschreiblich. Ich erkannte gleich ihre ungeheure Kraft, ihren Willen und ihre Entschlossenheit, was mir sehr imponierte. Daher schlug ich auch spontan vor, einen Vertrag über fünf Jahre mit ihr abzuschließen, in dem ich mich verpflichtete, aus Doris einen Star zu machen. Das war etwas, was ich zuvor noch nie gemacht hatte. Aber hier, sagte ich mir, erlebe ich eine Sternstunde, stehe ich vor einem Novum, das kann man nicht einfach umgehen. Und da habe ich ihr einen Vertrag aufgesetzt, während sie immer weiter sang und spielte, sie war einfach nicht zu bremsen. Sie spielte phantastisch Gitarre. Dann zeigte ich ihr den Vertrag. Sie zögerte. Ich empfahl, ihn in Ruhe durchzulesen und mich am

nächsten Morgen anzurufen. Ich wollte sie keineswegs überrumpeln.«
Überglücklich fährt Doris an diesem Abend mit einem Taxi nach Hause. Es ist schon spät in der Nacht, aber sie ruft ihre Schauspiellehrerin an und zieht sie und ihre Mutter zu Rate. Bis in die frühen Morgenstunden diskutieren die drei darüber, wie Doris sich nun entscheiden soll.
Die Proben in Neumünster und der damit verbundene vielversprechende Start als Schauspielerin liegen vor ihr, doch auch eine Gesangskarriere unter einem so erfolgreichen Produzenten wie Fred Weyrich ist für sie ein unglaublicher Glücksfall. Er kennt die Branche wie kein anderer. Er selbst kann auf eine Karriere als Musiker und Sänger zurückblicken und hat sich auch als Schlagertexter einen Namen gemacht.
Doris entschließt sich für den Sprung ins Musikgeschäft. Aber sie wird auch ihre Schauspielausbildung fortsetzen und im nächsten Jahr zum Abschluß bringen. Sie will sich im Fall eines Mißerfolgs als Sängerin die Möglichkeit einer Theater- und Musical-Karriere offenhalten.
Völlig aufgekratzt und ohne eine Spur von Müdigkeit ruft Doris am nächsten Morgen um neun Uhr bei Fred Weyrich an und teilt ihm lachend ihre Entscheidung mit.
Was von nun an geschieht, haben Millionen von Menschen verfolgen können.

ALEXANDRA

Der Start eines jungen und unerfahrenen Interpreten ist immer das Wichtigste. Fred Weyrich stellt sich als erstes die Frage, was man mit einer so außergewöhnlichen Begabung wie Doris machen, wie man sie in Zukunft aufbauen kann. Um das herauszufinden, müssen sie sich erst einmal besser kennenlernen. Sie hat ihm zwar stundenlang vorgesungen, aber das läßt sich in dieser Form nicht auf eine Schallplatte pressen und kommerzialisieren.
Fünf Tage nach ihrer Zusage treffen sich Doris und Fred Weyrich in einem Musikstudio in Hamburg-Wandsbek. Er möchte einen Teil ihres Repertoires auf Band aufnehmen. Ohne lange zu zögern, greift Doris zur Gitarre und singt ein Lied nach dem anderen. Werner Pohl, Tonmeister seit UFA-Zeiten und alter Hase in der Musikbranche, traut seinen Ohren nicht. Schon nach den ersten Tönen springt er auf und bietet Fred Weyrich eine Zusammenarbeit an, doch der lehnt dankend ab: »Ich war egoistisch und blieb Alleinbesitzer dieses Juwels. Das Tonband von jenem Mittwoch ist ein eindrucksvolles Dokument geworden und hat einen Ehrenplatz in meinem Archiv.«
Nach dem Einspielen einiger ihrer Lieder nimmt Doris auch das französische Chanson *Akkordeon* auf, mit dem Juliette Gréco einen Welterfolg landete.

Doris synchronisiert das Lied, singt es also in deutscher Sprache, während das Instrumental-Band vom französischen Original übernommen wird. Zur Überraschung aller ist Doris' erste Aufnahme gleich so präzise, daß Fred Weyrich auf die Idee kommt, ihr einen kleinen Streich zu spielen.

»Ich wollte sie ein bißchen aufs Eis führen und hatte ein Lied mitgebracht. Im Manuskript als Klavierstimme. Es war ein ganz neues Chanson von Charles Aznavour mit dem Titel *Ich erwarte dich*, den sie nicht kennen konnte. Ich hab sie ein wenig überfahren und gefragt: ›Frau Nefedov, können Sie mir den Gefallen tun und dieses Lied hier noch singen? Ich habe auch einen Pianisten gefunden, der Sie begleiten wird. Wie wär's, wenn Sie sich das Lied in Ruhe ansehen und es uns dann vortragen?‹ Doris war sofort einverstanden, und nach nur fünf Minuten Besprechung mit dem Pianisten fragte sie schmunzelnd: ›Können wir das jetzt aufnehmen?‹ Das bis dahin noch völlig unbekannte Chanson trug Doris so erstklassig vor, daß die Aufnahme einfach ›plattenreif‹ war. Auch auf die Bitte, den französischen Text *Je t'attends* vom Blatt zu singen, präsentierte sie dieses Chanson dermaßen brillant, daß die Aufnahme nach ihrem Tod – zusammen mit einigen anderen beeindruckenden Probeaufnahmen – orchestral unterlegt und veröffentlicht wurde. Aber das schönste war, daß Doris plötzlich zu lachen anfing, denn sie hatte den kleinen Streich längst durchschaut. Sie sagte nur: ›Da singe ich zu Hause ja viel sicherer und liege nicht so wacklig im Magen.‹ Von Unsicherheit war jedoch nicht das Geringste zu merken. Im Gegenteil, sie zeigte keinerlei Respekt vor Fehlern. Sie machte die Augen zu und sang es rotzfrech runter. Ihre starke Persönlichkeit, ihr Ausdrucksvermögen, ihre Überzeugungskraft in allem, was sie machte, und ihre unglaubliche Präzision, ihre Sicherheit in der Musik, ihr ausgezeichnetes Gitarrenspiel, all das faszinierte mich. Ich wußte, hier ist eine ganz seltene Begabung.«

Ich erwarte dich
**Musik: Gilbert Bécaud; Originaltext:
Charles Aznavour; deutscher Text: Max Colbert**

Meine Ruhe ist dahin,
mit einem Wort,
ich weiß nicht, was ich beginn,
seitdem du fort,
trostlos sieht mein Leben aus
im Augenblick,
leer ist ohne dich das Haus,
drum komm zurück.

Was bisher mein Herz erfreut,
das läßt mich kalt;
ich bin müde und zerstreut,
hab keinen Halt,
was ich anfass', das zerbricht,

wie unser Glück;
gib mir wieder Zuversicht
und komm zurück.

Je t'attends,
ich erwarte dich,
erwarte dich von früh bis spät,
komm, die Zeit vergeht.
Je t'attends,
bitte, warte nicht,
ich brauche dich wie Luft und Licht,
komm, bevor's zu spät.

Meine Ruhe war an vielem schuld,
das geb ich zu,
doch dir fehlte die Geduld
ganz entre nous,
ist der Weg auch schwer und weit,
das letzte Stück schafft viel leichter,
man zu zweit,
drum komm zurück.

Es gab doch in all den Jahren
manch schöne Zeit,
wo wir restlos glücklich waren;
ich seh noch heut,
wie du vor mir stehst und weinst
vor lauter Glück,
alles wird so sein wie einst,
nur komm zurück.

Von diesem Augenblick an beginnt Fred Weyrich mit all seiner Kraft um den erfolgreichen Start dieser außergewöhnlichen Begabung zu kämpfen. Eines jedoch steht für ihn von vornherein fest: Entgegen aller Branchentradition, Neulinge anfangs auf einer Single zu erproben und erst gelungene Versuche mit einer Langspielplatte zu honorieren, will er bei Doris den umgekehrten Weg wagen. Sie soll gleich mit einer Langspielplatte starten, und diese erste LP wird sich an gewissen Vorbildern von Doris orientieren, an französischen Chansons und russischen Balladen und Zigeunerliedern.

Doch die anfängliche Euphorie Fred Weyrichs wird jäh gebremst. Als er seinen Freund Vico Torriani, mit dem er bis dato acht Langspielplatten produziert hat, bittet, die »Patenschaft« für seine Neuentdeckung zu übernehmen, was letztendlich nichts weiter als ein Promotion-Gag sein soll, lehnt Torriani borniert mit dem Argument ab, diese Dame sei ihm zu unbekannt, das könnte seinen Ruf schädigen.

Fred Weyrich stößt nicht nur bei Vico Torriani auf Ablehnung, sondern auch bei der Phonogram, seiner Schallplattenfirma. Niemand traut sich dort so recht, das Wagnis einer LP-Produktion mit einer völlig Unbekannten einzugehen. Vor allem der Direktor, Hans Schrade, stellt sich gegen alles, was die junge Sängerin betrifft. »Die Stimme paßt nicht zum Bild und umgekehrt!«

Aber es gibt auch einflußreiche Fürsprecher in der

Firma, wie Produktionschef Wolfgang Kretzschmar und Promotion-Chef Fritz Köhler, der von Anfang an dafür ist, Doris zu fördern.

»Für mich war sie eine ungeheure Künstlerin, die sehr viel Potenz hatte, nicht nur in der Stimme, sondern auch in ihrer Ausstrahlung. Sie sprühte über in ihren Gedanken. Ihr Erfolg war vorprogrammiert.«

Am 1. August 1966 unterschreibt Doris bei der Phonogram einen Künstlervertrag, der das Recht einräumt, zweimal um ein Jahr verlängert zu werden, was aufgrund ihres Erfolges später auch geschieht. Was jedoch niemand ahnen kann, ist, daß ihr Vertrag genau am Tage ihres Todes ausläuft, am 31. Juli 1969.

In den folgenden Wochen machen sich Fred Weyrich und Doris auf die Suche nach neuen, markanten Liedern. Es muß ein Repertoire für die geplante Schallplatte gefunden werden, und zwar ein anderes als die übliche Dutzendware anspruchsloser Schlager, die bis dahin den deutschen Markt beherrschen.

Nach sieben plattenreifen Aufnahmen, die von der Phonogram produziert werden, fahren Fred Weyrich und Doris nach Köln. Sie besuchen den bekannten Komponisten und Texter Hans Blum, der sich mit Liedern wie »Beiß nicht gleich in jeden Apfel« einen Namen gemacht hat und der selbst als Sänger unter dem Pseudonym Henry Valentino erfolgreich ist. Sie wollen sich bei ihm weitere Noten

und Lieder ansehen, denn sie suchen noch immer nach einem Titelsong, nach einem Hit.
Hans Blum spielt seinen Gästen ein Stück nach dem anderen vor, aber keines davon scheint für sie das Richtige zu sein. Währenddessen fällt Doris' Blick auf einen Pappkarton aussortierter Lieder, und sie beginnt interessiert darin zu stöbern. Mit einem Mal schreit sie auf und zieht ein paar Seiten aus dem Karton. »Das ist es! *Zigeunerjunge!* Das ist mein Lied!«
Hans Blum schüttelt den Kopf und erklärt ihr, daß dieses Lied zu kompliziert sei und daß sich schon andere Sängerinnen vergeblich daran versucht hätten. Sie seien immer wieder über die zu schnelle Silbenfolge gestolpert. Doris ist jedoch nicht davon abzubringen. Sie möchte es gerne einmal probieren und vorsingen. Er ist einverstanden und begleitet sie am Klavier.
Der erste Versuch schlägt fehl. Gleich beim ersten »lalala« vergaloppiert sie sich und bittet darum, noch einmal beginnen zu dürfen. Doch beim zweiten Versuch halten Hans Blum und Fred Weyrich den Atem an. Ohne den kleinsten Fehler zu machen, trägt Doris das Lied mit großer Leichtigkeit, aber gleichzeitig mit so viel Ausdruck vor, daß auch Fred Weyrich sofort überzeugt ist, daß sie mit dem *Zigeunerjungen* das richtige Lied gefunden haben.

Zigeunerjunge
Musik und Text: Hans Blum

Ich war noch ein Kind,
da kamen Zigeuner,
Zigeuner in unsere Stadt,
kamen in unsere Stadt.
Die Wagen so bunt,
die Pferdchen so zottig,
sie zogen die Wagen so schwer,
und ich lief hinterher,
immer nur hinterher.

Dann kam der Abend,
es wurde ein Feuer entfacht,
und die Zigeuner,
sie haben getanzt und gelacht,
ein Zigeunerjunge, Zigeunerjunge,
er spielte am Feuer Gitarre,
und ich sah sein Gesicht,
aber er sah mich nicht.
Zigeunerjunge, Zigeunerjunge,
er spielte am Feuer Gitarre,
dann war das Feuer aus,
und ich lief schnell nach Haus.

Am anderen Tag
konnt' ich nicht erwarten,
die fremden Zigeuner zu sehn,
aber ich durfte nicht gehn.

Die Wagen so bunt,
die Pferdchen so zottig,
es zog mich zurück an den Ort,
und ich lief heimlich fort.

Dann kam der Abend,
ich fand die Zigeuner nicht mehr,
wo sie noch gestern gesungen,
da war alles leer.
Zigeunerjunge, Zigeunerjunge,
wo bist du, wo sind eure Wagen,
doch es blieb alles leer,
und mein Herz wurde schwer.
Zigeunerjunge, Zigeunerjunge,
wo bist du, wer kann es mir sagen,
doch es blieb alles leer,
und ich weinte so sehr.

Der »Zigeunerjunge« ist mein Lieblingslied. Meine Mutter hat mir und meinen Schwestern sehr oft erzählt, wie es damals gewesen ist, wenn die Zigeuner von fern in das Dorf kamen, wenn man schon die Kastagnetten und die Tamburine klappern hörte, und dann hatten sie auch oft einen Tanzbären mit, und all diese Dinge habe ich doch da reingebracht, die habe ich mir alle vorgestellt, und dieses Lied liebe ich daher auch ganz besonders.

Zurück in Hamburg wird der *Zigeunerjunge* in wenigen Tagen produziert. Die Aufnahme mit dem Orchester verläuft reibungslos, nur Doris ist mit ihrer gesanglichen Leistung alles andere als zufrieden. Tags zuvor hatte ihr der Zahnarzt einen ihrer Schneidezähne überkront, und nun wird sie das Gefühl nicht mehr los, daß sie lispelt. Immer wieder glaubt sie beim Singen und dem Abhören ihrer Einspielungen ein Zischen zu hören und bittet darum, die Aufnahme wiederholen zu dürfen. Nach längerem guten Zureden aber ist sie schließlich mit dem Resultat einverstanden. Zusammen mit drei weiteren Titeln erscheint der *Zigeunerjunge* vorerst auf einer Präsentationssingle unter dem Namen Doris Nefedov, die ausschließlich für Presse und Hörfunk gedacht ist.

Aber trotz all dieser vielversprechenden Aufnahmen gelingt es Fred Weyrich noch immer nicht, Direktor Schrade vom Talent seiner Neuentdeckung und dem Start mit einer Langspielplatte zu überzeugen. In seinen Augen soll sie froh sein, einen Plattenvertrag zu haben und mit einer Single starten zu dürfen.

Da kommt Fred Weyrich eine letzte Idee. In Husum findet in Kürze eine Käufertagung der Phonogram statt. Dort versammeln sich mehr als 250 Händler und Journalisten, um sich über die Neuheiten in der Musikbranche zu informieren. Den Gästen dieser Tagung steht ein anstrengendes Programm bevor, denn allein in einem Monat gibt es auf dem deutschen Schallplattenmarkt zwischen 200 und 300 Neuerscheinungen. Doch am Ende dieser zweitägigen Konferenz erwartet sie ein Gala-Abend mit den

Auftritten renommierter Interpreten, die für einen glanzvollen Abschluß sorgen.

Kurzentschlossen und ohne große Absprache mit der Geschäftsleitung packt Fred Weyrich die Probeaufnahmen ein und fährt mit Doris zu dem Treffen nach Husum. Nach dem offiziellen Programm, der Präsentation neuer Schlager, geht Fred Weyrich forsch auf die Bühne und kündigt seine Neuentdeckung an: »Ich habe heute abend eine junge Künstlerin mitgebracht, die noch keinen Namen hat. Sie hat mir vorgesungen, und ich finde sie so beachtenswert, daß ich gerne Ihre Meinung dazu hören möchte. Ich darf Sie Ihnen jetzt vorstellen. Sie kommt mit ihrer Gitarre, mit ihrer Stimme, mit ihrem Charme, mit ihren Liedern: Doris Nefedov!«

Nach den langen Gesprächen und Verhandlungen ist das Publikum nicht gerade begeistert von diesem Vorschlag, doch als Doris mit ihrer Gitarre die Bühne betritt und die ersten Akkorde anschlägt, wächst die Spannung im Saal.

Etwas unbeholfen und mit einem leichten Zittern in ihrer Stimme begrüßt sie die Anwesenden:

Ich möchte mit einem Lied anfangen, das ich als erstes komponiert habe, also was ich je gemacht habe, dieses erste Lied. Und daher möchte ich es auch gleich zuerst bringen. Ich möchte Ihnen noch kurz erzählen, wie ich auf diese Idee gekommen bin. Ich habe also eine Novelle von Stifter gelesen, sie war sehr romantisch und sehr traurig – ich komme auf den Namen leider nicht mehr – und ich war in einer Stimmung, da hab ich dann folgendes Lied gemacht.

Es war einmal ein Fischer
Musik und Text: Alexandra

Es war einmal ein Fischer,
der hatte das schönste Kind,
es war all sein Glück, all sein Kummer,
denn seine Tochter war blind.

Des Nachts lief sie ans Ufer
und sang mit Wind und Meer,
und wer ihre Lieder hörte,
dem ward das Herz so schwer.

Da kam eines Tags ein Fremder,
kam in den Fischerort,
der küßte ihr die Tränen
von den blinden Augen fort.

Er bat sie, werd' die meine,
seine Hand war kalt und bleich
und führte sie ins tiefe Meer,
hinab bis in sein Reich.

Ach, Vater, lieber Vater,
ich bitt' dich, weine nicht,
auf Erden ward's so dunkel,
nun ist mir ewig Licht.

So unsicher und holprig Doris noch bei ihren Ansagen spricht, so sicher ist sie bei der Interpretation ihrer Lieder. Sie scheint völlig zu vergessen, wie viele Menschen ihr erstmals zuhören. Sie singt drei Volkslieder in Russisch, Englisch und Spanisch und zwei ihrer Eigenkompositionen, wobei das Kinderlied *Mein Kind, schlaf ein*, das sie für ihren dreijährigen Sohn komponiert hat, den Abschluß ihres kleinen Programms bildet. Doris singt und spielt um ihr Leben, und von Lied zu Lied spürt sie, wie der Saal von ihrer Stimme und ihrer Ausstrahlung immer stärker mitgerissen wird. Am Ende – nach fünf Beiträgen – spendet die Mehrheit der Zuhörer stürmischen Beifall. Händler und Journalisten reißen sich um sie und beglückwünschen Fred Weyrich zu seiner Entdeckung. »Mensch, Fred, da hast du ja 'n Pfund in der Tasche!«

Noch ganz berauscht von den Eindrücken fährt Doris mit Fred Weyrich und einem Redakteur der Klassikabteilung zurück nach Hamburg. Der begeisterte Phonogram-Mitarbeiter gratuliert beiden zu ihrem überwältigenden Erfolg, kritisiert aber, daß der Name Doris Nefedov nicht im geringsten werbewirksam sei und sie sich daher schnellstens nach einem anderen, zugkräftigeren Namen umsehen müsse.

Gesagt, getan! Doris wird spontan gefragt, welcher Name ihr am meisten gefalle, ob sie ein literarisches Vorbild, Haustiere, Freunde habe, deren Namen sie gerne tragen würde. Sie verneint. Ihre Liebe hängt einzig und allein an ihrem dreijährigen Sohn Sascha. Der Redakteur schüttelt den Kopf, so könne man nicht heißen, das sei kein richtiger Name. Doris fängt an zu lachen und erklärt ihm, daß dies auch nur der Kosename von Alexander ist. Kaum den Namen ausgesprochen, da leuchtet auch schon sein Gesicht auf. »Das ist es! Alexander? – Alexandra! Wir hängen nur ein A dran, und schon haben wir einen klangvollen Künstlernamen. So einfach ist das!« Doris und Fred Weyrich schauen sich kurz fragend an und sind mit dem Vorschlag einverstanden.

Später jedoch findet Doris diese Geschichte um ihre Namensgebung zu albern und erzählt in ihren Interviews: *Ich habe zwei Vornamen: Doris-Alexandra. Meine Mutter wollte mich damals Alexandra taufen lassen, und mein Vater wollte gern Doris, und da haben sie eben einen Kompromiß geschlossen und tauften mich Doris-Alexandra. Und da mir dieser Name immer besser gefiel, habe ich jetzt endlich, nachdem ich die Freiheit hatte, einen Künstlernamen zu wählen, mich Alexandra nennen lassen.*

In jener Nacht kehrt Doris nicht nur als Alexandra in die Hansestadt zurück, nein, auch ihre künstlerische Laufbahn wird von dieser Minute an steil nach oben gehen und ihr kaum noch Zeit für sich selbst und ihre Familie lassen.

DIE RUHE VOR DEM STURM

Am folgenden Tag marschiert Fred Weyrich abermals zur Geschäftsleitung der Phonogram und bittet um eine letzte Abstimmung, ob Alexandra, wie sie sich von nun an nennt, mit einer Langspielplatte gestartet wird oder nicht. Er erzählt von dem großartigen Erfolg in Husum, der sich aber bereits bis nach Hamburg herumgesprochen hat.
Nach einer heftigen Diskussion wird abgestimmt. Mit nur einer Stimme Mehrheit wird beschlossen, Alexandra als erste deutschsprachige Interpretin mit einer Langspielplatte herauszubringen. Das ist bis zu diesem Tag einmalig in der deutschen Schallplattenindustrie und geht in die Schlagergeschichte ein.

Meine erste Produktion war eine Langspielplatte, was für deutsche Verhältnisse höchst ungewöhnlich ist. Normalerweise werden bei uns junge Nachwuchskünstler mit Single-Produktionen gestartet, um die Reaktion des Publikums abzuwarten. Aber mein Produzent war so von meinem Können überzeugt, daß er es gleich mit einem Album wagte. Ich muß gestehen, ich war mir nicht ganz so sicher.

Doch bis zum Erscheinen der Platte vergehen noch mehrere Monate. Alexandras Theaterproben und ihr Halbtagsjob, aber auch die weitere Suche nach geeigneten Liedern verzögern die Herstellung. Als sie schließlich zwölf Titel beisammenhaben, wird die LP innerhalb von sechs Wochen in Berlin produziert.

Alexandra singt einige deutsche Fassungen bekannter ausländischer Titel sowie anspruchsvolle, neue deutsche Kompositionen. Sie ist so sehr mit dem Herzen bei der Sache, daß sie bei der Aufnahme eines sentimentalen Liedes im Studio sogar zu weinen anfängt. Sie identifiziert sich voll und ganz mit dem, was ihre ausdrucksvolle Stimme gestaltet.

Auf der Langspielplatte ist zwar noch keines von den Liedern zu finden, die Alexandra als eigenes Repertoire mitgebracht hat, doch zu einem Text von Ernst Bader hat sie eine wunderschöne Melodie gefunden.

Ich habe unbedingt vor, selbst zu schreiben. Ich habe angefangen – ganz schüchtern – zu schreiben. Der erste Versuch war »Die anderen waren schuld«. Da ist die Musik von mir, und ich möchte darauf hinaus, daß ich eines Tages meine eigene Musik und Texte schreibe, wenigstens teilweise. Eine Konkurrenz für Hildegard Knef werde ich aber bestimmt nicht werden, denn ihre Chansons liegen in einer ganz anderen Richtung als meine. Meine werden wahrscheinlich sehr viel romantischer. Ihre sind doch mehr hart, dem Alltag entnommen.

Die anderen waren schuld
Musik: Alexandra; Text: Ernst Bader

Die Zeit war so schön, denn du warst bei mir,
und ich war nicht mehr allein.
Ich glaubte, daß ich dich nie verlier',
und dachte, es müßte so sein.
Doch dann kam ein Brief,
und du sprachst von der Pflicht;
ich schaute dich ängstlich an,
da sagtest du: nein, ich gehe nicht,
die anderen waren schuld, daß alles anders kam.

Und dann eines Tages verließest du mich
und zogst in ein fremdes Land.
Du glaubtest, es ginge nicht ohne dich,
und gabst mir zum Abschied die Hand.
Vor dir lag die Welt,
aber ich blieb zurück
in Nächten voll Angst und Gram;
ich habe vertraut auf unser Glück;
die anderen waren schuld, daß alles anders kam.

Wir bauten im Traume ein Haus für uns zwei,
und fingen das Leben an.
Das Haus ist zerstört, und der Traum ist vorbei,
noch eh' unser Leben begann.
Wo kann ich dich finden?
Solang' ist es her,
seit ich von dir Abschied nahm;

Die Nacht ist so kalt, die Straßen so leer,
die anderen waren schuld, daß alles anders kam.

Die Suche nach geeigneten Liedern, aber auch die Produktion der Platte machen Fred Weyrich und Alexandra großen Spaß. Fred Weyrich textet sogar drei der Lieder selbst, und Alexandra, die eigenwillig und dickköpfig sein kann, besonders was ihre Meinung über die Auswahl der Lieder betrifft, äußert sich am Ende zufrieden über ihre Zusammenarbeit:
Ich bin ziemlich kompromißlos, aber wenn ich einsehe, wenn man mich überzeugen kann, daß ich im Unrecht bin, dann gehe ich gern einen Kompromiß ein. Mein Produzent hat mich nicht überzeugen müssen, er ist sehr auf mich eingegangen. Wir haben alle Lieder gemeinsam ausgesucht, und ich hab ein paar kleine Kompromisse geschlossen, denn es sind nicht alle Lieder auf der Premieren-Platte hochanspruchsvoll, z.B. »Janos von der Puszta«. Es ist kein Chanson, sondern nur ein Schlager. Dagegen liebe ich besonders das Lied »Aus«.

Aus
Musik: Arno Flor; Text: Fred Weyrich

Du warst mein Typ, ich bin auf dich geflogen,
dein erster Kuß mir fast den Atem nahm,
du warst so lieb, doch alles war gelogen,
ich hab's geglaubt, bis ich dahinterkam.
Aus, ich will dich nicht mehr sehen,

Aus, es hat doch keinen Zweck,
Aus, ich pfeife auf dein Flehen,
wenn du heut' kommst,
ich schick' dich weg.

Auf einem Ball hab ich dich kurz gesehen,
an einem Tisch mit einer blonden Frau,
du hast gelacht, als wäre nichts geschehen,
doch das, was war, das nehm' ich sehr genau.
Aus, ich kann dich nur noch hassen,
Aus, was bildest du dir nur ein,
Aus, es ist ja nicht zu fassen,
wie kannst du nur so herzlos sein.

Wie dem auch sei, wohin ich immer laufe,
ein anderes Glück steht da und dort bereit,
doch kommt man leicht vom Regen in die
   Traufe,
es ist zu spät, wenn man erst mal bereut.
Aus, ich will das jetzt vergessen,
Aus, es hat doch keinen Zweck,
Aus, egal, was auch gewesen,
wenn du heut' kommst,
geh' nie mehr weg.

Parallel zu den Vorbereitungen und Aufnahmen zur LP verfolgt Alexandra jedoch auch weiterhin die Absicht, ihre Schauspielausbildung abzuschließen. Trotz der vielen anerkennenden Worte aus der Musikbranche vertraut sie mehr auf eine Zukunft als

Schauspielerin und Musical-Interpretin als auf einen langanhaltenden Erfolg als Sängerin.

So spricht sie Ende des Jahres an verschiedenen Theatern vor und erhält vom Hamburger »Theater am Goetheplatz« und aus Frankfurt sogar Angebote, durch die sie einerseits die Bestätigung ihrer schauspielerischen Fähigkeiten findet, aber andererseits auch wieder in einen Zwiespalt gerät, für welchen Weg sie sich entscheiden soll.

Sie sagt den Theatern ab und beschließt, erst einmal beim Film ihr Glück zu versuchen, um ihre Karriere als Sängerin verfolgen zu können, die gerade so verheißungsvoll anläuft. Sie bewirbt sich bei der Filmabteilung des Norddeutschen Rundfunks und wird kurz darauf, am 28. Februar 1967, zu einer Kameraprobe eingeladen, die ihr wenige Monate später ihre erste Fernsehrolle einbringt.

Etwa zur gleichen Zeit beauftragt die Phonogram den bekannten Fotografen und Journalisten Hansi J. Hoffmann, eine erste Fotoserie in Schwarzweiß und Farbe von Alexandra zu machen. Man braucht Werbematerial für die Vermarktung der im Frühjahr erscheinenden LP, aber auch für die Promotion der noch unbekannten Sängerin.

Als der Anruf bei Hansi Hoffmann eintrifft, glaubt er zunächst, es handele sich um Peter Alexander. »Was macht denn der Alexander in Hamburg? Und wieso braucht ihr Fotos vom Peter, der singt doch bei der Konkurrenz?« Das Mißverständnis ist schnell aus der Welt geschafft, und Hansi Hoffmann ver-

merkt in seinem Terminkalender: »Freitag, 17.00 Uhr, Marktplatz 5, Familienname Treitz!«
Es ist ein kalter, stürmischer Tag. Das Wetter eignet sich ganz und gar nicht für Außenaufnahmen. Hansi Hoffmann macht sich dennoch auf den Weg. Doch als er auf den Stadtplan schaut, traut er seinen Augen nicht. In der Innenstadt Hamburgs gibt es mindestens fünf Marktplätze, und er weiß nicht genau, welcher von ihnen die richtige Adresse ist. Da kommt ihm ein Taxifahrer zu Hilfe, und die Suche durch den dichten Berufsverkehr beginnt: Weellingstedter Marktplatz 5 – eine Tankstelle; Hammerbrooker Marktplatz 5 – ein Kino; Altonaer Marktplatz 5 – eine Kneipe; Barmbeker Marktplatz 5 – ein Supermarkt; Rothenburgsorter Marktplatz 5 – ein Hochhaus und der Name »Treitz« zwischen zahlreichen Klingelknöpfen. Geschafft!
Alexandras Mutter öffnet die Wohnungstür. Hansi Hoffmann schaut sie verblüfft an: »Oh, Entschuldigung, die Plattenfirma sprach doch von einem Mädchen. Sind Sie Alexandra?« Lachend antwortet Wally Treitz: »Nein, ich bin die Mutter. Meine Tochter badet gerade ihren Sohn. Aber kommen Sie doch bitte herein.« Dann steht Alexandra vor ihm. Eine schlanke, gutaussehende junge Frau, zerzauste Haare, mit einem klatschnassen Jungen auf dem Arm. Schnippisch begrüßt sie ihn mit den Worten: »Es gibt schon sehr preiswerte und genaugehende Uhren zu kaufen.« Darauf kontert Hansi Hoffmann: »Und es gibt wirkliche Stars – Peter Alexander zum

Beispiel –, die würden kein Theater machen, wenn es gute Gründe für eine Verspätung gibt.« Das beeindruckt Alexandra nicht im geringsten. »Vergessen Sie Herrn Alexander, ich bin Alexandra! Und wer mit mir arbeiten will, soll mich nicht mit anderen vergleichen. Ich habe heute keine Zeit mehr für Fotos. Ich muß mich um meinen Sohn kümmern, und dann geh ich zum Schauspielunterricht. Morgen um 13.00 Uhr habe ich im Büro Mittagspause, da habe ich eine Stunde.«
Mehr hat sie dem verdutzten Hansi Hoffmann nicht zu sagen. Freundlich, aber bestimmt bringt sie ihn zur Tür und verabschiedet sich von ihm. Er ist völlig verwirrt. Doch trotz seiner maßlosen Wut im Bauch ist er von ihrem Selbstbewußtsein und ihrer Ausstrahlung derartig angetan, daß er sie am nächsten Mittag wiedertrifft und mit ihr den geplatzten Fototermin nachholt. Von diesem Tag an wird Hansi Hoffmann für Alexandra ein guter Freund, der sie noch auf vielen ihrer Reisen begleiten wird.
Was Alexandras eigene Pünktlichkeit betrifft, so steht sie mit ihr auf Kriegsfuß. Sie ist oft verträumt und blickt nur selten auf die Uhr. Was sie macht, ist stets impulsiv und spontan. Das soll sich jedoch schnell ändern.
In Köln kommt es zum Beispiel aufgrund ihrer Unpünktlichkeit zu einem Riesenkrach zwischen ihr und Fred Weyrich. Beide sind zu Auftrittsverhandlungen mit dem WDR-Unterhaltungschef Andreas Hoff verabredet, doch Alexandra kommt nicht.

Nach anderthalb Stunden springt Hoff verärgert auf und sagt: »Sie können Ihre Sängerin jetzt einsalzen, ich will sie nicht mehr kennenlernen. Wenn Ihre Dame nicht kommen will, dann vergessen wir die ganze Angelegenheit.« Wütend verläßt er das Zimmer, und Fred Weyrich macht sich auf die Suche. Ein paar Straßenecken weiter sieht er Alexandra vor einem Pelzgeschäft stehen und spricht sie an: »Hallo, gibt es dich noch?« Überrascht dreht sie sich um und strahlt ihn an: »Warum?« Rot vor Wut, aber um einen ruhigen Ton bemüht, erklärt er ihr, daß sie schon vor Stunden beim Westdeutschen Rundfunk eine wichtige Verabredung hatten. Verunsichert schaut sie auf ihre Armbanduhr: »Wie? Was denn, ist es schon so spät?« Da kann sich Fred Weyrich, der sonst für seine ruhige und geduldige Art bekannt ist, nicht mehr zurückhalten und liest ihr lautstark inmitten der Kölner Fußgängerzone die Leviten. Auf der Heimfahrt beginnt Alexandra bitterlich zu weinen und verspricht, in Zukunft pünktlich zu sein. Doch sie hat auch weiterhin ihre Probleme mit der Pünktlichkeit, wodurch sie besonders mit dem preußisch erzogenen Truck Branss, dem Regisseur vieler Fernsehshows, noch hart aneinandergeraten wird.

RUSSLAND

Ende März 1967, es sind nur noch wenige Wochen bis zur Veröffentlichung des Debüt-Albums, trifft Fred Weyrich seinen alten Freund Hazy Osterwald. Der schweizerische Bandleader und Trompeter, der zu Beginn der sechziger Jahre mit Hits wie »Kriminal-Tango« und »Konjunktur-Cha-Cha« international bekannt wurde, tritt in einer Show von Peter Frankenfeld auf, zu der Fred Weyrich einen Sketch für die beiden geschrieben hat.

Während einer Probe vertraut Hazy Osterwald seinem Freund an, daß er für seine im Mai beginnende, sechswöchige Tournee durch die Sowjetunion noch händeringend nach einer russischsprechenden Sängerin sucht.

»Er fragte mich, ob ich eine Sängerin wüßte, die russisch singen kann, gut aussieht und mit auf eine Tournee nach Rußland gehen könne. Ich habe natürlich spontan gesagt: ›Die habe ich!‹ Er schaute mich etwas ungläubig an, weil er schon seit einem halben Jahr auf der Suche war und jeden, der ihm begegnete, vergeblich fragte.«

Hazy Osterwald kann es kaum fassen, daß sein Freund die geeignete Interpretin für die Tournee an der Hand hat. Um ihn davon zu überzeugen, fährt Fred Weyrich kurzentschlossen nach Hause, schnappt sich ein Demoband und spielt es Hazy

Osterwald vor. Schon nach dem dritten Lied ist der Schweizer so begeistert, daß Fred Weyrich umgehend bei Alexandra anrufen und sie fragen muß, ob sie mit ihm und seiner Band in die UdSSR fahren will.
Zunächst hält Alexandra das Angebot für einen verfrühten Aprilscherz. Aber als Fred Weyrich ihr erklärt, daß sie über Hazy Osterwald wirklich die Gelegenheit bekäme, das Land zu besuchen, von dem sie schon immer geträumt und viele Geschichten gehört hat, willigt sie überglücklich ein. Auch Alexandras Mutter ist zufrieden. Sie hat Fred Weyrich schon fast täglich in den Ohren gelegen, wann denn nun endlich die Karriere ihrer Tochter beginnt und sie singend auf einer Bühne zu sehen ist.
Ich hab als Kind oft an der Ostsee gestanden und habe gedacht, du möchtest da einmal rüberfahren übers Meer und möchtest nach Rußland hineinschauen können.
Alexandras Wunsch geht in Erfüllung, doch sie hat auch große Angst vor dieser Reise, vor der Zusammenarbeit mit lauter erfahrenen Kollegen. Diese Angst wird noch verstärkt, als sie erfährt, daß lediglich drei Probentage in Berlin für die Tournee vorgesehen sind.
Hazy Osterwald unterteilt seine Show in verschiedene Blöcke. Die Auftritte seines Sextetts werden von Gesangseinlagen seiner drei engagierten Sängerinnen, der Französin Marie-France, der Schwedin Nina Lizell und Alexandra, umrahmt.
Die Proben gehen gut und schnell voran. Hazy

Osterwald, der anfangs noch nicht so recht an Alexandra glauben will, arbeitet in der kurzen Zeit so intensiv mit ihr, daß sie gar nicht mehr weiß, wo ihr der Kopf steht.

Ich sang und heulte, heulte und sang. Doch Hazy Osterwald war der geduldigste Orchesterchef, den man sich denken konnte.

Zwar kommt es auch hier und da zu kleinen Auseinandersetzungen, denn Alexandra versucht immer wieder, ihre eigenen Ideen durchzusetzen, doch Hazy Osterwald ist ein Perfektionist, der stets ein fertiges Konzept vor Augen hat und der sich in seine Arbeit niemals hineinreden läßt.

Auch Fred Weyrich bemüht sich um ein angenehmes Arbeitsverhältnis zwischen den beiden. Er weist Alexandra eindringlich darauf hin, daß sie sich in ihrer kompromißlosen Art etwas zurückhalten soll, denn es geht hier ja schließlich um ihren beruflichen Start. Eine Tournee mit Hazy Osterwald bedeutet für sie eine überaus gute und wichtige Promotion.

Alexandra befolgt seine Ratschläge, und am Ende ist der Schweizer mehr als zufrieden mit ihr und lobt noch Jahre später ihre konzentrierte und überaus disziplinierte Arbeitsweise: »Sie tat alles, was man von ihr verlangte. Das Mädchen konnte genau zuhören, nahm alles ab, ob Musik oder Choreographie, und so kam es dann auch zu ihrem großen Erfolg.«

Zwischen den Proben schickt Hazy Osterwald seinen Choreographen Dick Price mit Alexandra los, um für sie ein paar hübsche Kleider zu kaufen. Der Weg führt sie auch an einem Friseur vorbei. Dort fallen ihre langen, dunklen Haare der Schere zum Opfer. Sie haben zwar danach noch nicht die Kürze und die rundgefönte Form, mit der sie einige Monate später allen Menschen in Erinnerung bleiben wird, aber der neue, fraulich elegante Typ Alexandra nimmt erste Konturen an.

Trotz der erfreulichen Probenarbeit und der gut verlaufenden Reisevorbereitungen gibt es kurz vor dem Abflug noch Probleme. Der Agent der Tournee weigert sich auf einmal, Alexandra mitfahren zu lassen. An ihrer Stelle sollte ursprünglich Hazy Osterwalds zweite Ehefrau, die mexikanische Sängerin Ema Damia, auftreten. Das lehnt der Schweizer Bandleader jetzt aber energisch ab. Der Selbstmord seiner ersten Frau, die das Verhältnis ihres Mannes mit Ema nach vierzehn Ehejahren nicht ertragen konnte, und der damit verbundene Skandal sind noch zu gegenwärtig. Er will seine zweite Frau aus alledem heraushalten und sich nicht mit ihrer Protektion als Sängerin auf seiner Tournee erneut den Anfeindungen der Presse aussetzen. Sie soll ihn lediglich als seine Ehefrau auf der Reise begleiten.

Der Agent, der mit Hazy Osterwald auch schon eine erfolgreiche Tour durch die DDR gemacht hat, ist außer sich. Es ist kein Ticket für eine vierte Frau vorgesehen. Er beruft sich auf den Vertrag, in denen drei Sängerinnen und das Sextett vorgesehen sind, und droht, den schon gebuchten Flug für Ema Damia zu streichen. Mit diesem Schachzug will er erreichen, daß die Mexikanerin und nicht Alexandra mitfährt, die in seinen Augen nicht exotisch genug ist.

Dieser Streit gefährdet die Tournee in letzter Minute. Doch da hat Hazy Osterwald eine Idee. Die sowjetischen Gastgeber haben vergessen, einen zweiten Beleuchter einzustellen, was ihm vertraglich zugesichert worden war. Da pocht der berühmte Bandleader auf Schadenersatz, und man einigt sich schließlich auf einen Kompromiß. Hazy Osterwalds Frau übernimmt, falls nötig, die Aufgaben des zweiten Beleuchters, und Alexandra bekommt das vierte Ticket und reist wie beschlossen als Sängerin mit.
Die Tournee wird für alle Beteiligten ein großer Erfolg. Alexandra singt einige Songs aus ihrem Debüt-Album, aber auch russische Folklore-Lieder wie *Moskauer Nächte* und *Schwarze Augen* in der Landessprache, was das Publikum besonders freut und zu Begeisterungsstürmen hinreißt. Alle glauben, sie wäre eine von ihnen, eine echte Russin. Es folgt eine Zugabe nach der anderen, so daß keine Vorstellung weniger als drei Stunden dauert.
Hazy Osterwald und sein Ensemble bereisen in den sechs Wochen die verschiedensten Städte der Sowjetunion, Orte mit eindrucksvoller Geschichte, aber auch solche, die weit abgelegen und unbekannt sind. Sie legen auf ihrer Tournee mehr als

36000 Kilometer zurück, lernen die Republiken Aserbaidschan, Armenien und Kaukasus kennen und konzertieren in Städten wie Moskau, Leningrad, Tiflis und Baku. Sie reisen quer durch die Sowjetunion und sind von der Herzlichkeit überwältigt, die ihnen zwischen Wolga und Don, vom Schwarzen Meer bis hin zur Ostsee an ihren 37 Auftrittstagen entgegengebracht wird. Der Kalte Krieg scheint nur in den Köpfen der Politiker zu existieren.

Besonders gut gefällt Alexandra die Stadt Leningrad, oder besser das alte St. Petersburg. »Wir haben viel Schönes gesehen«, schreibt sie auf einer Karte an ihren ehemaligen Bürochef Alfons Semrau, mit dem sie sich inzwischen wieder gut versteht, »aber Leningrad war die Krönung«.

Auf den Fahrten zu den Auftrittsorten strapaziert Alexandra ununterbrochen die Nerven ihrer Mitreisenden. In jeder freien Minute holt sie ihre Gitarre hervor, übt, komponiert und singt. Das ist natürlich im Bus oder im engen Zugabteil eine Tortur. Aber sie läßt sich nicht davon abbringen. Hazy Osterwald erinnert sich noch genau daran: »In Gedanken war sie ständig bei neuen Projekten. Sie sprühte vor Ideen und schmiedete große Pläne. Sie setzte sich in der Pause immer wieder hin und übte auf der Gitarre und dachte sich neue Melodien aus. Sie lebte ein bißchen im Wolkenkuckucksheim. Sie träumte oft und war eigentlich gar nicht auf dieser Welt.«

Die Gruppe wird von einem jungen Moskauer Musikstudenten mit dem Namen Juri Amirchanjan und einem ranghohen KGB-Offizier namens Nikolai begleitet. Juri, der für die Tournee als Schlagzeuger engagiert worden ist, und Alexandra fühlen sich gleich nach ihrer Ankunft im armenischen Eriwan, der Stadt ihres ersten Gastspiels, stark zueinander hingezogen. So oft es geht – und Nikolai vom KGB ein Auge zudrückt – sondern sich die beiden von den anderen ab. Sie diskutieren und philosophieren angeregt über ihr unterschiedliches Leben in Ost und West, schwärmen gegenseitig von ihrer Liebe zur Musik und genießen vor allem ihr kurzes Glück zu zweit. Sie sind unsterblich verliebt. Doch nach dem Abschlußkonzert in Moskau heißt es Ende Juni für beide Abschied nehmen. Mit Tränen in den Augen überreicht Juri Alexandra am Flughafen einen kleinen Briefumschlag. Es ist ein wunderschönes Lied, das er extra für sie geschrieben hat und das sie immer an ihn und ihre gemeinsame, schöne Zeit erinnern soll: *Am großen Strom.* Schon wenige Monate später wird dieses Liebeslied auf Alexandras zweiter Langspielplatte erscheinen, versehen mit einer deutschen Übersetzung von ihr.

Am großen Strom
Musik: Juri Amirchanjan; Text: Alexandra

Wenn am großen Strom der Abend niedersinkt,
die Nebel der Dämmerung ziehn,
wenn im Rauschen der Wellen der Tag verklingt,
überall bunte Lichter erglühn.

Wenn am großen Strom die tiefe Nacht beginnt,
dann steh' ich am Fenster noch lang,
und es ist mir, als hört' ich von fern im Wind,
deiner Stimme verlorenen Klang.

Über Meere weit fliegt mein Herz zu dir,
fliegen all meine Träume hinaus,
eines Tages kommst du zurück,
kommst du wieder zum Strom nach Haus.

Früher spielten wir am grünen Uferstrand,
wie sehnten wir uns in die Welt,
und ich fühlte mich wieder im Kinderland,
wenn am Strom die Dämmerung fällt.

Über Meere weit fliegt mein Herz zu dir,
fliegen all meine Träume hinaus,
eines Tages kommst du zurück,
kommst du wieder zum Strom nach Haus.

Ebenso erfüllt von Liebe wie von Traurigkeit, Juri
nie mehr wiederzusehen, beginnt Alexandra schon

während ihrer Rückreise nach Deutschland ein neues Lied zu schreiben: Die Geschichte eines jungen Mädchens, das von ihrem Liebsten getrennt wird und erst Jahre später – voll unendlicher Sehnsucht nach ihm – begreift, was er ihr zum Abschied mit den Worten »Ja lublú tebjá« sagen wollte: »Ich liebe dich.«

Ich liebe dich – Ja lublú tebjá
Musik: nach einer russischen Volksweise;
Text: Alexandra

Ja lublú tebjá heißt, ich liebe dich,
ach, drei Worte nur, sie verzaubern mich,
ihre Melodie, ihren weichen Klang,
höre ich heute noch und mein Leben lang.

Ja lublú tebjá war sein Abschiedswort,
ich verstand ihn nicht und fuhr weit, weit fort,
erst nach langer Zeit endlich wußte ich,
ja lublú tebja heißt, ich liebe dich.

Könnt' ich einmal nur ihn noch wiedersehn,
könnt' ich hin zu ihm, um nie mehr zu gehn,
könnt's noch einmal sein, wie es damals war,
ach, dann sagt' ich ihm, ja lublú tebjá.

»Ja lublú tebjá« entstand nach dem russischen Volkslied »Schwarze Augen«. Ich habe den Text dazu gemacht, er ist

mir eingefallen während meiner Rußland-Tournee, wo ich natürlich auch, wie könnte es anders sein, verliebt gewesen bin, und zwar in einen Studenten von der Moskauer Universität. Das Lied ist erfüllt von slawischer Sehnsucht. Wenn die Politik nicht wäre, würde ich nach Rußland auswandern. Die Menschen dort haben mir ganz besonders gut gefallen. Sie sind einfach und natürlich geblieben, ja ... haben Gemüt. Dinge, die man heute belächelt, die man heute am liebsten gar nicht mehr wahrnehmen möchte, oder Worte, die man auch nicht mehr aussprechen mag. Man schämt sich halt. Man meint, man muß rot werden, wenn man »Herz« sagt oder »Gemüt«.

Was Männer und Liebschaften betrifft, so ist Alexandra zwar kein Kind von Traurigkeit, doch aufgrund der Erfahrungen mit ihrer gescheiterten Ehe zieht sie es vor, sich nicht wieder zu binden. Sie möchte erst einmal ihre Jugend und Unabhängigkeit genießen. Hat sie »Lust« auf einen Mann, so sucht sie sich einen und verbringt eine schöne Zeit mit ihm.

Verliebt zu sein ist schön, manchmal bilde ich es mir auch nur ein. Aber es ist trotzdem schön, es erhebt und trägt mich.

GILBERT BÉCAUD

Während Alexandra und das Hazy-Osterwald-Ensemble durch die Sowjetunion touren, erscheint in Deutschland am 6. Juni 1967 die erste Langspielplatte des jungen Stars.

Die Plattenhülle zur »Premieren«-LP, der ersten, kleineren Auflage, zeigt Alexandra noch mit langem Haar und mädchenhaftem Äußeren. Fred Weyrich vergleicht seine Neuentdeckung kühn mit populären Größen des Chansons, was anfangs von vielen Kritikern belächelt wird, später aber dann deren Zustimmung findet:

»Eine Stimme mit eigener Note. Deshalb wären Vergleiche mit den Großen des Showgeschäfts nur schwer zu finden. Versuchte ich eine Mixtur zu schaffen, so würden mir Charles Aznavour, Adamo, die Gréco und Gilbert Bécaud einfallen. Deshalb vielleicht gehören diese Namen nicht zufällig zu den Lieblingsinterpreten Alexandras. Das Talent brachte sie im reichen Maße mit, als sie zu Margot Höpfner in Hamburg ging, um die Schauspielerei zu erlernen. Dort galt sie längst als Favoritin, als ich sie entdeckte, mit einer Gitarre in der Hand und ihre eigenen Lieder singend. In Kürze werden diese Kompositionen bearbeitet und die schönsten davon auf der nächsten LP ihren Platz finden.

Woran schon niemand mehr glauben wollte:

Deutschland hat eine junge Sängerin von internationalem Format bekommen. Wir können stolz auf sie sein. Vorhang auf für die Premiere mit Alexandra!«

Kaum liegen die ersten Exemplare vor, lädt Fred Weyrich zehn Platten in sein Auto und fährt nach Saarbrücken zu seinem langjährigen Freund Truck Branss, einem der führenden Fernsehregisseure und Kameramänner. Fred Weyrich hat die Absicht, Truck Branss von seiner Neuentdeckung zu überzeugen und vielleicht sogar einen Fernsehauftritt für Alexandra herauszuschlagen. Er weiß jedoch, daß sein Freund ziemlich arrogant und ungehalten reagieren kann, wenn man mit ihm über Neulinge sprechen will.
»Daher legte ich bei ihm zu Hause die Platte mit dem Cover nach unten auf den Tisch. Ich wußte, wie empfindlich er ist, wenn man ihn mit irgendwelchen neuen Dingen überfällt. Ich dachte, irgendwie im Verlaufe des Abends wird es mir schon gelingen, seine Aufmerksamkeit dafür zu gewinnen.
So war's dann auch. Er lief immer wieder um diese Platte herum, bis er mich schließlich nach zwei Stunden fragte, was das denn sei. Ich sagte wie nebenbei: Das ist eine neue Sängerin. Du kannst ja mal reinhören. Nach einer weiteren halben Stunde nahm er endlich die LP und verschwand in seinem Arbeitszimmer. Die erste Hürde war genommen.

Ich hörte durch die geschlossene Tür, während ich mich mit seiner Frau unterhielt, daß er das erste Lied anspielte, dann das zweite und dritte. Plötzlich unterbrach er, riß die Tür auf und fragte mit hochrotem Kopf: ›Wer ist diese Frau? Wo ist sie? Kann ich die sofort bei mir haben?‹ Ich erklärte ihm, daß sich Alexandra derzeit auf einer Rußland-Tournee befände und es noch ungefähr vier Wochen bis zu ihrer Rückkehr dauern würde. Er winkte ab und blätterte in seinem Terminkalender. ›Sie muß am 3. Juli da sein, egal, wie du es auch anstellst. Ich will sie für meine Gilbert-Bécaud-Show.‹«

Fred Weyrich ist verblüfft und ratlos, denn mit einer so spontanen Reaktion hat er nicht gerechnet. Er fährt zurück nach Hamburg, sucht Alexandras Mutter auf und erzählt ihr alles. Im Gegensatz zu ihm sieht sie die ganze Angelegenheit überaus gelassen. Sie erklärt sich sofort bereit, ein passendes Abendkleid für den Fernsehauftritt zu schneidern, zumal sie noch eine Puppe mit Alexandras Maßen in ihrer Wohnung stehen hat. Nach diesem Besuch fühlt sich Fred Weyrich um eine Sorge erleichtert. Dennoch erwartet er mit Spannung die Rückkehr seines Schützlings.

Aber bevor Alexandra nach Deutschland zurückfliegt, ereignet sich noch ein Zwischenfall auf dem Moskauer Flughafen. Das Osterwald-Ensemble hatte bei Vertragsabschluß die Vereinbarung getroffen, daß die Gagen für die Vorstellungen halb in Schweizer Franken und halb in Rubel ausgezahlt werden, doch am Ende der Tournee einigt man sich darauf, daß Hazy Osterwald und seine Gruppe den Großteil der Gagen in Form von Waren außer Landes führen dürfen. Nikolai, der KGB-Offizier, erhält Order, den Zoll von der Ausfuhr zu unterrichten und die Ausreise reibungslos durchzuführen.

Hazy Osterwald kommt diese neue Einigung entgegen. Er hat ein Auge auf ein paar wunderschöne und wertvolle Ikonen geworfen, die er nun kauft und in seinem Koffer versteckt. Ebenso tun es die anderen, und wirklich: Niemand kontrolliert das Gepäck.

Nur Alexandra fällt aus der Rolle und sorgt für große Aufregung. Sie hat für sich ein riesiges Gemälde erstanden, und sie besteht darauf, es in seinem wuchtigen, aber wertlosen Rahmen zu belassen und nach Hamburg auszuführen. Da das Verpackungspapier ausgegangen war, ist das Bild in mehrere Rollen Toilettenpapier eingewickelt.

Mit diesem sperrigen Monstrum unter dem Arm will Alexandra den Zoll passieren. Aber das ist nun doch etwas zu auffällig, auch wenn der KGB und die Zollbeamten ihre Augen zudrücken. Dennoch stolziert Alexandra selbstbewußt mit ihrem 1 mal 1,5 Meter großen Gemälde zum Abfertigungsschalter. Mißtrauisch schlägt der Paßbeamte den bundesdeutschen Ausweis auf und stutzt bei dem russischen Namen Nefedov, geboren im Memelland. Alexandras Exmann steht außerdem als Emigrant und Antikommunist auf der Schwarzen Liste. Als der Beamte das entdeckt, ruft er zwei Kollegen zu sich und

beginnt aufgeregt mit ihnen zu tuscheln. Ihre Gesichter lassen nichts Gutes erwarten.
Der erste Paßbeamte stolperte über meinen russischen Namen Nefedov. Und als ich dann die drei gewichtigen Beamten konferieren sah, da zwang mich etwas, in meinem besten Russisch zu sagen, ich sei Spionin. Ich weiß auch nicht, welcher Teufel mich da geritten hat. »Guten Tag, meine Herren, ich sehe schon, leugnen hat keinen Zweck. Ich bin es, ich bin die gesuchte amerikanische Spionin.« Unser Dolmetscher – der junge Mann – hatte viel zu reden, um mich loszueisen. Und ausgerechnet derjenige, der mich als erster verdächtigte, der hat mir schließlich den Schinken, eine Waldlandschaft in Öl mit goldenem Rahmen, ins Flugzeug getragen. Er sah damit übrigens noch komischer aus als ich, als ihm das Klopapier um die Ohren und die Uniformmütze flatterte. Aber die Verkäuferin in dem Leningrader Antiquariat, in dem ich das Bild erstand, hatte kein besseres und wirksameres Papier, um das Bild und den Rahmen zu schützen. Vier Wochen lang hing auf unserer Toilette in Hamburg russisches Klopapier.
Als die Maschine am Abend des 29. Juni endlich in Berlin-Schönefeld landet und das ganze Ensemble erschöpft im »Arosa«-Hotel in die Betten fällt, erreicht Alexandra die Nachricht von Fred Weyrich, daß sie gleich nach der Berliner Abschlußvorstellung nach Frankfurt fliegen soll. Er würde dort mit einer Überraschung auf sie warten.
Sie ist alles andere als begeistert. Eigentlich will sie auf dem schnellsten Weg nach Hamburg zurück und sich ausruhen, denn auch die kurze Zeit in

Berlin, wo gerade die 17. Berliner Filmfestspiele stattfinden und der englische Streifen »Blow up« die Gemüter erregt, verspricht recht anstrengend zu werden. Hatte sich Alexandra während der Tournee oft mit ihrem Freund Juri zurückgezogen, so sitzt sie jetzt mit ihren Kollegen die Nächte hindurch in Berlins Kneipen und trinkt mit ihnen fröhlich einen Wodka nach dem anderen auf das gute, alte Rußland. Aber es wird auch angeregt diskutiert. Themen sind nicht nur der Sechs-Tage-Krieg im Nahen Osten und der Staatsstreich in Griechenland. Seit dem Berlin-Besuch des Schahs von Persien Anfang Juni kommt es zu immer gewalttätigeren Studentenunruhen, die mit dem tragischen Tod des jungen Benno Ohnesorg einen ersten Höhepunkt finden. Der Regierende Bürgermeister Heinrich Albertz sowie die Bundesregierung sind machtlos. Immer lauter werden die Rufe der Studenten nach einer »Außerparlamentarischen Opposition« als Reaktion auf die Große Koalition unter Bundeskanzler Kurt Georg Kiesinger und Außenminister Willy Brandt. Auf eine Frage zur deutschen Politik und zur »68er-Bewegung« antwortet Alexandra später in einem Interview: »Das ist zu schwierig. Wenn ich dazu etwas sage, schaffe ich mir Feinde.« Vorsichtig aber formuliert sie: »Neutral sein und Frieden halten!« Auch privat will die junge Sängerin ihren Frieden, ihre Ruhe haben. »In einer Kommune«, wie sie der Student Fritz Teufel propagiert, »könnt' ich nie leben. Da würde ich wahnsinnig werden, dazu bin ich zu sehr Einzelgänger. Ich will tun und lassen, was ich mag.«

Der letzte gemeinsame Auftritt von Alexandra und dem Hazy-Osterwald-Ensemble wird vor vielen bekannten Stars aus dem Film- und Showbusiness zu einem gelungenen Finale. Dann heißt es, voneinander Abschied zu nehmen, was vor allem Alexandra schwerfällt. Sie hat in den vergangenen sechs Wochen unglaublich viel gelernt und erlebt, und ihre Karriere hätte keinen schöneren Auftakt für sie haben können.
Am nächsten Tag fliegt sie, wie besprochen, nach Frankfurt, wo Fred Weyrich schon nervös auf ihre Ankunft wartet. Er hat nicht einmal mehr vier Stunden Zeit, um mit ihr vom Flughafen zum Filmatelier nach Saarbrücken zu fahren. Hinzu kommt, daß sie noch nicht einmal weiß, was er mit ihr vorhat.
»Als sie in meinem Auto saß, atmete sie tief durch und gab mir mit einem Seufzer zu verstehen, daß sie sich auf zu Hause freue, auf ihren kleinen Sohn. Ich habe ihr gesagt: ›Nein, da fahren wir nicht hin, sondern nach Saarbrücken.‹ Sie war entsetzt: ›Um Gottes willen. Kann ich mich denn nicht ein bißchen ausruhen?‹ Ich nahm sie tröstend in meinen Arm und sagte: ›Erst ab übermorgen!‹ Ich erzählte ihr, daß Truck Branss sie unbedingt für seine Gilbert-Bécaud-Show ›Monsieur 100000 Volt‹ haben wolle. Als sie das hörte und ich ihr das von der Mutter geschneiderte, flaschengrüne Samtkleid vor

die Augen hielt, begann sie erst recht zu heulen. Sie bei Bécaud in der Show, bei einem ihrer größten Vorbilder, bei dem Mann, der ihr Lieblingslied ›Nathalie‹ gesungen hat? Da konnte sie nicht mehr widersprechen und fiel mir um den Hals.«

In allerletzter Minute erreichen Fred Weyrich und Alexandra das Filmgelände. Truck Branss steht schon ungeduldig am Halleneingang und erklärt ihnen, daß man sie bereits erwarte. Kurz angebunden teilt er Alexandra in einem nahezu preußischen Befehlston mit, daß gleich nach der Pause ihr *Zigeunerjunge* aufgezeichnet werde und sie sich beeilen solle.

Alles muß nun schnell gehen. Zum Nachdenken bleibt Alexandra keine Zeit. Sie zieht in Windeseile ihr grünes Samtkleid an und wird geschminkt. Dann betritt sie die Halle, wo das Publikum schon gespannt auf die nächste Aufzeichnung wartet. Truck Branss eilt auf Alexandra zu und erklärt ihr, daß sie bei ihrem Auftritt zügig eine Showtreppe hinunterzukommen habe, an deren Ende sie nach ihrem Lied von Gilbert Bécaud begrüßt werde.

Fred Weyrich sieht mit Entsetzen zur Treppe. Die soll Alexandra hinunterkommen? Bei dem blendenden Scheinwerferlicht und in einem langen Abendkleid? Vor solchen Auftritten haben sogar gestandene Profis Angst. Doch Alexandra ergreift, ohne mit der Wimper zu zucken, das Mikrophon und geht seelenruhig die Treppe hoch. Truck Branss schüttelt nur den Kopf und zischelt seinem Freund zu:

»Gibt die immer so an? Sie wird ihr blaues Wunder erleben.«

Kaum ist Alexandra am oberen Ende der Treppe angelangt, ordnet er eine Probe vor laufender Kamera an. Alle Techniker gehen auf ihre Plätze und warten gespannt auf den Auftritt der unbekannten Sängerin. Fred Weyrich steht daumendrückend neben dem Kameramann, Truck Branss verschwindet in seiner Regieloge. Der Saal wird dunkel, und das Orchester beginnt die ersten Takte des *Zigeunerjungen* zu spielen. Alexandra erscheint oben auf der Treppe und schreitet – zum Erstaunen aller Anwesenden – so routiniert herab, als hätte sie in ihrem Leben nie etwas anderes getan. Unten angekommen, geht sie singend durch die Reihen des Publikums. Etwas unsicher und unbeholfen sucht sie immer wieder nach der Kamera, die sie gerade aufnimmt. Als die letzten Takte verklingen, wird sie von Gilbert Bécaud, der sie die ganze Zeit aufmerksam beobachtet hat, mit einem Handkuß begrüßt. Sie lächelt ihn strahlend an und erweckt den Eindruck, als gehöre sie schon immer zu den ganz Großen im Showgeschäft.

Die Szene ist im Kasten. Es herrscht Totenstille im Saal. Alle sind gespannt auf die Reaktion von Truck Branss. Auf einmal hört Fred Weyrich durch den Kopfhörer des Kameramannes, wie sein Freund in der Regieloge aufschreit: »Ein Weltstar ist geboren! Ein Weltstar! Wir brauchen keine weiteren Aufnahmen. Es war absolut perfekt. Sie wird ein Weltstar!«

Kurze Zeit später erklärt Truck Branss in einem Interview: »Alexandra hat das Talent für eine Weltkarriere. Sie ist wahnsinnig talentiert, besessen in der Arbeit und außergewöhnlich gut gewachsen.«
Truck Branss ist begeistert von Fred Weyrichs Entdeckung. Das führt sogar soweit, daß er sich an Alexandra heranzumachen versucht. Doch als er ihr ans Knie fassen will, gibt sie ihm eine schallende Ohrfeige. Was ihr nicht paßt, paßt ihr halt nicht. In seiner Eitelkeit tief verletzt, zieht er sich zurück und gibt Fred Weyrich gegenüber lautstark zu verstehen: »Diese Dame kannst du bei mir vergessen!« Doch als er merkt, daß seine Haltung ihr völlig egal ist und sie sich nie auf solche Konzessionen einlassen würde, selbst um ihrer Karriere willen nicht, imponiert ihm das sehr. Er erkennt nun, wie seine Kollegen Fred Weyrich und Hazy Osterwald vor ihm, daß er es hier mit einer einzigartigen Persönlichkeit zu tun hat, mit der er noch oft zusammenarbeiten möchte. »Sie war unglaublich spontan auf der Bühne. Sie war eine Persönlichkeit mit einer ungeheuren Ausstrahlung. Das ganze Mädchen war ein Guß, was sie machte, wie sie dastand, wie sie aussah, wie sie mit den Leuten und dem Publikum sprach, und wie sie beim Singen den Mund aufmachte. All das stimmte einfach bei ihr. Und das eben war ihr Erfolg.«

ADAMO

Nach Alexandras phänomenalem ersten Auftritt überstürzen sich die Angebote. Sie kann den plötzlichen Erfolg kaum fassen. Für sie ist das Showgeschäft zu diesem Zeitpunkt noch ein imposantes Spiel. Sie hat zum ersten Mal das Gefühl, ein Star zu sein, wird hofiert, gelobt, lernt berühmte Kollegen und Idole kennen, und sie findet das alles einfach aufregend. Daß das Ganze aber noch eine andere, unangenehme Seite hat, merkt sie erst später; doch da gibt es keinen Weg mehr zurück.
Wieder in Hamburg verhandelt Fred Weyrich mit Horst Klemmer, dem Chef eines Gastspiel-Unternehmens. Er hat von seiner bevorstehenden Bäder-Tournee gehört und bittet ihn nun, Alexandra noch kurzfristig in das Programm aufzunehmen. Horst Klemmer ist sofort einverstanden. Er schenkt der jungen Sängerin blindlings sein Vertrauen, obwohl es ein großes Risiko bedeutet, mit einer Anfängerin zu reisen. Er kann Alexandra aber nur eine kleine Gage anbieten, was ihr jedoch nicht so wichtig ist, denn für sie ist Dabeisein einfach alles. Und auch Fred Weyrich sieht in dieser Tournee vor allem eine wichtige Promotion-Tour.
So ist Alexandra schon wenige Tage darauf erneut für mehrere Wochen unterwegs. Mit von der Partie sind diesmal Chris Howland und Renate Kern, die

Stars und Zugpferde dieser Reise. Doch schon am Premieren-Abend auf der ostfriesischen Insel Juist gehört die ganze Sympathie des Publikums der jungen und noch unbekannten Alexandra. Die Zuschauer sind von ihrem natürlichen Temperament und ihrer markanten Stimme derartig begeistert, daß sie fortan im Mittelpunkt steht und sogar Renate Kern die Show stiehlt, die mit Hits wie »Du mußt mit den Wimpern klimpern« und »Das macht diese Welt erst richtig schön« die eigentliche Nummer 1 der Tournee ist.

Die Gastspieltruppe reist per Bus von der Nordsee bis nach Süddeutschland. Einige Male jedoch begleitet Alexandra Horst Klemmer in seinem Wagen zu den Auftrittsorten und wechselt sich mit ihm beim Fahren ab. Dabei erzählt sie im lachend, wie sie in der Speditionsfirma, in der sie während ihrer Ehe gearbeitet hat, kostenlos ihren Führerschein machen konnte, um im Ernstfall die zahlreichen Autos und Kleintransporter auf dem Firmengelände rangieren zu können. Privat fährt sie allerdings einen alten, roten Ford, den ihr Nikolai bei seiner Ausreise nach Amerika zurückgelassen hat.

Der Weg führt die Tourneemitglieder auch in den Harzer Luftkurort Bad Sachsa nahe der kleinen Ortschaft Walkenried, wo Alexandra und ihre Familie während ihrer Flucht im Zweiten Weltkrieg erstmals Unterkunft und etwas Ruhe fanden. Alexandra erinnert sich an die Geschichten ihrer Mutter, von den Ausflügen zum Ravensberg und in die umliegenden romantischen Wälder des Harzes, die sie gemeinsam unternommen haben. Damals war sie noch keine drei Jahre alt, doch jetzt kann sie sich ihr eigenes Bild von den Erzählungen machen. Und sie ist überwältigt. Sie fühlt sich gleich wohl, ja fast schon geborgen an diesem Ort, so daß Bad Sachsa von nun an ihr Zufluchtshafen ist, an dem sie sich mit ihrer Familie und auch mit ihrem geschiedenen Mann, soweit es die Zeit erlaubt, immer mal wieder für einige Tage vor der Welt verstecken und etwas Erholung suchen kann.

Aber in den folgenden Monaten ist an eine kleine Erholungspause im Harz erst einmal nicht zu denken. Alexandra ist ständig unterwegs und reist kreuz und quer durch Deutschland. Noch während der Bäder-Tournee beginnt Fred Weyrich seine Entdeckung allen bekannten Rundfunk- und Fernsehanstalten vorzustellen, die sie auf der Stelle für Interviews und Musiksendungen engagieren. Neben diesen Verpflichtungen tritt Alexandra aber auch bei zahlreichen Betriebsfesten und Bällen auf, sei es in einer Sporthalle in Idar-Oberstein oder im noblen Berliner »Hilton«-Hotel.

Nach Auftritten in der ZDF-»Drehscheibe«, in Thomas Fritschs »Meine Melodie« und bei verschiedenen Veranstaltungen auf der 25. Internationalen Funkausstellung in Berlin, wo der Regierende Bürgermeister Willy Brandt den Startknopf für das bundesdeutsche Farbfernsehen drückt, kehrt Alexandra nach Hamburg zurück, um dort in einer Aufzeichnung für »Die Aktuelle Schaubude« mitzuwirken. Kaum ist ihr Lied vom *Zigeunerjungen* im Kasten, eilt sie zu ihrer Schauspielschule, wo sie zum letzten Mal als Schülerin bei einer Studio-Vorstellung auf der Bühne steht. Unter ihrem Künstlernamen singt sie die *Wolgaschiffer* in russischer Sprache, und ihre Mitschüler begleiten sie als Chor.

Genau eine Woche später, am 30. September 1967, ist es dann endlich soweit: Alexandra legt nach dreijähriger Ausbildung bei Margot Höpfner ihre Schauspielprüfung ab. Vor der Prüfungskommission trägt sie mit Bravour die Rolle der »Sphinx« aus der »Höllenmaschine« von Hermann Bahr vor. Als sie schließlich die Urkunde in ihren Händen hält, ist ihre Freude grenzenlos. Dieser Abschluß ist für sie von großer Bedeutung. Zum einen hat sie Nikolai und seiner Familie nun endgültig bewiesen, daß sie ein ernstzunehmendes Talent ist und kein naives Mädchen mit einem Spleen; zum anderen weiß sie jetzt, daß sie für sich und ihr weiteres Leben den richtigen Weg eingeschlagen hat.

Mein großer Traum ist es, in Berlin als Schauspielerin auf den Brettern, die die Welt bedeuten, zu stehen. Und was meine Karriere als Sängerin betrifft, so hoffe ich, daß meine erste Platte trotz des Unkommerziellen Erfolg hat. Wenn sie es nicht hat, dann gebe ich das Singen lieber auf.

Doch die Platte hat Erfolg. Entgegen aller Einwände und Bedenken, denn Alexandras Lieder treffen keineswegs den Zeitgeschmack der 68er-Bewegung und aufkommenden Hippie-Welle, ist die Erstauflage schon innerhalb weniger Wochen vergriffen, und eine zweite Auflage mit völlig neuem Cover – diesmal mit Alexandra in ihrem flaschengrünen Samtkleid – erobert den Markt. Die Käufer und Hörer sind begeistert. Auch die Kritiker sind sich einig und überschütten die junge Sängerin und ihr Album mit Worten des Lobes und vielversprechenden Prognosen. So schreibt zum Beispiel die »Hamburger Morgenpost« im August 1967:

»Anfängliche Skepsis beim Anhören dieses LP-Debüts der hübschen Nachwuchssängerin wandelte sich sehr schnell in Anerkennung. Mit sehr viel Gefühl und großer Sicherheit interpretiert die Anfängerin immerhin so bekannte Welthits wie *Akkordeon* (Juliette Gréco), *Warum* (Françoise Hardy) und *Zwei Gitarren* (Marlene Dietrich). Man wird noch viel Gutes von ihr hören, wenn sie so weitermacht.«

Auch der Norddeutsche Rundfunk, der Alexandra noch kurz vor ihrer Entdeckung durch Fred Weyrich als Sängerin abgelehnt hat, schließt sich jetzt der nahezu enthusiastischen Meinung zahlreicher Rezensenten an und faßt in einer Rundfunk-Kritik zusammen:

»Ein neues junges Talent ist zu notieren: Alexandra. Sie wurde in einem Büro entdeckt. Es gibt sie also noch – die Aschenputtel-Karrieren. Sie ist schlank, hochgewachsen, ein Mädchen von herber Schönheit. Und obwohl neu in der Branche, keineswegs unbeholfen oder verlegen. Mit anderen Worten: Sie ragt unter den zig Neuentdeckungen (eines jeden

Quartals) heraus. Und das heißt heute etwas. Sie plaudert unkompliziert drauflos, und trotzdem sind ihre Worte wohlüberlegt. Als Schauspielschülerin sollte sie jede Form der »Unterhaltung« beherrschen. Sie tut es. Ihr Ziel: einmal in Berlin auf den Brettern stehen, die die Welt bedeuten, als Schauspielerin! Aber vorerst singt sie ja. Keine billigen Tingeltangel-Lieder oder gar Beat-Knüller, sondern neue Kompositionen, chansonhafte Lieder. Die 23jährige aus dem Memelland hat eine ungewöhnliche Palette. Mal klingt sie wie die Gréco und mal wie die Mouskouri, mal wie Marlene Dietrich und mal wie Anita Lindblom. Doch immer ist sie Alexandra. Eine ganz erstaunliche Begabung, die auch international Karriere machen könnte.«

Aufgrund ihrer eindrucksvollen Rundfunk- und Fernsehauftritte und der zahlreichen, lobenden Presseberichte spricht sich dann Alexandras Erfolg schnell herum. Sie wird allerorts als »Senkrechtstarter« der deutschen Showbranche gefeiert.

So kommt es auch, daß der über Deutschland hinaus bekannte Konzertveranstalter Klaus Berenbrock auf Alexandra aufmerksam wird. Er steckt gerade in den Vorbereitungen für eine erste Deutschland-Tournee mit Salvatore Adamo, der mit Titeln wie »Inch Allah« und »Tombe la neige« europaweit die Hitparaden anführt. Berenbrock ist jedoch der Ansicht, daß Adamos Repertoire noch nicht ausreicht, um einen ganzen Abend allein ausfüllen und bestreiten zu können. Daher übernimmt er die Idee des Pariser

»Olympia«-Direktors Bruno Coquatrix und setzt vor den Auftritt Adamos ein Vorprogramm mit drei jungen Sängerinnen, zu denen auch Alexandra gehören soll. Er bietet ihr an, an acht Abenden neben der Holländerin Lisbeth List und der Französin Minouche Barelli aufzutreten und drei Lieder aus ihrem Debüt-Album zu singen.

Über das Angebot Berenbrocks, der bis dahin schon unvergeßliche Konzerte mit Juliette Gréco, Charles Aznavour und Gilbert Bécaud veranstaltet hat, braucht Alexandra nicht lange nachzudenken. Sie willigt ein. Diese Tournee bedeutet für sie eine weitere große Chance, bekannt zu werden. Und außerdem ist sie gespannt darauf, den ein Jahr jüngeren Adamo kennenzulernen.

Doch das erste Zusammentreffen mit dem sizilianischen Troubadour endet ganz anders, als Alexandra es sich vorgestellt hat. Ausgerechnet am Premierenabend kommt es zu einem kleinen Eklat.

Schon am Morgen scheint der 3. Dezember 1967 wie verhext. Die Vorbereitungen für das Konzert in der Berliner Philharmonie laufen auf Hochtouren, aber immer wieder stellen sich technische Probleme ein. Als am frühen Nachmittag für das Orchester und die drei Sängerinnen die Warterei endlich ein Ende hat und eine Durchlaufprobe des Programms stattfinden kann, erhält Klaus Berenbrock die Nachricht, daß Adamo auf dem Brüsseler Flughafen in dichtem Nebel festsitzt und niemand genau sagen kann, wann er in Berlin landen wird. Es besteht sogar die

Gefahr, daß die Premiere abgesagt werden muß. Die Spannung steigt ins Unerträgliche.
Fünf Stunden vergehen, bis Adamo schließlich doch noch in Berlin eintrifft. Es ist knapp eine Stunde vor Beginn des Konzerts, und die Zuschauer strömen bereits zu Hunderten in die Philharmonie. Voller Nervosität wird auf die Schnelle das Programm besprochen und ein Soundcheck durchgeführt. Für eine Probe fehlt jetzt jede Zeit. Dennoch kann die Premiere erst mit einstündiger Verspätung beginnen. Das wartende Publikum ist mittlerweile außer sich. Sprechchöre und »Adamo«-Rufe machen die Runde und heizen die explosive Stimmung weiter auf. Da endlich beginnt das Vorprogramm. Als erste von den drei Sängerinnen erscheint Lisbeth List auf der Bühne und singt eines ihrer Lieder in flämischer Sprache. Doch anstatt sich zu beruhigen, fängt das Publikum an zu toben. 2200 Zuschauer beginnen zu pfeifen und im falschen Takt zu klatschen, um die junge Holländerin zu zermürben. Das gelingt ihnen schließlich auch, und Lisbeth List verläßt unter Tränen den Saal. Der nachfolgenden Minouche Barelli ergeht es nicht anders. Trotz ihres blendenden Aussehens und ihres koketten Minirocks wird sie bereits nach den ersten paar Takten davongejagt.
Nun fehlt nur noch Alexandra. Ihr Auftritt wäre jetzt vor der tobenden Menge das reinste Selbstmordkommando. Händeringend versucht man ihr hinter der Kulisse davon abzuraten, aber sie will keineswegs

klein beigeben, sondern es wenigstens probieren. Sie greift zur Gitarre, holt einmal tief Luft und geht mit klopfendem Herzen auf die Bühne, um als erstes ihren *Zigeunerjungen* zu singen. Die Masse pfeift, trampelt und johlt auch weiterhin in Chören »Adamo, Adamo!«. Niemand widmet ihr die geringste Aufmerksamkeit. Aber plötzlich geschieht etwas, das alle für unmöglich gehalten haben. Alexandra versucht instinktiv das falsche Klatschen der Zuschauer für ihren *Zigeunerjungen* zu nutzen und geht souverän und scheinbar völlig gelassen ins Parkett und fordert zum Mitklatschen auf. Sie läßt sich ihre Aufregung nicht anmerken und strahlt eine Ruhe aus, als hätte sie schon Hunderte solcher Konzerte bestritten. Diese Ruhe überträgt sich in kurzer Zeit auf das Publikum, und schon zu Beginn ihres zweiten Liedes sind die Rufe nach Adamo verstummt. Die Zuschauer sind beeindruckt von Alexandras Mut und Anziehungskraft. Als sie schließlich die Bühne verläßt, wird sie von einem tosenden Applaus begleitet. Sie ist ohne Zweifel die strahlende Siegerin des Abends.

Meine Selbstsicherheit gab und gibt mir unbestritten trotz aller Zweifel und schwarzen Stunden, die ich manchmal habe, den Glauben an mich selbst, den ein Künstler unbedingt haben muß.

Erleichtert und freudestrahlend fällt Alexandra in der Garderobe einem nach dem anderen in die Arme. Sie kann kaum fassen, was sie gerade erlebt hat. Von allen Seiten wird ihr gratuliert und der erfolgreiche Auftritt mit Sekt begossen. Nur einer hält sich unter den Premierengästen mit Lob und Anerkennung zurück: Hans Rudolf Beierlein. Auf Drängen von Fred Weyrich ist der 38jährige Münchener Manager nach Berlin gekommen, um sich persönlich ein Bild von Alexandra und ihrem angeblich so großartigen Talent machen zu können.

Die überraschend steile Karriere Alexandras und das damit verbundene Management droht Fred Weyrich über den Kopf zu wachsen. Er findet über Terminplanungen, Auftrittsbesprechungen und Vertragsgesprächen kaum noch die Zeit, seiner Arbeit als Produzent nachzugehen. Dabei hat er neben Alexandra noch ein halbes Dutzend anderer Künstler zu betreuen, die sich zu Recht von ihm vernachlässigt fühlen und auf neue Schallplattenprojekte warten. Verzweifelt sucht er daher einen cleveren und erfolgreichen Manager für Alexandra. Zuerst fällt seine Wahl auf Stefan von Baransky, einen renommierten Konzertveranstalter und Künstleragenten. Doch bevor sich dieser entscheiden kann, erinnert sich Fred Weyrich an Hans R. Beierlein, der innerhalb weniger Jahre vom Journalisten zu einem der erfolgreichsten Musikverleger und Manager Deutschlands avanciert ist. Ihm ist es gelungen, neben Petula Clark, Françoise Hardy und den Ofarims den 1964 von seiner Plattenfirma gekündigten Udo Jürgens unter Vertrag zu nehmen und ihn in kürzester Zeit zum internationalen Star aufzubauen.

Nach allem, was Fred Weyrich über den geschäftstüchtigen Hans R. Beierlein und seine Firma »Montana« gehört hat, ist er in seinen Augen genau der Richtige für Alexandras Management. Wenige Tage vor Beginn der Adamo-Tournee ruft er ihn daher in München an und lädt ihn zur Premiere nach Berlin ein, um beide einander vorzustellen und erste berufliche Kontakte zu knüpfen.
»Bevor ich Alexandra in der Philharmonie live erlebte, wollte ich eigentlich nichts vor ihr wissen. Aber als ich sie hörte, war ich plötzlich hin und weg, weil sie einfach alle mitriß, und das nur mit ihrer Stimme und der Gitarre. Als sie dann nach ihrem grandiosen Auftritt hinter die Bühne kam und von allen gelobt wurde, fehlte nur noch ich in der Reihe der Gratulanten. Da kam Alexandra fordernd auf mich zu. Sie hatte eine sehr erotische und zugreifende Art. Sie sagte kokett: ›Und wie hat es dem Herrn Beierlein gefallen?‹ Ich antwortete ihr nur kurz mit einer Gegenfrage: ›Mädchen, warum sind Sie eigentlich so unbefriedigt? Sie haben einen miserablen Liebhaber.‹ Empört wandte sich Alexandra von mir ab und verschwand. Einige der Anwesenden kamen wütend auf mich zu und beschwerten sich über meine rüde Art ihr gegenüber. Aber schon nach einer halben Stunde kam sie wieder und fragte mich, wie ich denn das gemeint habe? Woher ich das denn wisse? Da erklärte ich ihr den Zusammenhang zwischen einem erfüllten Liebesleben und guten Bühnenauftritten, und das Eis zwischen uns war

gebrochen. Von da an war eine Vertrauensbasis zwischen uns geschaffen, und ich hatte mich in sie verliebt.«

Auch Alexandra findet Gefallen an Hans R. Beierlein. Mehrmals in der Woche telefonieren sie miteinander oder verabreden sich kurzfristig zum gemeinsamen Abendessen. Seine Gefühle kann sie jedoch zur Zeit nicht erwidern. Ihre Gedanken drehen sich derzeit einzig und allein um Adamo. »Bei einem Tournee-Gastspiel in Düsseldorf«, weiß Alexandras Cousine Marleen zu berichten, »schwärmte sie mir pausenlos von ihm vor. In der Pause des Konzerts bin ich in ihre Garderobe gegangen und lernte Adamo kennen. Sie flüsterte mir zu: ›Ich stell ihn dir jetzt vor, doch ich hab ihm erzählt, wir seien russischer Abstammung. Infolgedessen bist du meine russische Cousine. Also verplapper dich nicht.‹ Nach der Pause standen dann Doris und ich in der Kulisse. Sie äugte immerzu durch ein kleines Loch im Vorhang und verfolgte Adamos Auftritt. Ich hatte das Gefühl, daß sie in ihn verliebt war. Ich konnte das zwar nicht verstehen, denn er war viel kleiner als sie, doch ich denke mir, daß sie ihn bewundert hat, weil er zu jener Zeit schon berühmt war und einige Erfolge zu verzeichnen hatte.«

Alexandra findet in Adamo einen ihrer wenigen Vertrauten, die wirklich zu verstehen versuchen, was sie will und woran sie denkt. Für Freundschaften ist sie in der Regel zu kompliziert, weil ihre Ideen und

Gedanken oft nicht die der anderen sind, aber bei Adamo entdeckt sie so viele Gemeinsamkeiten, daß sich beide sofort zueinander hingezogen fühlen.

Noch während ihrer Deutschland-Tournee beginnen beide in nächtelangen Gesprächen Pläne für eine berufliche Zusammenarbeit zu schmieden. Adamo ist überaus verärgert und unglücklich, was die deutschen Texte seiner Lieder betrifft. Nachdem er die deutsche Sprache ein wenig versteht, muß er erkennen, daß bisher aus seinen poetischen französischen Texten ziemlich einfältige deutsche Texte geworden sind. So findet er die Fassung von »Es geht eine Träne auf Reisen« furchtbar kitschig, schnulzig und keineswegs seinem französischen Original entsprechend. Anfangs hatte er angenommen, daß das Wort »Träne« dasselbe bedeutete wie »train« im Englischen, daß der Text also hieß: »Es geht ein Zug auf Reisen.« Da schlägt ihm Alexandra ganz selbstbewußt und unbekümmert vor, daß sie ihm doch einmal einen Text schreiben könne. Er ist sofort einverstanden und verspricht, sobald er wieder zu Hause ist, ihr einige seiner neuesten Kompositionen zuzusenden. Sie soll sich eine schöne Melodie heraussuchen und einen deutschen Text dazu schreiben. Das läßt sich Alexandra nicht zweimal sagen, und bereits im Jahr darauf wird ihre erste gemeinsame Single *Walzer des Sommers* auf dem Schallplattenmarkt erscheinen.

Als Adamo nach seiner umjubelten Tournee Deutschland wieder verläßt, verabschiedet er sich von seinem deutschen Team und den Journalisten mit den Worten: »Paßt auf, daß Alexandra euch nicht wegläuft. Sie ist bald eine ganz große Nummer.«

SEHNSUCHT

Mit dem Erfolg des Debüt-Albums und dem guten Start des *Zigeunerjungen*, der Anfang 1968 in zahlreiche deutsche Schlagerparaden kommt und zu einem der meistgespielten Titel des Jahres wird, ist es nun besonders schwer, einen Nachfolgehit zu landen – ein Problem, das sich allen Künstlern am Anfang ihrer Karriere stellt. Wie schnell gerät man in Vergessenheit, wie oft wird man als Eintagsfliege abgestempelt! Es ist schwer, Erfolg zu haben, aber es ist noch schwerer, ihn zu halten. Zumal Alexandras Cousine Marleen gesteht, daß dieser erste Erfolg einem »wohlgemeinten Schwindel« zu verdanken war. »Ich hatte zu dieser Zeit im Auslandsfernamt gearbeitet. Da konnte ich frei telefonieren. Und so sprach ich oft mit den Verwandten. Eines Tages baten mich Tante Wally und Doris, so ungefähr 500 Postkarten mit dem Stichwort *Zigeunerjunge* an ›Radio Luxemburg‹ zu schicken. Ich hatte ja genug Mitarbeiter, und Tante Wally und Doris gingen daher sicher davon aus, daß ich viele Unterschriften zusammenbekommen würde. Und so ging es reihum im Auslandsfernamt, aber auch im Inlandsfernamt, was es damals noch gab. Die Kollegen haben mit unterschiedlichen Stiften geschrieben, mit nach links oder rechts gerichteten Schriften, klein oder groß. Wir haben 500 Karten zusammenbekommen und sie an ›Radio Luxemburg‹ zur Auswertung geschickt, damit der *Zigeunerjunge* in der Hitparade einen vorderen Platz belegt. Zuerst hatte ich ja ein ungutes Gefühl dabei, doch Tante Wally und Doris erzählten mir, daß andere Sänger das auch machten und die Ergebnisse manipulierten.«

Fred Weyrich findet als Einstieg für ein neues Album ein stimmungsvolles Lied mit dem Titel *Maskenball*. Die Aufnahme, die bis heute als verschollen gilt, überzeugt die Verantwortlichen der Plattenfirma jedoch nicht. Sie ist ihrer Meinung nach für eine Single-Produktion zu unspektakulär und daher kein Garant für einen erneuten Verkaufsschlager. Sie erwarten etwas wie das Zigeunerlied und russische Folklore.

Maskenball
Musik: Hans Blum; Text: Fred Weyrich

Maskenball, Maskenball,
komm mit auf den Maskenball –
heut' nacht, o ja, dabadabada;
halt die Welt ein bißchen auf
und stopp den grauen Tageslauf;
vergiß doch, was dich heut' bedrückt
und spiel' mal eine Nacht verrückt;
sei mal so, wie du gern bist,
küß mal so, wie du gern küßt,
tanz so lang es dir gefällt

durch die bunte Maskenwelt;
zeig dein wahres Temperament,
das noch keiner an dir kennt,
tu nur, was dir Freude macht
in der einen tollen Nacht.

Die Nacht wird lang,
die Nacht wird laut,
und die Musik spielt,
bis der Morgen graut;
und keiner kennt dich,
fragt dich, wer du bist,
wo du herkommst,
ja, du kannst dich alles trau'n,
zeig dich wie ein wahrer Clown,
jeder lacht, wenn du erscheinst,
keiner sieht es, wenn du weinst,
und es geht das tolle Spiel
nur so lang, bis es am Ziel,
jeder geht in seine Welt,
wenn am Schluß die Maske fällt.

In dieser bedrückenden Lage kommt Fred Weyrich der Zufall zu Hilfe. Er erinnert sich an einige original russische Schallplatten, die er erst kürzlich vom Vertriebsleiter der Phonogram erhalten hatte. Beim erstmaligen Hören war ihm sofort eine Stelle aufgefallen, die ihm seitdem nicht mehr aus dem Kopf gehen wollte. Es sind acht Takte aus der Moldavia-Suite des russischen Komponisten Igor Fedov.

Eilig sucht er seinen langjährigen musikalischen Partner Rudi Bauer auf und bittet ihn, nach diesem Motiv ein Lied für Alexandra zu komponieren. Er selbst wird den Text dazu schreiben.

Noch bevor die Komposition fertig ist, teilt Fred Weyrich Alexandra mit, daß er endlich das passende Lied – den mit Spannung erwarteten Nachfolgehit – für sie gefunden hat. Als er ihr jedoch kurz den Inhalt umreißt, fängt Alexandra an zu toben. Sie lehnt dieses Lied, das den Titel *Sehnsucht* tragen soll, entschieden ab. Sie will es partout nicht singen. In ihren Augen ist es nichts weiter als ein »Kinderlied«, das dem wirklichen Rußland keineswegs entspricht. Und sie gibt zu verstehen, sie wisse, wovon sie rede, denn sie sei schließlich wochenlang in Rußland auf Tournee und zudem mit einem Russen verheiratet gewesen. Sie fühlt sich von ihrem Produzenten und der Plattenfirma in ein Klischee gepreßt, um die anhaltende Rußland-Welle, die von Interpreten wie Iwan Rebroff und Dunja Rajter zur Genüge ausgereizt wird, in klingende Münze umzuwandeln.

Aber am schlimmsten findet sie, daß sie zu diesem Lied laut Vertrag gezwungen werden kann. Sie fühlt sich ausgeliefert, und zum ersten Mal erfährt sie eine der Schattenseiten des Showgeschäfts.

Fred Weyrich versucht einzulenken und bietet Alexandra einen Kompromiß an. Er weiß, daß sie ein eigenwilliger Typ ist und Zeit braucht, um an einer Sache Gefallen zu finden.

»Jetzt half nur noch Trick 17. Ich schlug ihr vor, das

Publikum entscheiden zu lassen, welche die Seite A der Single sein sollte. Die eine Seite war für mich, die andere für sie. Ferner beruhigte ich sie damit, daß ich auch weiterhin darauf achten würde, Lieder zu finden, die ihr gefielen und mit denen sie sich hundertprozentig identifizieren konnte. Ich bettelte sie geradezu an: ›Wir finden schon noch etwas anderes, aber bitte singe das Lied. Wenn es kein Erfolg wird, dann werde ich dich nie wieder zu einem Lied überreden, dann wirst allein du entscheiden.‹ Da willigte mein Schützling schließlich ein.«

Um seinen Worten Nachdruck zu verleihen, schlägt Fred Weyrich Alexandra vor, zunächst das Lied *Was ist das Ziel* für die Single aufzunehmen. Dieses Chanson hatte er ihr kurz zuvor auf den Leib geschrieben, und es spiegelt gerade in dieser Situation ihre Gefühle wider, all ihre Verzweiflung und Traurigkeit.

Was ist das Ziel?
Musik: Y. Gilbert/A. Flor;
Text: Fred Weyrich/S. Lama

Es ist November, und der Regen
kriecht durch die Kleider auf die Haut,
ich geh alleine auf den Wegen,
die mir vom Sommer her vertraut;
wem wohl die kalten Tage nützen,
was gestern lebte, ist heut' taub,

und in den schmutzig grünen Pfützen
ertrinkt der Bäume welkes Laub.

Was ist das Ziel in diesem Spiel,
das der Natur seit je gefiel?

An ein paar Zweigen hängen Blätter,
die heute Nacht der Wind vergaß,
im Pavillon versperren Bretter,
wo manches Liebespärchen saß;
sogar die Nester in den Bäumen
sind ohne Leben, ohne Sinn,
und mir alleine bleibt das Träumen,
weil ich ein Mensch mit Träumen bin.

Was ist das Ziel in diesem Spiel,
das der Natur seit je gefiel?

Ich bin auf einmal so alleine,
wo ist das Glück, das hier begann,
die kahlen Bäume und die Steine,
die schaun mich durch den Regen an;
ich suche oben in den Sternen
ein wenig Trost für mein Geschick,
doch der, der Trost sucht, sollte lernen,
er ist vergänglich wie das Glück.

Was ist das Ziel in diesem Spiel,
das der Natur seit je gefiel?

Doch aus Verzweiflung wächst das Hoffen,
das uns die Kraft zum Atmen schenkt,
zwar bleiben viele Wünsche offen,
weil irgendwer das Schicksal lenkt.
Solange hier bei uns auf Erden
man einen Hauch von Leben spürt,
sorgt dieses Schicksal für das Werden
und gibt das Glück, dem Glück gebührt.

Das ist das Ziel in diesem Spiel,
das der Natur seit je gefiel.

Als Alexandra Mitte Februar 1968 im Tonatelier des vom Krieg zerstörten »Esplanade«-Hotels in Berlin das Lied *Sehnsucht* aufnehmen soll, verliert sie trotz aller Absprachen die Beherrschung.
Am Flügel sitzt Rudi Bauer und wartet in aller Ruhe darauf, mit Alexandra das Lied noch einmal vor der Aufnahme zu proben. Doch schon nach den ersten Takten unterbricht sie ihn mit den Worten: »Hier zieht's! Ich kann hier nicht singen.« Als Bauer das in seiner bayerischen Gemütlichkeit abstreitet und einfach weiterspielt, platzt Alexandra, die an diesem Morgen ohnehin schon launisch erschienen ist, der Kragen: »Mit diesem Mann kann ich nicht arbeiten.« In diesem Moment verliert auch der sonst so besonnene Fred Weyrich die Geduld und läßt den Flügeldeckel fallen. Von dem Knall zutiefst erschreckt, rennt Alexandra aus dem Atelier und bleibt für einige Stunden verschwunden. Ihr Mantel

und ihre Tasche hängen im Flur, doch von ihr fehlt jede Spur.

An diesem Tag herrscht draußen ein unangenehmes Winterwetter mit Graupelschauern und klirrender Kälte. Ratlos wartet das Team. Wie soll es weitergehen? Fred Weyrich weiß nicht, ob er die Mitarbeiter nach Hause schicken soll oder nicht. Auf einmal steht Alexandra wieder in der Tür. Sie war die ganze Zeit durch den Tiergarten gelaufen und hatte nachgedacht. Durchgefroren und mit klatschnassen Haaren tritt sie nun zur Überraschung aller Anwesenden ans Mikrofon und verkündet: »So, ich möchte jetzt singen!« Auch die Bitte Weyrichs, sich doch erst einmal ihr nasses, von Schminke verschmiertes Gesicht abzutrocknen, kann sie nicht davon abbringen. Und so kommt es zu der Aufnahme, die Fred Weyrich nie vergessen wird:

»Ihre ganze Melancholie, alles, was sie empfand, packte sie nun in diese drei Minuten, und der große Erfolg ist eigentlich aus dieser Stimmung heraus entstanden. Sie sang, daß einem die Haare zu Berge standen, mit irrsinnig viel Gefühl.«

Sehnsucht – das Lied der Taiga
Musik: Rudi Bauer; Text: Fred Weyrich

Sehnsucht heißt ein altes Lied der Taiga,
das schon damals meine Mutter sang;
Sehnsucht lag im Spiel der Balalaika,

wenn sie abends vor dem Haus erklang.
Und heut' bleiben davon nur noch kurze Träume,
die in langen Nächten oft vor mir entstehn,
und tausend Ängste, daß ich es versäume,
die geliebte Taiga noch einmal zu sehn.

Sehnsucht sind die vielen heißen Tränen
und die Hoffnung, die im Herzen schwingt;
Sehnsucht liegt noch immer in den Tönen,
abends, wenn das alte Lied erklingt.

Die endlosen Steppen und die tiefen Wälder,
die wie graue Schatten oft vor mir erstehn,
neblige Flüsse, taubedeckte Felder,
alles möcht' ich einmal, einmal wiedersehn.

Nach dem letzten Takt kommt Alexandra zielstrebig zu Fred Weyrich in die Tonloge und teilt ihm mit, daß er nun mit dem »Schinken« machen kann, was er will. Sie selbst aber werde diesen Titel nie wieder singen.
Dieses Versprechen kann sie, trotz ihrer vehementen Abneigung gegen diesen Titel, jedoch nicht halten, denn *Sehnsucht* wird innerhalb kurzer Zeit das meistverkaufte und beliebteste Lied ihrer Karriere. Es hält sich über ein halbes Jahr in allen Hitparaden, und schon wenige Monate nach der Veröffentlichung im April 1968 sind über 200 000 Scheiben davon verkauft.
Nach einem Auftritt im »Blauen Bock«, wo sie dieses

Lied widerwillig, aber auf Bitten von Heinz Schenk live präsentiert, muß sie sich auf Regiewunsch von Truck Branss in einer neuen Folge von »Meine Melodie« sogar zu *Sehnsucht* in einem kurzen Plisseekleid anmutig in einem Meer aus künstlichen Blüten räkeln. Nach mehrstündiger Tortur gesteht sie den Journalisten: *Mein Auftritt sieht zwar sehr faul und bequem aus, aber kein Mensch kann sich vorstellen, wie schwer es ist, sexy dazuliegen und auch noch zu singen.* Ansonsten aber geht Alexandra, was Fragen zu *Sehnsucht* betrifft, nie näher darauf ein. Ihre Antwort ist jedesmal: *»Sehnsucht« ist mein größter Erfolg bisher gewesen – und mehr, tja – weiß ich dazu nicht zu sagen.*

HANS R. BEIERLEIN

Bevor das *Lied der Taiga* im Frühjahr 1968 seinen Siegeszug antritt und die Hitlisten emporklettert, fliegt Alexandra, begleitet von Fred Weyrich, Mitte März auf Einladung des französischen Fernsehens nach Paris. Zwei Monate zuvor hatte sie in der Seine-Metropole ihre erste Epi-Single mit vier französischen Titeln fertiggestellt, die sie nun in einer vielbeachteten Show des französischen Publikumslieblings Jean-Christophe Averty der breiten Öffentlichkeit vorstellt. Das hat zur Folge, daß Alexandras französische Version des *Zigeunerjungen* die von Dalida gesungene Aufnahme binnen kürzester Zeit vom Markt drängt. Aber auch ihre anderen drei Lieder: *Ma guitare*, *Un cri d'adieu* und *Solenzara* finden viel Anklang, was bei der Abneigung der Franzosen gegenüber ausländischen Interpreten recht selten vorkommt und daher überaus bemerkenswert ist.

Neben ihrem ersten französischen Fernsehauftritt und einem privaten Konzertbesuch im berühmten »Olympia« ist Alexandra auch Gast des französischen Modehauses »Jeanne Lanvin«, wo sie zu Zwecken der Promotion kostenlos eingekleidet wird. Ohne diesmal auf den Geschmack ihrer Mutter Rücksicht nehmen zu müssen, sucht sie sich einige buntgemusterte und großblumige Minirökke, Schlaghosen, Kostüme und Kleider aus. Der einzige, der zahlen muß, ist Fred Weyrich. Aus lauter Übermut schwatzt Alexandra ihm drei sündhaft teure Hemden mit topaktuellem Schmetterlingskragen auf und kann sich vor Lachen kaum halten, als er die Rechnung von knapp 1000 DM in seinen Händen hält und kreidebleich wird.

Eines von den neuen Haute-Couture-Modellen trägt Alexandra bei ihrem ersten internationalen Fernsehauftritt im schweizerischen Kurort Laax, wo sie im Anschluß an ihre Frankreichreise neben Stars wie Petula Clark, Karel Gott und Adriano Celentano an der Live-Übertragung der »Europarty« teilnimmt und vor der wunderschönen Kulisse der Graubündner Berge ihren *Zigeunerjungen* singt.

Karel Gott ist vom ersten Augenblick an in Alexandra verliebt. Mit allen nur denkbaren Tricks versucht er, seiner jungen Kollegin näherzukommen. Hinter den Kulissen wird kräftig getuschelt und gelacht, als bekannt wird, daß der Tscheche ihr sogar nachts im Hotel nachstellt und sie seinetwegen ihre Zimmertür verbarrikadieren muß.

Mit dem 38jährigen Filmstar und Sänger Adriano Celentano dagegen versteht sich Alexandra auf Anhieb. Sie albern viel herum, und sie erzählt ihm von ihrem Wunsch, auch als Filmschauspielerin zu arbeiten.

Am liebsten würde sie einmal an der Seite von »Ben Hur«-Darsteller Charlton Heston spielen, für den sie schon von klein auf schwärmt.

Mit solch einer Hollywood-Größe kann ihr der Italiener natürlich nicht dienen. Doch er bietet Alexandra schon wenige Monate später eine reizvolle Filmrolle an, die sie jedoch auf Druck ihres Managements und wegen der zahlreichen Auftrittsverpflichtungen schweren Herzens ablehnen muß.

Nur ein einziges Mal hat Alexandra die Möglichkeit, in einem Film mitzuwirken und damit kurz ihren Wunsch nach einer Filmkarriere Wirklichkeit werden zu lassen. Ein knappes Jahr nach ihren Probeaufnahmen beim NDR in Hamburg steht sie im Februar 1968 für den Dokumentar-Spielfilm »Friedrich Ebert – Geburt einer Republik« vor der Kamera und spielt eine junge Spartakistin. Bei einer Kundgebung der Kommunisten Karl Liebknecht und Rosa Luxemburg stimmt sie kampfesmutig die »Internationale« an und reißt ihre Genossen mit.

Nach diesem kleinen Ausflug ins Filmgeschäft tritt Alexandra nur noch einmal als Schauspielerin auf, und zwar in einer vom Bayerischen Rundfunk produzierten Hörfunk-Persiflage auf Anton Tschechows »Drei Schwestern«. Unter dem Titel »Die vier Schwestern« spricht sie Ende April neben Erika von Thellmann und Iwan Rebroff die Rolle der jüngsten Schwester Irischka. Die Sendung aus der Reihe »Wunschtheater da capo« wird im Zusammenhang mit einer öffentlichen Aufzeichnung aus dem Sendesaal ausgestrahlt und bereitet dem Publikum außerordentlich viel Spaß. Die Zuhörer bemerken nicht das geringste von der angespannten Atmosphäre, die seit Tagen unter den Schauspielern herrscht.

Frank Duval, der um Jahre jüngere Ehemann von Musicalstar Karin Hübner, hat für diese einmalige Veranstaltung mehrere Lieder komponiert und sich während der Proben Hals über Kopf in Alexandra verliebt. Zwischen beiden kommt es zu einer kurzen, aber heftigen Affäre. Karin Hübner, die in derselben Sendung mitwirkt, tobt und stellt bis zuletzt mit ihren Eifersuchtsausbrüchen die Aufzeichnung in Frage. Ihr wütendes Gezeter erinnert ihre Kollegen an die Rolle der jungen Göre Eliza Doolitle aus »My Fair Lady«, durch die Karin Hübner Jahre zuvor berühmt geworden ist.

1976 wird dieses Hörspiel, das jahrelang als verschollen galt, durch Zufall wiederentdeckt und sorgt für neue Schlagzeilen, denn Alexandra singt in dieser Persiflage die bis dahin unveröffentlichten Lieder *O Duscha, Duscha* und *Wenn die lila Astern blühn.*

Wenn die lila Astern blühn
Musik: Frank Duval; Text: Herbert Witt

Wenn die letzten, lila Astern
auf dem leeren Beet verblühn,
wenn im Herd mit leisem Knastern
Birkenscheite wärmend glühn,
wenn der Ostwind traurig singt,
das letzte Lerchenlied verklingt,

klagt auch meine Seele ihr Weh,
weint mit dem Wind und sagt »Adieu«.
(...)

Während Alexandra in München noch mit der Hörfunk-Produktion zu den »Vier Schwestern« beschäftigt ist, besuchen Vertreter der »Mercury«-Schallplattengesellschaft aus Chicago die Geschäftsleitung ihrer Partnerfirma Phonogram in Hamburg. Vizepräsident Irving H. Steinberg erfährt dabei von dem Senkrechtstart Alexandras und ihrem großen, einschlagenden Erfolg. Als er und sein Manager einige ihrer Lieder zu hören bekommen, steht für sie fest: »Eine phänomenale Stimme. Diese junge Frau wird in Amerika ganz groß werden!«
Es wird sogleich geplant, in den USA eine Platte mit ihr herauszubringen und sie parallel dazu auf eine 90tägige Amerika-Tournee zu schicken. Das könnte ihren internationalen Durchbruch bedeuten.
Doch dieses Vorhaben scheitert an Alexandras mittlerweile überfülltem Terminkalender und muß auf das kommende Jahr verschoben werden. Sie soll in den nächsten Monaten in mehreren Fernsehshows auftreten und Deutschland bis zum Herbst an vier wichtigen, internationalen Gesangswettbewerben vertreten: in Polen, Bulgarien, Brasilien und der Tschechoslowakei.
Ich reise wahnsinnig gern. Und ich trete noch viel lieber auf. Ich brauche den persönlichen Kontakt zum Publikum.

Wenn ich auf die Bühne komme und die Menschen im Saal sehe, dann fühle ich mich großartig. Alle Aufregung verfliegt. Da kriegt man Bühnenerfahrung und lernt, wie man das Publikum in den Griff bekommt. Allein mit dem Plattensingen ist es ja nicht getan.

Ihr erster Auftritt bei einem internationalen Festival steht Alexandra im tschechischen Karlsbad bevor. Auf Einladung des Tschechoslowakischen Fernsehens schickt die ARD sie nach einer Programmkonferenz und auf Vorschlag der Unterhaltungschefs der verschiedenen westdeutschen Rundfunkanstalten Mitte Juni ins Rennen um den »Goldenen Notenschlüssel 1968«. Erstmals arbeiten bei diesem Festival die östliche »Intervision« und die westliche »Eurovision« zusammen, und zum ersten Mal sind in Karlsbad auch Künstler aus den westeuropäischen Ländern vertreten, was sicher auf die Reformbemühungen der tschechischen Regierung unter Alexander Dubček zurückzuführen ist. Im Gegensatz zur UdSSR-Tournee, während der das Hazy-Osterwald-Ensemble vom Staatssicherheitsdienst nach außen hin stark abgeschirmt und kontrolliert wurde, gestattet der »Prager Frühling« den Reisenden mehr Freiheiten als in irgendeinem anderen Land des sozialistischen Ostblocks.

Alexandra, die mit ihrem *Zigeunerjungen* in den Wettstreit geht, wird auf dieser bedeutsamen Reise nicht nur von Fred Weyrich und dem Komponisten

Hans Blum begleitet, sondern auch von Wolfgang Kretzschmar, dem Produktionschef der Phonogram, und Hans R. Beierlein, der inzwischen mit Alexandra befreundet ist und die Übernahme ihres Managements signalisiert hat.

Das Team wohnt, wie auch alle anderen Festivalteilnehmer, in dem schon zu Kaisers Zeiten berühmten und legendären Hotel »Pupp«, das inzwischen jedoch den Namen »Moskwa« trägt. Zwischen den Vorbereitungen und Proben bleibt nur Zeit für einen kurzen Bummel durch die bezaubernde Altstadt, bei dem Alexandra natürlich auch das weltbekannte Quellwasser probieren muß. Ebenfalls mit einem dieser Wasserkrüge in der Hand kommt ihr Hansi J. Hoffmann entgegen, der die Reise und ihren Auftritt in Bildern festhält. Sie wundert sich mit ihren Begleitern, daß er so viel lacht und leicht schwankt. Bei einem Blick in seinen Krug stellt sich schließlich heraus, daß er bis zum Rand mit Whisky gefüllt ist.

Am Tag des Festivals wird Alexandra vom Lampenfieber gepackt. Normalerweise ist sie so stark und selbstbewußt, daß man es ihr kaum anmerkt, doch diesmal bekommt sie im Laufe des Nachmittags solche Angst, daß sie kopflos durch das Hotel läuft. Für Hans R. Beierlein bleiben diese Stunden unvergeßlich:

»Fred Weyrich kam verzweifelt zu mir und meinte, Alexandra würde vor Aufregung fast durchdrehen. Sie müsse ruhiger werden, denn dann hätte sie sogar gute Aussichten bei diesem Wettbewerb. Ohne lange zu überlegen, schickte ich ihr einen Brief mit einer Tablette aufs Zimmer. Ich gab ihr den Tip, diese Pille eine Stunde vor ihrem Auftritt mit viel Wasser zu schlucken. Sie solle jedoch niemandem etwas davon sagen. Sie schluckte die Tablette, ohne zu wissen, was es war, und als ich sie eine halbe Stunde vor Beginn des Festivals hinter der Bühne traf, strahlte sie mich ruhig an und bedankte sich bei mir. Das einzige, was sie ärgerlich machte, war die Tatsache, daß ihre Begleiter nicht auf diese Idee gekommen waren. ›Keiner von diesen Idioten, die da um mich herum sind und auf mich einreden, konnte mir helfen.‹«

Konzentriert und souverän präsentiert Alexandra am Abend ihren Wettbewerbsbeitrag. Die Gefahr, durch das Lampenfieber auf der Bühne zuviel mit Bewegungen und Mimik gestalten zu wollen, was unter jungen Künstlern häufig vorkommt, ist aufgrund der Valiumtablette gebannt. Ihre Unsicherheit ist nach den ersten Takten verflogen, und sie beendet ihren Auftritt unter großem Beifall.

Bei der abschließenden Bewertung erhält das Gastgeberland Tschechoslowakei unter einigen Protestrufen den »Goldenen Notenschlüssel 1968« und Spanien als erstes westeuropäisches Land die bronzene Trophäe. Alexandra belegt mit ihrem *Zigeunerjungen* den vierten Platz und erhält eine lobende Erwähnung. Diese gute Plazierung ist die Bestätigung ihrer Qualität und ihres Könnens auf internationalem Niveau. Das westdeutsche Team kann also mehr als zufrieden sein.

Am nächsten Morgen verabschiedet man sich gut gelaunt voneinander, doch als Alexandra gerade in den schicken Dienstwagen von Wolfgang Kretzschmar einsteigen will, winkt ihr Hans R. Beierlein aus seinem Hotelfenster zu:

»Als Alexandra mich sah, sagte sie kurzentschlossen zu den Herren, sie habe etwas vergessen und verschwand wieder im Hotel. Wir trafen uns in der Halle, und sie fragte mich, ob sie nicht vielleicht mit mir zurückfahren könne. Ich bejahte, und sie ging zurück zu den wartenden Herren und bat um ihr Gepäck. Da kam es zu einem kleinen Tumult. Man hatte schon an den vorausgegangenen Tagen versucht, Alexandra von mir fernzuhalten. Doch jetzt widersetzte sie sich der heißen Diskussion auf offener Straße und fuhr mit mir nach München anstatt mit Kretschmer nach Hamburg. Das war letztendlich auch praktischer, denn drei Tage später sollte sie von München aus zu einem weiteren Festival nach Bulgarien. Ganz gemächlich machten wir uns auf den Weg und hielten des öfteren an romantischen Flecken in der Fränkischen Schweiz, an verträumten Bächen und blühenden Wiesen. Auf dieser Fahrt stellten wir beide fest, daß uns mehr verbindet als nur Geschäftliches.«

Zwischen der 25jährigen Sängerin und dem vierzehn Jahre älteren Hans R. Beierlein entbrennt eine ernstzunehmende Affäre. So oft es geht, hält sich

Alexandra nun in München auf und wohnt im »Hotel am Biederstein« direkt am Englischen Garten, unweit von Beierleins Haus in der Königinstraße. Dort schmieden die beiden – frisch verliebt – Pläne für eine gemeinsame Zukunft. Sie beschließen, daß Alexandra nach München umzieht, denn es entstünde kein guter Eindruck, wenn sie weiterhin in der Hamburger Sozialwohnung lebte, und sie sind sich einig, daß Hans R. Beierlein ihr Management übernehmen soll. So sind sie beruflich und privat nicht mehr so weit voneinander entfernt.
Unmittelbar nach dieser Absprache legt Hans R. Beierlein der Plattenfirma Ende Juni eine umfassende, schriftliche Vereinbarung vor, die künftig das Management von Alexandra regeln soll:

> »Der Vertrag sieht im wesentlichen vor, daß wir eine umfassende Promotion betreiben und Alexandra in künstlerischen Fragen betreuen und vertreten. Darüber hinaus garantieren wir ihr ein bestimmtes Monatseinkommen außerhalb der Schallplattenlizenzen. Wir erhalten dafür 20 Prozent ihrer Bruttoeinnahmen. Die Dauer des Vertrages beträgt drei Jahre.«

Diesem Schriftstück sind eine Reihe von Diskussionen vorausgegangen, und es bleibt auch nach seiner Unterzeichnung heftig umstritten. Der neue Direktor der Phonogram, Dr. Werner Vogelsang, lehnt einen Umzug Alexandras nach München entschie-

den ab. Der Sitz der Firma mit ihren Tonstudios und der Wohnort des Produzenten befinden sich in Hamburg. Ein Wohnungswechsel Alexandras nach Süddeutschland könnte die Gefahr bergen, daß Hans R. Beierlein, der in der Branche als ein gerissener Geschäftsmann bekannt ist, die Sängerin mehr und mehr der Kontrolle der Phonogram entzieht und schließlich sogar einen Wechsel zu einer anderen Plattenfirma anstrebt. Fred Weyrich, der neben seinen eigenen Interessen als Produzent auch die der Phonogram zu vertreten hat, erinnert sich an ein Treffen mit Hans R. Beierlein und Alexandra am Wörthersee, bei dem es kurz vor dem Festival in Karlsbad zu einer folgenschweren Auseinandersetzung kam:
»Unsere Verhandlungen über das Management eskalierten nach stundenlangen Kontroversen mitten in der Nacht. Beierlein bestand darauf, auch die Verlagsrechte von Alexandra zu übernehmen, doch ich konnte das als Produzent und Entdecker Alexandras nicht zulassen. Ich hatte Angst, ich würde alles in die Hand von Beierlein legen und keinen Freiraum mehr für mich und Alexandra rausschlagen können. Alexandra, die zu dieser Zeit von dem selbstbewußten Auftreten und den Liebesbekundungen Beierleins beeindruckt war, versuchte mich von Beierleins Absichten zu überzeugen. Später sollte sie diesen Schritt furchtbar bereuen. Als Beierlein nicht weiterkam, verlor er die Beherrschung und verließ tobend den Raum: ›Macht, was ihr wollt. Ich

pfeif' auf euch!‹ Es kam zwischen Beierlein und mir auf lange Sicht zu einem Bruch. Dennoch übernahm er Alexandras Management.«

Trotz aller Differenzen und Meinungsverschiedenheiten versucht Hans R. Beierlein am Schluß doch noch einzulenken und versichert Fred Weyrich am Tag der Übernahme des Managements in einem Schreiben:

»25. Juni 1968: (...) Mit diesem Vertrag erlischt dann Deine Vereinbarung mit Alexandra, und wir bestätigen Dir ausdrücklich, daß Du ihr Produzent bleibst, auch für den Fall, daß eine Umstellung der Vertragssituation in bezug auf Schallplatten eintreten sollte. Wir freuen uns sehr darüber, daß die Angelegenheit zum guten Abschluß gekommen ist.«

UDO JÜRGENS

Nachdem Fred Weyrich nun von seinen Management-Pflichten befreit ist, widmet er sich in den nächsten Wochen mit voller Kraft der Aufgabe, Songs für Alexandras zweite Langspielplatte zu finden, die im August produziert werden soll. Nach dem Erfolg und der erfreulichen Verkaufsbilanz der Lieder *Sehnsucht* und *Zigeunerjunge* gibt die Plattenfirma ihm schließlich grünes Licht für eine LP, auf der Alexandra die Hälfte der zwölf neuen Titel selbst komponiert und getextet hat.

Damit hat sich einer ihrer größten Wünsche erfüllt.

Ich habe eine Schwäche dafür, Texte zu machen und auch wieder wegzuwerfen, aber ein paar bleiben immer übrig, und ich freue mich, wenn andere Leute sie auch so gut finden, daß ich sie auf Platte aufnehmen kann und dann später auf der Bühne singe.

Mit Ausnahme des Schlafliedes *Mein Kind, schlaf ein*, das schon vor Alexandras Entdeckung zu ihrem Repertoire gehörte, beinhaltet die neue LP durchweg Lieder, die sie erst in den letzten Wochen und Monaten entwickelt hat, wie zum Beispiel *Am großen Strom* und *Ja lublú tebjá*, die kurz nach ihrer Rußland-Tournee entstanden sind, und *Der Traum vom Fliegen*, das Alexandra zu Ostern während eines Urlaubs in Bad Sachsa geschrieben hat und das ihre eigene

Gedankenwelt und Einstellung zu ihrer Karriere kommentiert und widerspiegelt:

Der Traum vom Fliegen
Musik und Text: Alexandra

An einem Baum in dem Park der großen Stadt
hing unter Tausenden Blättern ein Blatt,
sang der Nachtwind in den Bäumen,
wiegte sich das Blatt in Träumen
von der weiten, herrlichen Welt.

Könnt' ich nur einmal wie der Wind fliegen,
mit den Wolken über's Meer,
ach, mein Leben gäb' ich her,
könnt' ich fliegen, könnt' ich fliegen.

Bald kam der Herbst,
gab dem Blatt sein schönstes Kleid,
doch es klagte den Wolken sein Leid:
Bleiben muß ich und verblühn,
könnt' ich mit den Schwänen ziehn,
dorthin, wo der Sommer nie vergeht.

Da rief der Herbstwind:
Du sollst fliegen, fliegen,
und er riß vom Baum das Blatt,
trieb es in die große Stadt,
ließ es fliegen, ließ es fliegen.

Kurz war das Glück,
müde sank das Blatt hinab
auf die Straße, sein regennasses Grab;
schon am Ende seines Lebens
rief das kleine Blatt vergebens
zu den stummen Häusern hinauf:

Könnt' ich nur einmal noch im Wind fliegen,
flög' ich hin zu meinem Baum
und vergessen wär' der Traum
vom Fliegen, vom Fliegen.

Wenn ich auf Reisen bin, schreibe ich nachts nach dem Auftritt auf meinem Hotelzimmer. Dann träume ich so vor mich hin. Zum Thema Liebe fällt mir wenig ein, obwohl ich absolut nichts gegen die Liebe habe. Ich schreibe Texte über Blätter und alles mögliche Versponnene. Vielleicht bin ich doch eine versteckte Romantikerin. Oder aber es liegt daran, daß Texte über die Liebe im Deutschen leicht banal klingen. Ich lege für mich hohe Maßstäbe an. Reime wie Herz und Schmerz und Stern und gern gibt es daher bei mir nicht. Die bringe ich nicht über die Lippen.

Bevor die neue LP aufgenommen werden kann, besteht Alexandra darauf, mit dem Orchesterleiter Boris Jojic in aller Ausführlichkeit die Arrangements der vorgesehenen Lieder durchzugehen und zu besprechen. Als Jojic jedoch ablehnt, denn in seinen Augen sind solche Gespräche nur zeitraubend und führen zu nichts, da Interpret und Orchesterleiter

in der Regel verschiedener Ansichten sind, verweigert Alexandra die Aufnahmen. Erst durch die Vermittlungen Fred Weyrichs kann schließlich doch noch ihrem Wunsch entsprochen werden, und Boris Jojic lädt sie in sein Haus nach Planegg bei München ein. Seine Frau erinnert sich an das Treffen:
»Mein Mann und ich hatten gehört, daß Alexandra mitunter recht schwierig sei, und da kaufte ich spontan ein Rennrad für Boris, ein Jugendtraum von ihm, damit er notfalls zum Ausgleich für etwaigen Ärger durch die Gegend radeln konnte. Er hat das Rad in den Tagen, in denen er hier mit Alexandra in Klausur saß, jedoch nicht ein einziges Mal gebraucht.«
Die beiden verstehen sich ausgezeichnet, und das Ergebnis kann sich sehen lassen. Zehn Tage lang skizzieren sie jede Phrase, jeden Break, jeden Geigen-Akzent sowie jedes Harfen-Glissando. Doch diese sensible und intensive Kleinarbeit zahlt sich am Ende nicht aus. Es fehlt für diese zweite LP einfach der Aufhänger, ein neuer, ins Ohr gehender Hit. Nicht einmal Alexandras Eigenkomposition *Mein Freund, der Baum* findet bei der Schallplattenfirma Interesse. Erst nach ihrem Tod soll dieser Song eine tiefgreifende Beachtung finden und zu ihrem wohl bedeutendsten Erfolg werden.

Mein Freund, der Baum
Musik und Text: Alexandra

Ich wollt' dich längst schon wieder sehn,
mein alter Freund aus Kindertagen,
ich hatte manches dir zu sagen
und wußte, du wirst mich verstehn.
Als kleines Mädchen kam ich schon zu dir
mit all den Kindersorgen,
ich fühlte mich bei dir geborgen,
und aller Kummer flog davon;
hab ich in deinem Arm geweint,
strichst du mit deinen grünen Blättern
mir übers Haar, mein alter Freund.
Mein Freund, der Baum, ist tot,
er fiel im frühen Morgenrot.

Du fielst heut' früh, ich kam zu spät,
du wirst dich nie im Wind mehr wiegen,
du mußt gefällt am Wege liegen,
und mancher, der vorübergeht,
der achtet nicht den Rest von Leben
und reißt an deinen grünen Zweigen,
die sterbend sich zur Erde neigen.
Wer wird mir nun die Ruhe geben,
die ich in deinem Schatten fand:
mein bester Freund ist mir verloren,
der mit der Kindheit mich verband.
Mein Freund, der Baum, ist tot,
er fiel im frühen Morgenrot.

Bald wächst ein Haus aus Glas und Stein,
dort, wo man ihn hat abgeschlagen,
bald werden graue Mauern ragen,
dort, wo er liegt im Sonnenschein.
Vielleicht wird es ein Wunder geben,
ich werde heimlich darauf warten,
vielleicht blüht vor dem Haus ein Garten,
und er erwacht zu neuem Leben.
Doch ist er dann noch schwach und klein,
und wenn auch viele Jahre gehn,
er wird nie mehr derselbe sein.
Mein Freund, der Baum, ist tot,
er fiel im frühen Morgenrot.

Neben Alexandras sechs eigenen Titeln erscheinen auf der neuen LP unter anderem die deutsche Fassung von Adamos bekanntestem Hit *Tombe la neige*, das Antiapartheid-Lied *Schwarze Engel* aus der Feder von Ralph Maria Siegel und drei vertonte Texte von Fred Weyrich. Trotz dieser anspruchsvollen Auswahl wird das Album von den Käufern kaum beachtet und mit weniger als 12 000 verkauften Exemplaren zum Ladenhüter. Für die Phonogram gibt es nicht einen Titel, der zugkräftig genug wäre, um als Single ausgekoppelt zu werden, und somit fehlt auch die überaus wichtige Promotion für diese Langspielplatte.

Dieser Mißerfolg ist für Alexandra besonders niederschmetternd und bedrückt sie zutiefst, denn sie verband mit der Veröffentlichung die große Hoff-

nung, auch als Komponistin und Texterin anerkannt zu werden. Außerdem distanziert sich nun die Plattenfirma von ihren Eigenkompositionen, und auch die Kritik ist eher verhalten:
»Alexandra schreibt Text und Melodien ihrer Lieder meistens selbst. *Mein Freund, der Baum, ist tot / er fiel im frühen Morgenrot* wird da etwa gereimt. Literarischen Ansprüchen vermag das nicht gerade zu genügen, aber die Sängerin vermeidet immerhin internationalen Sprachsalat, verzichtet auf fremdländischen Akzent, und das fällt im Schlagergeschäft schon angenehm auf. Es sind seltsame und einprägsame Lieder. Eine fast vergessene Romantik spricht aus den Texten, die auch hier wieder deutlich ihre Schwäche für den sentimentalen und doch temperamentvollen slawisch-baltischen Charakter zeigen.«
Auch sind sich die Kritiker darin einig, daß »die Lieder Alexandras ins Herz, aber nicht ins Ohr gehen«. Doch diesen Satz faßt die junge Sängerin im Gegensatz zu ihrer Plattenfirma als ein Kompliment auf, denn genau das will sie. Das ist ihr Ziel, ihr Anspruch. Sie will kein Schlagersternchen mit Blabla-Texten sein, sondern als Chanson-Sängerin anerkannt werden. Und beim Chanson kommt es immer in erster Linie auf den Text an.
Wenn andere texten, warum soll ich dann nicht auch texten? Meine Texte sind teilweise besser als die, die ich sonst so höre.
Diesen Standpunkt vertritt Alexandra zunächst al-

lein. Erst Hans R. Beierlein setzt sich massiv für sie ein und kann sie ermuntern, weiter zu komponieren und zu texten:

»Das Besondere an Alexandra war das Zusammenwirken von verschiedenen Dingen: ihre Stimme war bemerkenswert und ihre Ausstrahlung war bemerkenswert, aber besonders fasziniert hat mich dies: Sie war ein Vulkan an Einfällen und Ideen. In der deutschen Schallplattenbranche war damals der Begriff Liedermacher noch nicht bekannt. Ein Sänger hatte zu singen, ein Texter zu texten, ein Komponist zu komponieren. Es war also nicht denkbar, daß jemand alle drei Dinge beherrschen könnte. Ich habe diese Begabung in ihr vorangetrieben und erkannt, daß sie ein Mädchen voller Ideen ist, musikalisch und textlich gesehen. Ich glaube, da lag einer der Gründe ihres Erfolges. Sie ist mit ihren Texten und Themen ihrer Zeit voraus gewesen. Ihre Thematik war jung und zukunftsträchtig.«

Doch diese Erkenntnis können die Vertreter der Phonogram und auch Fred Weyrich vorläufig nicht teilen. Für sie ist das Scheitern der zweiten LP ein Zeichen dafür, daß Alexandra noch nicht reif genug ist, um ihre eigenen Lieder zu schreiben. Die Eigenkompositionen konnten sich laut Verkaufzahlen nun einmal nicht durchsetzen.

Hans R. Beierlein macht sich dennoch für Alexandra stark und verweist auf international bekannte Interpreten wie Adamo, Gilbert Bécaud, Françoise Hardy und Udo Jürgens, die alle ihre eigenen Lie-

der schreiben. Er ist der Meinung, man dürfe jetzt das Talent Alexandras auf keinen Fall blockieren oder gar hindern, sondern müsse es im Gegenteil massiv fördern. Natürlich sehen es die Texter, die für die Sängerin bisher gearbeitet haben, nicht gerne, daß sie nun eine Vielzahl ihrer Lieder selbst schreiben würde. Sie haben Angst um ihr Geschäft. Aber darauf darf in seinen Augen die Plattenfirma keine Rücksicht nehmen. In einem Brief an Phonogram-Direktor Vogelsang äußert er sich als Manager besonders kritisch über das Verhalten von Fred Weyrich, der allein für ein Drittel aller Titel, die Alexandra bis zu diesem Zeitpunkt aufgenommen hat, die Texte schrieb:
»Wir haben wenig Verständnis für die Publicity-Wünsche von Produzenten, die darauf hinauslaufen, daß ihre Namen öfter erwähnt werden als der Name des Sängers. Ferner erklären wir uns allergisch gegen alle Versuche von Produzenten, ihr ›Autoren-Süppchen‹ auf Kosten des Sängers zu kochen.«
Für beide Einwände zeigt Dr. Vogelsang Verständnis und kündigt dem Management gegenüber an, »daß kein Produzent künftig auch nur einen Ton aufnehmen kann, ohne daß dieser von der Geschäftsleitung genehmigt worden ist« und daß man Fred Weyrich über diesen Beschluß informieren wird.
In dieser angespannten Situation hat Hans R. Beierlein eine zündende Idee. Er entschließt sich zu einer Gemeinschaftsproduktion zwischen Udo Jürgens

und Alexandra. Er sieht darin eine hervorragende Werbung und die Möglichkeit, die Zweifler endgültig von Alexandras Talent zu überzeugen. Wenn Udo Jürgens mit Alexandra zusammen ein Lied schriebe, dann wäre das ein Beweis, daß in der jungen Interpretin mehr steckt als nur große Augen und ostische Seele.

So kommt es, daß sich die beiden Sänger schon kurz darauf am Wörthersee treffen, wo Udo Jürgens und Hans R. Beierlein traditionell ihren Sommerurlaub verbringen. Alexandra ist anfangs etwas enttäuscht von ihrem 34jährigen Kollegen. Er wirkt auf sie borniert und aufgeblasen, was sie jedoch seinem großen, anhaltenden Erfolg zuschreibt. Aber auch Udo Jürgens hat Alexandra gegenüber Vorbehalte. Er sieht in ihr eine Art Konkurrenz, nicht so sehr im Musikalischen, denn auf diesem Gebiet ist er weitaus erfahrener, aber auch aufgeschlossener und mutiger als sie, sondern im Hinblick auf ihre private Beziehung zu Hans R. Beierlein, der mit ihr fast jede freie Minute verbringt. Er beneidet sie, da ihr Weg gleich zu Beginn ihrer Karriere von den besten und einflußreichsten Leuten der Branche geebnet wurde, was bei ihm nicht der Fall gewesen war. Er hatte lange gebraucht, bis diese Herren auf sein musikalisches Talent aufmerksam wurden und ihn endlich betreuten und protegierten. Mehrere Jahre mußte er ohne Erfolg das singen, was man ihm vorsetzte und von ihm verlangte. Erst durch das Management von Hans R. Beierlein gelang es ihm, sich mit seinen eigenen Liedern zu verwirklichen, und der Erfolg gab ihm recht. Und diesen langjährigen Kampf Udo Jürgens' um seine Anerkennung setzt nun Beierlein aufs entschiedenste gegen Alexandras Plattenfirma ein. Solch ein Fehler darf nicht noch einmal begangen werden.

Im Laufe ihrer Zusammenarbeit entwickelt sich zwischen Alexandra und Udo Jürgens aus dem anfangs eher kühlen, kollegialen Verhältnis eine enge Freundschaft. Noch heute schwärmt Jürgens von seiner jungen Kollegin:
»Die Stärke Alexandras war ihre absolute Ehrlichkeit und ihre Glaubwürdigkeit. Alles an ihr war ehrlich und echt, und das Publikum merkte, hier steht jemand vor ihm, der nicht bereit ist, Konzessionen zu machen, und für den Qualität ein absoluter Anspruch ist. Sie war eine harte Arbeiterin. Vorbereitungen in der letzten Minute gab es für sie nicht. Sie kniete sich voll in die Aufgabe rein und gab eigentlich immer ihr letztes. Sie war zwar hin und wieder ein wenig launisch, aber immer mit einem festen Ziel vor Augen. Sie wollte Erfolg haben, aber nicht auf Kosten anderer, sondern auf Kosten ihrer eigenen Kraft. Sie hat alles eingesetzt, alles vergeben. Sie erkannte und akzeptierte Leistungen, und sie hatte Beifall für jeden, der etwas Gutes brachte; sie war völlig neidlos und ein phantastischer Kumpel.«
Doch nicht nur das gemeinsame Management und

der Beruf verbindet die beiden Sangeskollegen miteinander, sondern auch ihre Liebe zu Rußland. Alexandra kann kaum glauben, daß Udo Jürgens zu Beginn seiner Karriere ebenfalls eine mehrwöchige Tournee durch die UdSSR unternahm und mit dem Orchester von Max Greger 1957 fast dieselbe Reiseroute wie sie mit dem Hazy-Osterwald-Ensemble zurücklegte. Am stärksten aber beeindruckt sie die Erzählung über seinen russischen Großvater, der seinerzeit in Sankt Petersburg noch Bankier unter dem Zaren gewesen war und den Untergang der Monarchie miterlebte.

Den Udo kenne ich schon ziemlich lange. Ich kannte ihn schon, als mich noch kein Mensch gekannt hat, und ich hab ihn immer gern gemocht, seine Art zu singen, seine Lieder, und ich bin ein bißchen stolz, daß er mir ein Lied geschrieben hat, »Illusionen« – eines meiner Lieblingslieder. Udo hat die Melodie komponiert, und ich hab den Text dazu gemacht. Es ist also unsere erste Co-Produktion, unser gemeinsames Werk, ich hänge sehr daran. Es war plötzlich da. Ich hab's gesungen, und dann haben wir beschlossen, das werde ich auch in Rio singen.

Illusionen
Musik: Udo Jürgens; Text: Alexandra

Illusionen blühn im Sommerwind,
treiben Blüten, die so schön,
doch so vergänglich sind,
pflückt sie erst an deinem Wege die Erfahrung,
welken sie geschwind.

Illusionen schweben im Sommerblau,
dort am Himmel deines Lebens,
doch du weißt genau,
jenes wolkenlose Traumbild deiner Phantasie
erfüllt sich nie.

Illusionen, blüh'nde Wirklichkeit,
zum Tanz der Jugendzeit,
ein erster Hauch von Leid,
wird sie verwehn,
doch solang' ein Mensch noch träumen kann,
wird sicher irgendwann
ein Traum ihm in Erfüllung gehn.

Illusionen hast du dir gemacht,
denn der Mensch, den du einst liebtest,
hat dich ausgelacht,
und das Wolkenschloß, das du gebaut,
stürzt ein in einer einz'gen Nacht,
und dann fragst du dich, warum muß das sein,
doch die Antwort sagt dir nur:

das Leben ganz allein,
mit der Zeit erst,
wenn die Jahre deines Sommers gehn,
wirst du verstehn.

Illusionen, blüh'nde Wirklichkeit,
zum Tanz der Jugendzeit,
ein erster Hauch von Leid,
wird sie verwehn,
doch solang' ein Mensch noch träumen kann,
wird sicher irgendwann
ein Traum ihm in Erfüllung gehn.

Die Zusammenarbeit zwischen Alexandra und Udo Jürgens erstreckt sich im Sommer 1968 über mehrere Wochen, denn immer wieder rufen irgendwelche Verpflichtungen, Interviews, Auftritte oder Reisen. Die beiden finden kaum Zeit, um sich zu treffen und ihre musikalische Arbeit in Ruhe fortzusetzen.
Trotz allem entsteht neben dem Titel *Illusionen*, der später durch Shirley Bassey und Sammy Davis jr. noch zu einem Welterfolg werden soll, unter zahlreichen, unbrauchbaren Melodiefolgen und Textfragmenten auch das Liebeslied, das jedoch erst in den siebziger Jahren wiederentdeckt und von René Kollo und der jungen Sängerin Stephanie Lindbergh aufgenommen wird.

Nur einen Sommer lang
Musik: Udo Jürgens; Text: Alexandra

Der Sommer stirbt,
es deckt der Wind sein Grab
mit bunten Blättern,
die Sonne schreibt den letzten Gruß
mit goldenen Lettern.
Der Sommer geht,
sein Lächeln leuchtet
noch im Sterben,
mit ihm zerbrach mein Sommertraum
in tausend Scherben.

Nur einen Sommer lang hab ich geträumt,
nur einen Sommer lang hab ich geliebt,
nur einen Sommer lang hab ich gehofft,
daß es für uns den Sommer ewig gibt.
Nur einen Sommer lang hab ich gehofft,
daß es das Wort »für immer« wirklich gibt.

Der Sommer stirbt,
und deine Worte
flecht ich ihm zum Blätterkranz,
der Wind spielt auf,
spielt ihm noch einmal auf zum letzten
    Tanz.
Des Sommers Lied
verklingt nun Tag für Tag im Regen,
weint nicht vielleicht

der graue Himmel unsertwegen
nur unsertwegen?

Nur einen Sommer lang hab ich geträumt,
nur einen Sommer lang hab ich geliebt,
nur einen Sommer lang hab ich gehofft,
daß es für uns den Sommer ewig gibt.
Nur einen Sommer lang hab ich gehofft,
daß es das Wort »für immer« gibt.

RIO DE JANEIRO

In den vergangenen zwölf Monaten, seit Erscheinen meiner ersten Platte, habe ich geschuftet wie ein Zirkuspferd.

An zehn bis zwanzig Abenden im Monat singt Alexandra in Hotelsälen, Altersheimen und Stadthallen, bei Rundfunkveranstaltungen, bei Fernsehaufzeichnungen, Galas und Betriebsfeiern. Sie selbst staunt darüber: »Man glaubt gar nicht, wie viele Orte es in Deutschland gibt.« Da kann es auch schon mal vorkommen, daß sie während des ständigen Hin- und Herreisens etwas durcheinanderbringt. Eine dieser Verwechslungen wird Fred Weyrich wohl nie vergessen:

»Alexandra sprach eines Tages mit mir am Telefon über einen Auftritt in Frauenaurach, für den sie schon eine Bahnfahrkarte in Richtung Konstanz gekauft hatte. Mitten in der Nacht schreckte ich in meinem Hotelzimmer plötzlich hoch und ließ mir eine Karte bringen. Was sie mir gesagt hatte, stimmte doch gar nicht. Frauenaurach liegt bei Nürnberg und nicht bei Konstanz. Sofort rief ich sie an und weckte sie aus dem Schlaf: ›Weißt du eigentlich, wo Frauenaurach liegt?‹ – ›Nein‹, antwortete sie, ›aber ich muß da morgen früh hin. Irgend jemand hat mir etwas von Konstanz erzählt, und damit war der Fall für mich erledigt.‹ Als ich sie über das Mißverständnis aufklärte, lachte sie schallend und legte auf.«

Doch mit der Zeit vergeht Alexandra das Lachen. Besonders nach der Übernahme des Managements durch Hans R. Beierlein hat sie kaum noch Gelegenheit, auszuruhen oder sich ihrem Sohn zu widmen. Das führt schließlich auch zu ersten Spannungen und Auseinandersetzungen in ihrer Liebesbeziehung zu Hans R. Beierlein. Neben den zahlreichen offiziellen Terminen steht sie für Plattenaufnahmen im Studio, schreibt an neuen Liedern, beantwortet Autogrammwünsche, oder bereitet sich auf die bevorstehenden Festivals vor.

Dieses letzte Jahr war furchtbar anstrengend für mich. Ein Termin jagte den anderen. Allein in diesem Sommer war ich auf Chanson-Festivals in Karlsbad und Burgas. Jetzt folgen Zoppot und Rio de Janeiro. Ich bin schon ganz geschafft. Ich glaube, ich halte das nicht durch. Ich habe Sehnsucht nach Alexander. Das ist das einzige, was mich an diesem Erfolg so stört, daß ich Alexander kaum noch sehe. Und er ist doch so süß. Vorgestern ist er fünf geworden. Und ich konnte nicht bei ihm sein.

Direkt nach ihrer Rückkehr aus Bulgarien, wo ihr Lied vom *Zigeunerjungen* beim Wettstreit um den »Goldenen Orpheus« vom zigeunerfeindlichen Publikum abgelehnt wurde, bekommt sie plötzlich hohes Fieber. Ihr Körper rebelliert. Unter großen Anstrengungen nimmt sie noch – vollgepumpt mit Tabletten – an einer Fernsehaufzeichnung in Baden-Baden teil, doch im Anschluß daran ist sie restlos erschöpft. Alle weiteren Termine und ihre Teilnahme an einem wenige Tage später im belgischen

Knokke stattfindenden, international viel beachteten Schlagerfestival müssen kurzfristig abgesagt werden.
Die kommenden Tage verbringt Alexandra in Bad Sachsa, wo ihre Mutter und der kleine Alexander gerade Urlaub machen. Doch richtige Erholung und die Möglichkeit, sich auszukurieren, findet sie auch hier nicht. Immer wieder kommen Fotografen und Journalisten, oder Fred Weyrich und das Management versuchen, sie zu spontanen Auftritten oder Repertoire-Besprechungen zu überreden. Die Inhaberin der Pension »Elfi« erinnert sich, wie Alexandra in diesen Momenten oft verzweifelt zu ihr kam und sich ihr anvertraute. »Wann und wo, liebe Frau Peter, kann ich endlich mal für mich allein sein und Ruhe finden?«
Nach der Produktion ihrer zweiten LP und der Mitwirkung in mehreren Fernsehshows, etwa in Chris Howlands »Musik aus Studio B«, Paul Kuhns erster »Pauls Party«, Robert Lembkes »Was bin ich?« und in einer neuen Ausgabe der »Europarty«, diesmal aus dem schweizerischen Montreux, nach all diesen Auftritten fährt Alexandra Ende August ins polnische Zoppot, um dort die Bundesrepublik bei einem weiteren, wichtigen Song-Festival zu vertreten. Auf der Bühne des 6000 Personen fassenden Freilichttheaters sind schon in den Jahren zuvor berühmte Kollegen wie Udo Jürgens, Caterina Valente und Karel Gott ausgezeichnet und gefeiert worden.

Doch zu dem angekündigten Auftritt Alexandras kommt es nicht. Am Tag des Festivals, dem 21. August 1968, erschüttert die blutige Niederschlagung des »Prager Frühlings« die Weltöffentlichkeit. Auf Anordnung des sowjetischen Staats- und Parteichefs Leonid Breschnew überrollen die Armeen der Warschauer-Pakt-Staaten die ČSSR und führen einige Monate später zum Sturz des liberalen Reformers Alexander Dubček. Das letzte Loch im »Eisernen Vorhang« wird durch diesen brutalen Überfall gestopft.
Für Hansi J. Hoffmann, der Alexandra auch diesmal wieder begleitet, bleiben die Ereignisse dieser Augusttage unvergeßlich: »Am Morgen nach unserer Ankunft in Zoppot poltert Alexandra an meine Tür. Ich bekomme nur schwer die Augen auf, der Wodka vom Vorabend macht meinem Kopf noch Schwierigkeiten. ›Hansi, wach auf! Wir müssen ein Radio finden. Die Russen sollen die Tschechoslowakei überfallen haben.‹ Mit einem Sprung bin ich draußen. Aus dem Kofferradio eines westdeutschen Rundfunkreporters hören wir die schrecklichen Einzelheiten über einen Piratensender aus Pilsen.«
Unter Protest über diesen heimtückischen Überfall beschließt das westdeutsche Team abzureisen. Alexandra verzichtet spontan auf ihre große Chance, durch ihre Teilnahme an diesem Wettbewerb im gesamten Ostblock als Sängerin Beachtung zu finden. Sie erklärt den aufgebrachten polnischen Veranstaltern: »Panzerrasseln ist eine schlechte Begleit-

musik für ein internationales Festival!« und fährt mit dem Zug von Danzig zurück nach Berlin. Dort berichtet sie vor Journalisten: »Es war furchtbar. Vor allem die Tschechen haben mir leid getan. Sie wußten nicht, was sie machen sollten und weinten.« Die plötzlich frei gewordenen Tage verbringt Alexandra abermals in Bad Sachsa, wo sie diesmal nicht nur ihre Mutter und Alexander wiedertrifft, sondern auch ihren Ex-Ehemann Nikolai, der das Osterfest mit der Familie im Harz verbracht hat. Aufgrund ihrer Beziehung zu Hans R. Beierlein sieht Alexandra diesem Treffen jedoch mit gemischten Gefühlen entgegen. Es kriselt zwar zwischen dem Manager und ihr, aber sie erinnert sich auch noch gut an die Eifersuchtsausbrüche und Maßregelungen Nikolais, der sie nach all den Jahren immer noch liebt. Das Wiedersehen verläuft dann unerwartet harmonisch. Nikolai strahlt auch jetzt noch eine zärtliche Zuneigung auf Alexandra aus, gibt ihr Geborgenheit und läßt sie wenigstens für kurze Zeit das Showgeschäft und die damit verbundenen Sorgen und Ängste vergessen. Sie genießt das Vertraute zwischen ihnen und das fröhliche Familienleben, die romantischen Kutschfahrten und Wanderungen, die Spiele und stundenlangen Gespräche.
In dieser gelösten und heiteren Atmosphäre findet Alexandra nun auch wieder die Ruhe, um sich Gedanken über neue Texte und Kompositionen zu machen. Hier im Harz hat sie innerhalb eines Jahres ein halbes Dutzend ihrer Lieder geschrieben und

sich immer wieder von der umgebenden Natur und ihrer Vergänglichkeit inspirieren lassen. Jetzt aber läßt sie sich nicht von ihrer oft so bedrückenden Melancholie hinreißen, sondern vom Glück und der Liebe dieser Tage. Sie schreibt die deutsche Fassung zu Adamos Erfolgstitel *Valse d'été*.

Walzer des Sommers
Musik: Adamo; Text: Alexandra

Der Morgen umarmt schon die Nacht,
die Wellen sind flüsternd erwacht
und beginnen zu tanzen auf goldenen Seen,
sich im Walzer des Sommers zu drehn.

Das Meer winkt mit schimmernder Hand
und streichelt behutsam den Sand,
weckt den Traum,
der sich hoch in das Himmelblau schwingt,
wenn der Walzer des Sommers erklingt.

Dreht euch, dreht euch,
du, mein Traum; du, meine Liebe.
Euch gehört ihr nun ganz,
dreht Euch im Hochzeitstanz.

Der Nacht haben sich auf der Welt,
die heimlich Verliebten gestellt,
doch sie lächelt und sagt sich:

nur schuld ist daran,
daß der Walzer des Sommers begann.
Und ein träumender Stern,
der in deinen Augen liegt,
leis' vom Walzer des Sommers gewiegt.

Wieder zurück in München und erneut auf der Suche nach einer geeigneten Eigentumswohnung, erfährt Alexandra, daß sie auf dem bevorstehenden Songfestival in Rio de Janeiro mit ihrem neuen Lied *Illusionen* für Deutschland ins Rennen gehen wird. Außerdem ist die Direktion der Phonogram von ihrer Zusammenarbeit mit Udo Jürgens derart beeindruckt, daß sie diesen Titel baldmöglichst auch auf Platte herausbringen will.
Alexandra ist überglücklich, und so steht sie nur wenige Tage vor ihrem Abflug nach Brasilien noch stolz im Studio und besingt mit *Illusionen* ihre dritte Single. Als B-Seite wird das Lied *Auf dem Wege nach Odessa* aufgenommen, die mittlerweile dritte Co-Produktion zwischen Hans Blum und Fred Weyrich und wieder ganz auf der Linie der Rußland-Welle.
Am letzten September-Wochenende heißt es: Europa, ade! Alexandra reist aufgeregt, aber gutgelaunt nach Rio de Janeiro, um dort am größten Musikfestival der Welt teilzunehmen, dem »Festival International da Cançao Popular«. Ursprünglich war Rex Gildo als deutscher Vertreter vorgesehen, doch er dreht zur selben Zeit einen Spielfilm und mußte absagen.

Kaum ist Alexandra mit ihrem Team gelandet, wird sie überraschend von einer riesigen Menschenmenge umringt und um Autogramme gebeten:
Ich dachte, mein Gott, hier sind so viele Festivalteilnehmer, was wollen die ganzen Leute denn ausgerechnet von mir? Schließlich hielt mir ein junger Mann ein Foto hin. Ich wunderte mich, daß in Rio schon Fotos von mir im Umlauf waren. Als ich das Foto umdrehte, ging mir ein Licht auf: Da stand der Name Narra Leone. Er sagte mir zunächst gar nichts, ich war nur maßlos verblüfft über die kolossale Ähnlichkeit. Eine Stunde später erfuhr ich, wer Narra Leone war: Brasiliens derzeit größter Film- und Gesangstar, deren Lied »A banda« um die Welt gegangen ist. Sämtliche Zeitungen der Stadt brachten am nächsten Tag Bilder von uns beiden und berichteten von der drolligen Verwechslung.
Zehn Tage bleibt Alexandra in Brasilien und lernt ein völlig anderes Leben kennen. Sie genießt diese Zeit und ist beeindruckt von der Schönheit des Landes und der Fröhlichkeit seiner Bevölkerung. Da ist für sie auch die Enttäuschung nicht allzu groß, als sie mit ihrem melancholischen Lied *Illusionen* bei dem Festival keinen der vordersten Plätze belegen kann. Allein vor mehreren zehntausend Menschen in dem riesigen »Maracanázinho-Stadion« aufzutreten, das ist für sie ein unvergeßliches und einzigartiges Erlebnis:
Nach meinem Auftritt haben wir uns die anderen angehört, die gesungen haben. Vom Land und von den Leuten habe ich leider viel zu wenig kennengelernt. Ich habe die Menschen nur als Publikum richtig erleben können, und da

waren sie einfach hinreißend. Es ist enorm, wie das Publikum mitgeht, das springt von den Sitzen und schwenkt die Fahnen, bei jeder Steigerung der Melodie spenden 30 000 Zuschauer Applaus und andere Beifallsbekundungen. Die Brasilianer sind das musikalischste Volk, das ich je erlebt habe.
Was mein Lied betrifft, so habe ich leider überhaupt keinen Erfolg damit gehabt. Ich bekam zwar viele Vorschußlorbeeren bei der brasilianischen Presse, und es gibt bestimmt genug Leute, denen das Lied gefallen hat, aber die Jury hat mein Lied nicht gewertet. Ich weiß nicht, warum. Ich spüre genau, wann ich schlecht bin und wann ich gut bin, und es gibt genug ehrliche Leute, die es mir auch hinterher sagen: Du hast hier leider Mist gemacht. Und ich weiß, daß ich es nicht besser hätte verkaufen können, als ich es getan habe. Ich steh' zu dem Lied nach wie vor, und es ist für mich eins der schönsten Lieder. Man neigt dann dazu zu sagen, wenn man selbst keinen Preis gewonnen hat, da ist manipuliert worden, das ist Schiebung oder Derartiges, aber das glaube ich nicht. Das brasilianische Publikum braucht Lieder zum Mitklatschen, zum Mittrampeln, und es ist ganz klar, wenn die Jury eine 30 000köpfige Menschenmenge hinter sich toben hört, dann beeindruckt sie das. Das war bei mir eben nicht der Fall, mein Lied ist ein ruhiges Lied, das die Brasilianer nicht von den Sitzen reißen konnte.

Noch schlechter als Alexandra schneiden in der Bewertung ihre Kollegen Françoise Hardy, Lisbeth List und Peter Horton aus den Nachbarländern Deutschlands ab. Nur dem Tschechen Karel

Gott gelingt es als einzigem Europäer, mit seinem stimmungsvollen Titel »Lady Carneval« einen Platz unter den ersten Zehn zu belegen. Sieger des Festivals und Gewinner des »Goldenen Hahns«, den zwei Jahre zuvor die deutsche Sängerin Inge Brück entgegennahm, wird der brasilianische Beitrag »Sabia«.

Trotz ihres Mißerfolgs bei diesem Festival knüpft Alexandra aufgrund ihrer unverkennbaren Begabung und Ausstrahlung unzählige Kontakte. Schallplattenproduzenten und Musikverleger aus aller Welt machen ihr lukrative Angebote, Fernsehstationen winken mit Show-Verträgen, und ein Rudel von Fotografen und Journalisten weicht ihr nicht von der Seite. So auch Hansi J. Hoffmann nicht, der diesmal neben seinem Fotoapparat auch eine Filmkamera zum Einsatz bringt. Er hat vom Saarländischen Rundfunk den Auftrag erhalten, einige Sequenzen für ein 30minütiges Alexandra-Portrait zu drehen. Die herrliche Kulisse von Rio de Janeiro am Fuß des Zuckerhuts bietet glänzende Motive für die geplante Farbsendung, die Truck Branss ab November produzieren will. Am weltberühmten Strand der Copacabana, auf der Karnevalstraße »Avenida Presidente Vargas« und hoch über der Stadt an der Christusstatue sind die vorgesehenen Drehorte.

Während ihrer Reise nimmt Hansi Hoffmann einige hundert Filmmeter auf und führt über seine Ausflüge und Erlebnisse mit Alexandra genau Tagebuch:

»An einem unserer ersten Abende lauschten wir in einem kleinen Restaurant am Rande der Sieben-Millionen-Stadt fast drei Stunden lang den berauschenden Klängen brasilianischer Musiker. Und dort lernten wir auch Carlos Jobim kennen, den wohl berühmtesten Komponisten und Gitarristen des Landes. Eine schicksalhafte Bekanntschaft, wie sich bald zeigen sollte. Um Mitternacht machten wir uns auf den Heimweg, und Alexandra hatte sich bei mir und Carlos Jobim eingehakt. Wir bummelten auf der berühmten Avenida Atlantica – links rollten lange Atlantikwellen mit weißen Kronen geruhsam auf den Strand der Copacabana zu, rechts brauste eine unendliche Blechkarawane hupender Autos an uns vorbei. Wir redeten von Freiheit, Genügsamkeit, von Musik und dem Festival. Alexandra sagte: ›Diese Stadt kann man nie vergessen. Ich wünschte mir nur, daß dieses wundervolle Land mit seiner schrecklichen Armut einen Weg findet, der allen Menschen hier lebenswerte Zufriedenheit bringt.‹«
Als sich Alexandra wenige Tage später etwas Erholung am Strand gönnt und die Sonne genießt, kommt es zu einem kleinen, ergreifenden Zwischenfall, der sie zutiefst bewegt und ihr die Armut der Brasilianer hautnah vor Augen führt:

Vier kleine Jungen schlichen sich zu mir heran, einer mit einer frischgeschälten Ananas in der Hand, die er mir anbot. Als ich dem kleinen Caballero Geld geben wollte, winkte er ab und fragte mich treuherzig, ob ich für ihn und seine drei Brüder nicht die Mami werden wollte, denn ihre

Mutter sei zu den Engeln gegangen, und seither sei Papi immer so traurig, und sie seien immer so allein.
Alexandra ist von dieser Begegnung so gerührt, aber auch betroffen, daß sie noch am selben Abend mit Carlos Jobim und Hansi Hoffmann die Hütte der vier Kinder aufsucht, um ihnen kleine Geschenke in Form von Süßigkeiten, Spielsachen und Kleidung zu machen. Hoffmann erinnert sich:
»Selten haben wir so glückliche Kinderaugen gesehen, selten aber auch so viel Armut, wie in dieser Hütte aus Kisten, Wellblech und Pappkartons. Als wir gingen, weinte Alexandra. ›Ich kenne die Probleme unseres Landes‹, erklärte Carlos Jobim. ›In meinen Liedern greife ich oft brisante Themen auf, doch das gefällt der regierenden Militärjunta nicht. Sie halten meine Songs über Freiheit, gemeinsames Leben und Handeln und Verteilung des Glücks auf alle Schultern für revolutionär – und wollten sie schon verbieten.‹«

Die Zärtlichkeit
Musik: Hubert Giraud; Text: Fred Weyrich

Leben kann man ohne Güter
und ohne Geld,
denn was nützt schon aller Reichtum
und Glanz dieser Welt,
wenn man im Herzen arm ist
und ohne Zärtlichkeit,

nein, nein, nein, nein,
das hieße Einsamkeit.

Leben kann man ohne Freunde
und ohne den Krieg,
und man braucht bei allen Kämpfen
nicht immer den Sieg,
doch ohne jede Liebe
und ohne Zärtlichkeit,
nein, nein, nein, nein,
das hieße Einsamkeit.

Wie schön ist es zu hören:
Ich liebe dich so sehr!
Und ohne diese Worte
wär' unsere Welt so leer,
so leer, so leer, so leer.

Leben kann man ohne Pläne
und ohne ein Ziel,
ohne tägliche Probleme
und ohne das Spiel,
doch ohne jede Liebe
und ohne Zärtlichkeit,
nein, nein, nein, nein,
das hieße Einsamkeit.

Solange man noch jung ist
und von dem Glück verwöhnt,
denkt man noch nicht an morgen,

was einen Tag verschönt,
verschönt, verschönt, verschönt.

Leben kann man ohne Arbeit
und ohne die Pflicht,
ohne Lachen oder Weinen,
doch eins kann man nicht:
Leben ohne jede Liebe
und ohne Zärtlichkeit,
nein, nein, nein, nein,
das hieße Einsamkeit.

Alexandra ist von Carlos Jobims Weltanschauung und seiner Lebensauffassung tief beeindruckt. Sie bewundert seinen unermüdlichen Einsatz für seine Landsleute, seine Stärke, sich der Regierung von Marschall Arturo da Costa e Silva weder zu fügen noch unterzuordnen. Er ist für sie einer der interessantesten Männer, die sie je kennengelernt hat; seine Art, sein Intellekt, sein Aussehen und seine Reife gefallen ihr. Und so ist es nur eine Frage der Zeit, bis sie sich schließlich wieder einmal verliebt.
Aber auch Jobim fühlt sich zu ihr hingezogen, und so läßt er sie für die wenigen Tage ihres Aufenthalts alles um sich herum vergessen. Deutschland, ihre zahlreichen Verpflichtungen, ihre erloschene Liebe zu ihrem Manager, all das scheint auf einmal in weite Ferne gerückt.
Gemeinsam fliegen sie in die Retorten-Hauptstadt Brasília inmitten des Urwalds, eine moderne Stadt

mit imposanten und überwältigenden Regierungsbauten aus Glas, Stahl und Beton, wo Alexandra jedoch jegliches Leben, das bunte Treiben in den Straßen und die fröhlichen Menschen vermißt. Gerade das aber gefällt ihr so an Rio:
Da habe ich ein Fußballspiel besucht, wo der Pelé mitgespielt hat. Das war der zweite Fußball meines Lebens. Den ersten habe ich einem Jugendfreund zuliebe besucht, und das war der zweite. Und der hat mich maßlos begeistert. Es war aber nicht nur das Spiel allein, sondern vor allem die jubelnden Leute, die um mich herumsaßen und feierten. Es war grandioser als ein Stierkampf in Spanien, oder als alles bisher dagewesene an Volksfesten und sportlichen Ereignissen. Es ist bei uns gar nicht möglich, so aus sich herauszugehen wie in diesen Breitengraden.
Alexandra läßt kaum eine Gelegenheit aus, um das Nachtleben der brasilianischen Metropole kennenzulernen und sich zu vergnügen. Sie bummelt durch die Geschäfte und Märkte, kauft hier und da Souvenirs und Schmuck und kehrt im Anschluß daran meist mit Carlos Jobim und einigen ihrer deutschen Begleiter in die eine oder andere Bar ein, wo sie gemeinsam bis in die frühen Morgenstunden im Rausche des portugiesischen Weins tanzen und singen.
Auf einem dieser vergnügten, abendlichen Streifzüge wird Alexandra allerdings unversehens mit der rauhen Wirklichkeit Brasiliens konfrontiert. In den vergangenen Tagen hat sie immer wieder von Terroranschlägen, Entführungen und Verhaftungen

gehört, doch nun wird sie selbst zur Augenzeugin eines politischen Racheakts. Sie beobachtet gerade eine Gruppe junger Samba-Tänzer, die auf der Straße mit Trillerpfeifen und selbstgebastelten Trommeln für die bevorstehenden Karnevalsumzüge trainieren, als es zu einem Schußwechsel kommt: *Wir standen so herum, als plötzlich ein Mann eine Pistole zog und schoß. Ich stand genau in der Schußlinie. Die Kugeln flogen an mir vorbei. Mit sechs Schüssen streckte er einen Mann nieder, einen Geheimpolizisten, wie sich später herausstellte.*
Trotz dieses erschütternden Vorfalls zählen für Alexandra diese Tage in Brasilien zu den schönsten ihres Lebens, und es braucht seine Zeit, bis die Erinnerung an Carlos Jobim in ihr verblaßt und sie vom deutschen Alltag wieder eingeholt wird.
Rio hat als Stadt auf mich den schönsten Eindruck gemacht, den eine Stadt haben kann. Es ist einfach faszinierend. Doch zehn Tage waren viel zu kurz. Zehn Tage und zehn Nächte lang habe ich vor lauter Begeisterung über meine Traumstadt kaum etwas essen und trinken können. Außerdem war ich unheimlich verknallt, ein wunder Punkt. Ach, Gott, nun ja, aus den Augen, aus dem Sinn, aber es dauert immer noch ein bißchen an, es ist noch ein Nachhall geblieben. Illusionen spielen eben für mich nicht nur beruflich eine Rolle, sondern auch in meinem Privatleben. Vielleicht klingt es etwas kindlich und romantisch, aber ich habe meine eigenen Träume und Illusionen. Zum Beispiel stelle ich es mir ganz wunderbar vor, mit einem geliebten Menschen zusammen eine Reise zu Palmen und

weißem Strand zu machen, unbeschwert in den Tag hineinzuleben und an nichts Besonderes, am allerwenigsten an die Arbeit zu denken. Man soll im Leben immer versuchen, etwas Schönes und Gutes herauszufinden. Ich glaube, man darf niemals auf einer bestimmten Welle schwimmen. Dann besteht die Gefahr, daß man in dieser Welle ertrinkt. Man muß rechtzeitig aufpassen und ans Ufer schwimmen. So ist es jedenfalls mit der Liebe – von meinem ganz persönlichen Standpunkt aus.

TRUCK BRANSS

Kurz nach ihrer Rückkehr aus Brasilien wird Alexandra nach monatelanger Suche endlich eine geeignete, nagelneue Eigentumswohnung in Münchens Nobelbezirk Nymphenburg angeboten. Die drei hellen Zimmer samt Einbauküche, Garten und einem zusätzlichen Arbeitsraum im Keller entsprechen ganz ihren Erwartungen, nur der Kaufpreis von 112 000 DM macht ihr etwas Kopfzerbrechen. Doch dieses Problem läßt sich schnell lösen. Obwohl die Direktion der Phonogram weiterhin gegen einen Umzug Alexandras nach München ist, streckt sie einen Großteil des Kaufpreises vor, den Rest finanziert Alexandra durch die Aufnahme eines Bankkredits. Sie ist froh, endlich ein neues Heim für ihren Sohn, ihre Mutter und sich gefunden zu haben. Dennoch fällt es ihr schwer, von Hamburg fortzuziehen, wo all ihre Bekannten wohnen und sie die wichtigste Zeit ihres Lebens verbracht hat.

Im Herzen bin ich nach wie vor Hamburgerin. Ich liebe das Meer, das Salzwasser, das Möwengekreisch und das ewige Schiffstuten. Doch hier in München bin ich am Ball, hier ist mein Plattenstudio, das Fernsehzentrum. Und ich brauche nach dem Streß und der Hetze der Arbeit einen Ort der Ruhe und Geborgenheit. Bars, Diskotheken und Hotels liegen mir nicht. Ich bin kein Bar-Typ. Ich mach's mir lieber zu Hause gemütlich. Manchmal tanze ich zwar stunden-

lang Monsterbeat, aber das reicht dann für eine Weile. Außerdem ist es wichtig, daß ich mich in jeder freien Minute um Sascha kümmere. Er soll sich hier wohlfühlen. Als Einzelkind hat er seine Probleme, auf die man eingehen muß. Wenn ich schon manchmal wie ein Zigeuner umherziehe, so soll er so wenig wie möglich darunter leiden.

Alexandras Glück scheint – zumindest in materieller Hinsicht – nahezu perfekt, als sie zwei Wochen nach dem Kauf der Eigentumswohnung auf Drängen ihrer Mutter auch noch einen schneeweißen Mercedes 220 SE ersteht. Wally Treitz ist der Ansicht, solch ein Auto sei für Alexandra mehr als angemessen und entspräche dem Ansehen ihrer im Lichte der Öffentlichkeit stehenden Tochter. Alexandra zögert zunächst, denn der Wagen mit all seiner Technik und den vielen Armaturen erscheint ihr ein wenig zu wuchtig, eine Nummer zu groß für sie. Aber schließlich willigt sie ein und läßt den Mercedes, dessen vierte Besitzerin sie nun ist, von Margot Höpfners Sohn Andreas überholen und aufarbeiten. Als der Wagen im darauffolgenden Frühjahr endlich fahrbereit vor ihrer Wohnung steht, sind all ihre Bedenken vergessen, und freudestrahlend erklärt sie vor Journalisten:

Ich habe mir das schönste Mercedes-Coupé gekauft, das es meiner Meinung nach gibt. Es ist über zehn Jahre alt, und es hat ein Heidengeld gekostet, es überholen zu lassen. Aber jetzt bin ich richtig stolz auf mein gediegenes Auto.

Alexandra kann es kaum fassen, daß sie mit einem Schlag finanziell unabhängig ist und sie sich nun vieles leisten kann, wovon sie früher nur träumen konnte. Gestern mußte sie noch jeden Pfennig zweimal umdrehen, und nun scheint ihre verheißungsvolle Karriere ihr auf längere Sicht ein sorgenfreies Leben zu ermöglichen.

Mit ihrer dritten Single *Illusionen* kann Alexandra abermals einen Erfolg verbuchen. Trotz ihres schlechten Abschneidens bei dem brasilianischen Schlagerfestival kommt der Titel in Deutschland gut an. Die Jugendzeitschrift »Bravo« schreibt im Spätherbst 1968 unter der Rubrik »Hitverdächtig«:

»Kenner unter sich. Alexandra schrieb *Illusionen* gemeinsam mit Udo Jürgens. Er lieferte die Musik, sie den Text. Das Ergebnis ist ein chansonhafter Song, dessen Melodie und Worte viel zu sagen haben. Ein so anspruchsvolles Lied braucht einen Interpreten mit viel Talent. Alexandra ist eine solche Sängerin. Das ist der bisher schönste Beweis ihrer Begabung. Zwei Könner waren am Werk. Bitte bald mehr von Alexandra und Udo Jürgens.«

Hans R. Beierleins Rechnung ist also aufgegangen, seine Demonstration gelungen. Alexandras erfolgreiche Zusammenarbeit mit Udo Jürgens hat allen Zweiflern bewiesen, daß in der jungen Sängerin ein außerordentliches und vielversprechendes künstlerisches Potential steckt, wie es in der deutschen Schlagerbranche nur selten vorkommt. Sie ist etwas Besonderes inmitten der eher einfältigen Musiklandschaft mit ihren vielen, mehr oder weniger bekannten Schlagerstars.

Daß Alexandra etwas Besonderes ist, zeigt sich auch daran, daß Truck Branss bereits im Spätsommer vor Journalisten bekanntgibt, er drehe ein halbstündiges Portrait über die junge Sängerin. Er hat mehr als zwei Jahre warten müssen, bis er in Alexandra erneut eine Künstlerin findet, mit der er seine beliebte Portrait-Reihe fortsetzen kann:
»Es waren für mich keine geeigneten Leute mehr da. Doch nun habe ich die Freude, mit einer faszinierenden Künstlerin zu arbeiten. Es ist in Deutschland eine Seltenheit, daß ein Mädchen erstens in puncto Begabung aus dem Rahmen fällt und zweitens Deutsche ist. Bei Alexandra trifft beides zu. Man kann ihr schon jetzt eine ganz große Karriere voraussagen.«
Vorher hatte Truck Branss international bekannte Künstler wie Françoise Hardy, Jean Claude Pascal und Lale Andersen porträtiert, doch nun möchte er erstmals in Farbe drehen und einen neuen Stil ausprobieren. Er versteht darunter, »daß man mehr auf die Persönlichkeit der Interpreten eingeht. Man muß sich als Regisseur überwinden und Spielereien technischer Natur, die man um jemanden herumbaut, völlig vergessen. Früher dominierten Mätzchen und Tricks, heute zählt die Persönlichkeit«.
Mit dieser Absicht fährt Truck Branss zusammen mit Alexandra und seinem Kamerateam Ende November für einige Tage nach Südfrankreich, wo er vor allem an den Stränden um Nizza mehrere Filmclips zu Alexandras Liedern dreht. Doch ihre Zusammen-

arbeit wird zu Beginn der Aufnahmen von einigen Meinungsverschiedenheiten überschattet.
Truck Branss ist bekannt als ein autoritärer, ja fast schon cholerischer Regisseur, dem man gewachsen sein muß, um nach einem heftigen Wortgefecht nicht verzweifelt davonzurennen. Betrachtet man die Künstler, die er bisher porträtiert hatte, so fällt sofort auf, daß es immer Interpreten mit ausgeprägter Persönlichkeit und Charakterstärke waren. Hildegard Knef zum Beispiel wußte bei den Dreharbeiten immer, was sie wollte, und konnte somit Truck Branss stets Paroli bieten.
Aber auch Alexandra weiß sich zu behaupten. Sie ist zwar jung und steht noch am Anfang einer großen Karriere, doch sie gilt schon jetzt als unbequem und manchmal auch als kompromißlos, was die Arbeit mit ihr enorm erschwert. Truck Branss erinnert sich: »Sie war schwierig wie alle großen Leute, die etwas können und die von sich wissen, daß sie was können. Und Alexandra wußte es mit Sicherheit. Sie mußte nur viele, viele Hürden überspringen, bis sie mal da angekommen war, wo sie dann schließlich auch hinkam.«
Entweder versucht Alexandra mit ihrem Dickkopf ihre Vorstellungen durchzusetzen, oder sie ist unpünktlich, was Truck Branss als eingefleischter Preuße absolut nicht ausstehen kann. Aber er weiß sich zu helfen und erteilt Alexandra eine Lektion, die sie so bald nicht vergessen wird.
Als Alexandra bei einer Einstellung in Nizza vor

einer schmutzigen Pfütze sitzen und zu dem Lied *Ja lublú tebjá* mit einem kleinen Zweig träumend darin herumspielen soll, sich aber weigert, diesen Unsinn mitzumachen, läßt Truck Branss in Windeseile alles zusammenpacken und verschwindet mit seinem Team. Alexandra glaubt nicht, daß er das wirklich wagen würde, doch auf einmal sitzt sie ganz allein da und kehrt eingeschnappt ins Hotel zurück. Am selben Abend ist das ganze Filmteam zum Hummer-Essen verabredet, doch wer zu spät kommt, ist wieder einmal Alexandra. Kurz entschlossen geht man ohne sie in eines der zahlreichen Hafen-Restaurants. Da Alexandra niemanden mehr in der Hotelhalle vorfindet, irrt sie stundenlang in Nizza umher und klappert ein Restaurant nach dem anderen ab. Erst im letzten stößt sie auf die fröhliche Runde ihrer Kollegen, die wohlgesättigt gerade ihren Heimweg antreten wollen. Das ist Alexandra nun doch zu viel, und sie entschuldigt sich bei allen für ihr Benehmen. Truck Branss schmunzelt noch heute über diese Geschichte:

»Seit diesem Tag kam sie nie wieder unpünktlich und folgte stets meinen Anweisungen, wenn auch des öfteren mit Widerwillen. Sie hatte eine ungeheure Disziplin. Und sie war intelligent kritisch. Sie tat mit Recht nichts, was sie nicht begriffen hatte. Und in dem Augenblick, in dem sie vors Mikrofon oder die Kamera trat, waren all ihre Launen vergessen, und sie war ein konzentriertes Bündel an Kraft und Energie.«

Von nun an klappt die Zusammenarbeit zwischen Truck Branss und Alexandra reibungslos und ohne weitere Zwischenfälle. Obwohl bekannt ist, daß Regisseure wie Branss keine andere Meinung dulden und Alexandra von vielen Seiten gewarnt worden ist, sich mit ihm anzulegen, unterbreitet sie ihm des öfteren selbstbewußt ihre Vorschläge und Ideen, die er mit ihr wider Erwarten in aller Ruhe bespricht und nicht selten in sein Regiekonzept einfließen läßt. Ihre Art fasziniert ihn, obwohl man bei Alexandra nie genau voraussagen kann, wie sie im nächsten Augenblick reagieren wird. So weiß er zu berichten:

»Sie war unberechenbar. Sie war melancholisch, konnte aber im nächsten Moment in eine Heiterkeit ausbrechen, die jeden von uns mitriß. Wenn sie keinen Erfolg hatte, traf sie das ganz tief, sie weinte bitterlich und war wahnsinnig bedrückt. Wenn sie jedoch Erfolg hatte, war sie von einer Euphorie, die uns alle umhaute. Sie klatschte dann jedem auf die Schulter. Sie lachte so spontan, daß alle mitlachen mußten. Sie riß in allem, was sie tat, jeden mit, sei es in Traurigkeit oder in Fröhlichkeit. Sie konnte in einem Moment herzhaft lachen und im nächsten weinend zusammenbrechen. Sie war himmelhoch jauchzend – zu Tode betrübt.«

In einem vierstündigen Interview, in dem Alexandra Truck Branss freimütig über ihr bisheriges Leben, ihre Karriere und ihre Gefühle erzählt und das teilweise in ihr Fernsehportrait eingeflochten wird,

verrät sie selbst ihre charakterlichen Stärken und Schwächen:
Ich glaube, ich bin leider, ich weiß nicht warum, sehr wechselhaft. Ich kann sehr traurig sein und im nächsten Moment sehr lustig. Das ist wahrscheinlich ein Fehler. Ansonsten bin ich, was meine Charaktereigenschaften angeht, sehr zärtlich und zärtlichkeitsbedürftig, aber auch launisch, mitunter jähzornig, komplexbeladen, verantwortungsbewußt, mutig und ehrlich. Es stimmt auch, daß ich schwierig bin und will es gar nicht sein. Aber der eine ist so, und ich bin so. Ich lasse mich nicht verheizen, weder im Beruf noch privat. Zumindest sage ich nicht mehr zu allem brav ja, wie noch vor einem Jahr. Ich lasse mich gern kritisieren, aber ich bin auch selbst sehr kritisch.
In diesem Marathon-Interview muß Alexandra des öfteren ihre Antworten wiederholen, die von Truck Branss und Fred Weyrich korrigiert bzw. umformuliert, oder sogar Texte nachsprechen, die ihr von beiden vorgegeben werden. Übermüdet und nervös raucht sie eine Zigarette nach der anderen und versucht sich zu konzentrieren. Den Tränen nahe, bittet sie immer häufiger um eine kurze Unterbrechung. Doch Pausen gewährt Truck Branss nur wenige, statt dessen aber Schnaps, Bier und Wein.

Anfang Dezember werden die Filmaufnahmen zu Alexandras »Porträt in Musik« in Saarbrücken fortgesetzt. Truck Branss, der für die Verwirklichung seiner Regieideen unbedingt auch im dortigen Stadttheater filmen will, muß mit seinem Team tagelang im Anschluß an die Abendvorstellung bis in die frühen Morgenstunden hinein drehen, was nicht nur Alexandra arg mitnimmt.

Ich arbeite buchstäblich wie ein Pferd. Da waren die Aufnahmen in Nizza – das klingt so schön, war aber überaus anstrengend. Wenig Schlaf und ständiges Zähneklappern. Zu Hause wartet auch schon ein Berg Arbeit auf mich: Autogramme, Steuern ... Ja, auch darum muß ich mich kümmern. Ich habe zwar einen Steuerberater, aber von Reise zu Reise muß ich die Abrechnungen zusammensuchen. Ich habe zwar jetzt ein Auto, aber ich komme nicht einmal dazu, meinen Vater in Kiel zu besuchen. Am Dienstag jage ich zu Aufnahmen nach Saarbrücken, Köln und München, von denen ich erst kurz vor Weihnachten zurückkomme.

An den drehfreien Tagen hetzt Alexandra von einem Termin zum anderen. Ihre Verpflichtungen häufen sich, als Mitte Dezember bekannt wird, daß sie in der alljährlichen Umfrage der maßgeblichen Musikjournalisten nach Hildegard Knef zur besten Sängerin Deutschlands gewählt worden ist und zudem im kommenden Februar mit der ersten »Goldenen Europa 1968«, dem Preis der »Europawelle Saar«, ausgezeichnet werden soll.

Jetzt reißen sich sogar Showgrößen wie Vico Torriani und Peter Frankenfeld um Alexandra und stellen sie in den Mittelpunkt ihrer beliebten Sendungen »Hotel Victoria« und »Vergißmeinnicht«. Vergessen ihre bisherige Ablehnung, Fred Weyrichs Entdeckung, ein noch weitgehend unbekanntes »Schlagersternchen«, bei sich auftreten zu lassen. Doch Alexandra beginnt nun immer mehr die Verlogenheit innerhalb der Branche und unter den Kollegen zu durchschauen. Sie haßt das rücksichtslose und borniertes Konkurrenzdenken hinter den Kulissen, dem auf der Bühne heuchlerische Küßchen und Umarmungen folgen. Wirkliches Vertrauen glaubt sie, nur noch in ihrer Familie und bei wenigen Freunden zu finden. Ihre Schwester Melitta erinnert sich: »Doris war so arglos und sauber, daß sie noch als junge Frau die Niedertracht der Menschen nicht erkennen und begreifen konnte. Für sie waren alle Leute erst einmal anständig. Sie war sehr naiv. Doch dann erlebte sie den falschen Schein und die Verlogenheit und daß man den Kollegen hinterrücks eigentlich in die Hölle wünscht, und das machte ihr zunehmend zu schaffen. Sie war ein großes Kind, das zum einen die Schlechtigkeit der Welt nicht begriffen hat und zweitens nicht begriff, daß sich etwas verändert hatte: Ihr Privatleben war der Öffentlichkeit preisgegeben. Sie mußte erst begreifen, daß ein anderes Leben für sie begonnen hatte. Immer häufiger hörte ich sie sagen: ›Ich habe die Schnauze voll, ich will mit den Leuten nichts mehr zu tun haben.‹ Kurz vor ihrem Tod spürte ich den Entschluß in ihr reifen, auszusteigen. Ihre Illusionen waren zerstört. Sie war im Begriff, erwachsen zu werden.«

Parallel zu Truck Branss' Dreharbeiten beschließt die Phonogram, unter dem Titel »Sehnsucht – ein Porträt in Musik« Alexandras dritte Langspielplatte herauszubringen, eines der aufwendigsten Klappalben der letzten Jahre. Alexandra hatte sich über das langweilige Cover ihrer zweiten LP derartig aufgeregt, daß die Plattenfirma jetzt bemüht ist, all ihren Vorstellungen und Wünschen zu entsprechen, und ihr Management gibt ihr telegrafisch recht:
»Es hat sich also gelohnt, wegen des schlechten Covers Deiner letzten LP auf die Barrikaden zu gehen. Das neue ist erste Klasse. Hans«
In Anlehnung an das Fernseh-Special beinhaltet das neue Album die drei Single-Erfolge *Sehnsucht*, *Illusionen* und die französische Fassung vom *Zigeunerjungen*, aber überraschenderweise auch sechs Titel aus der erfolglosen, zweiten LP, ein Zeichen dafür, daß die im Sommer erschienene Platte wohl doch dem qualitativen Anspruch entspricht und die schlechten Verkaufszahlen vor allem auf die mangelnde Werbung zurückzuführen sind. Neu hinzu kommen auf Alexandras dritter Langspielplatte lediglich die kurz zuvor produzierten Lieder *Schwarze Balalaika* und *Those were the days* – letzteres ein Hit, der im Jahr zuvor um die Welt gegangen war.

» Those were the days« ist ein Titel, der lag mir am Herzen. Den hab ich zum ersten Mal gehört und war hin und weg und hab gesagt, den mußt du singen. Inzwischen sind noch mehr auf die Idee gekommen außer mir, aber das macht mir nichts aus, ich hab ihn trotzdem gesungen. Auf diesen Titel

bin ich buchstäblich geflogen, weil die Melodie eine alte russische Zigeunerromanze ist.
Gleichzeitig mit der Veröffentlichung der neuen Langspielplatte, die rechtzeitig zum Weihnachtsgeschäft auf den Markt kommt, erscheint auch Alexandras vierte Single *Schwarze Balalaika* mit der B-Seite *Walzer des Sommers*.
Neben ihren sonstigen, zahlreichen Auftrittsverpflichtungen geht Alexandra nun auch noch auf Promotion-Tour. Das bedeutet, zusätzlich Autogrammstunden abzuhalten, Rundfunkanstalten abzuklappern und Interviews zu geben. Ihr guter Bekannter, Jürgen Haese von der »Deutschen Wochenschau«, widmet ihr einen längeren Bericht, in dem sie auch *Grau zieht der Nebel* von Adamo vorträgt, eines ihrer Lieblingslieder. Sie geht singend eine einsame, nasse Straße entlang und verliert sich in dem tristen Häusermeer des neu errichteten Märkischen Viertels in Berlin.

Grau zieht der Nebel
Musik: Adamo; Text: E. Bader/Alexandra

Grau zieht der Nebel
durch die menschenleere Stadt,
mein Herz ist einsam,
weil es dich verloren hat.
Das Licht der Laternen
scheint fahl durch die Bäume,

und grau wie der Nebel
sind all meine Träume;
und so wird für mich die Zeit
zu einer Ewigkeit;
ich warte vergebens
so viele Stunden des Lebens.

Grau zieht der Nebel
durch die menschenleere Stadt,
mein Herz ist einsam,
weil es dich verloren hat.
Könnt' ich dich doch fragen,
was ist nur geschehen,
dann werd' ich dir sagen,
ich kann dich verstehen.
Und so wird für mich die Zeit
zu einer Ewigkeit;
ich warte vergebens
so viele Stunden des Lebens;
laß neu uns beginnen,
wenn die Nebel zerrinnen.

ZUSAMMENBRUCH

Am Ende des Jahres fühlt Alexandra sich müde und ausgebrannt. Die zahlreichen Termine verlangen von ihr das Äußerste an Kraft und Konzentration, und es ist für die kommenden Monate keine Änderung in Sicht, nicht die kleinste Erholungspause. Im Gegenteil, ihr Kalender ist restlos überfüllt.

Diese ständige Anspannung schlägt sich auf ihren Körper nieder. Sie wird immer nervöser und nimmt zusehends ab. Hinzu kommt eine verschleppte Erkältung, die sie aufgrund der vielen Verpflichtungen nicht auskurieren kann und daher wochenlang mit Tabletten zu unterdrücken versucht.

Am meisten aber leidet sie unter der Trennung von ihrem Sohn, den sie in den letzten Monaten immer nur zwischen Tür und Angel gesehen hat und der sich im Laufe der Zeit mehr und mehr von ihr zurückzieht.

Von einer tiefen Melancholie und Niedergeschlagenheit erfaßt, sehnt sich Alexandra zurück nach der Ruhe und Geborgenheit, wie sie sie Jahre zuvor in ihrer Beziehung zu Nikolai gefunden hatte. Und so schreibt sie ihm am Neujahrstag in einem neunseitigen Brief, erfüllt von Wehmut und Einsamkeit:

Wenn ich Silvester nicht mit dem Mann verbringen kann, den ich liebe, so feiere ich diesen Tag mit gar keinem Mann, sondern bleibe zu Hause bei Sascha und denke

über mich, über meine Fehler, über das vergangene Jahr, über vergangene, schöne Stunden und über die Zukunft nach. [...]
Nicky, ich muß Dir noch schreiben, daß Sascha eine Schönheit ist. Er wird jeden Tag schöner. Man soll ja von seinem eigenen Kind nicht so schreiben, aber es bleibt ja unter uns. Außerdem hat er einen Charme, den man an so kleinen Kindern nur selten bemerken kann, er hat ein liebenswürdiges, verträgliches und, man kann direkt sagen, »vornehmes« Wesen und natürlich eine hohe Intelligenz. Ich sage Dir, Nicky, Sascha ist ein Prachtkind, in jeder Hinsicht, und wir können sehr, sehr stolz auf ihn sein. Das niedlichste an ihm ist seine Zärtlichkeit. Wie ein Kätzchen reibt er seinen Kopf an unseren Beinen, oder er umarmt uns ganz fest und läßt sich mit wahrer Wonne küssen und drücken. Er ist irgendwo in seiner kleinen Seele sehr sensibel und liebesbedürftig, und das muß ich sagen, niemand würde ihn besser aufziehen als meine Mutter. Ich weiß ja, daß Du meine Mutter nicht magst, aber das müßtest Du sehen, wie sie sich für den Kleinen geradezu aufopfert. [...]
Zu Weihnachten gab es in Hamburg sehr viel Schnee, und ich war mit Sascha im Wald. Alles war verschneit und weiß, und ich ging die alten Wege durch das Niendorfer Gehege, die wir damals zusammen gingen. Ich dachte so intensiv an Dich, daß ich glaubte, Du würdest mir jeden Moment entgegenkommen. Ich war ganz allein mit Sascha, es war eisig kalt, und ich traf nur wenig Leute auf dem Weg, aber Du warst dennoch bei mir. [...]

Sag, daß Du uns nicht vergessen hast, daß wir uns nicht vergessen haben und wohl auch nicht vergessen werden!

Nur wenige Tage nach diesem Brief an Nikolai werden Alexandra und ihre Familie von einem schweren Schicksalsschlag getroffen, der die junge Sängerin endgültig aus der Bahn zu werfen droht.
Am 5. Januar macht sie sich zusammen mit ihrer Mutter auf den Weg nach Kiel, um dort nach längerer Zeit einmal wieder ihren Vater mit einem Besuch zu überraschen. Als sie beide vor seiner Wohnungstür stehen und er auf ihr Klingeln nicht antwortet, weiß Wally sofort, daß etwas nicht stimmt. Ein eisiger Windzug kommt ihnen aus der Wohnung entgegen, als sie die Tür aufschließen. Zusammengekauert, mit mehreren Pullovern und mit seinem Wintermantel bekleidet, liegt Alexandras Vater auf dem Bett. Er ist tot. Vor ihm hockt weinend Melittas dreijähriger Sohn, der seit einigen Monaten schon bei ihm wohnt, damit seine älteste, unverheiratete Tochter in Hamburg neben einem ihrer zahlreichen Jobs unbesorgt die Abendschule besuchen kann. Sie möchte das Abitur nachholen, damit das ständige Ringen um ihre Existenz ein Ende hat. Aus einer Karte, die der Vater kurz vor seinem Tod geschrieben hat, geht hervor, daß er an einer schweren Grippe erkrankt war und daher Melitta bat, ihren Sohn abzuholen. Doch er wartete vergebens. Völlig entkräftet schaffte er es nicht einmal mehr,

den Ofen zu heizen, und so zog er sich Pullover und Mantel über und legte sich schlafen. Als er starb, versuchte der kleine Roman ihn zu wärmen und zündelte hilflos mit Streichhölzern. Niemand im Haus bemerkte seine verzweifelten Rufe, nicht einmal den Brandgeruch. So finden ihn Wally und Alexandra Tage später hungrig und frierend vor dem versengten Bett seines 69jährigen Großvaters.

Dieser Todesfall ist nicht nur für Wally ein großer Schock, sondern auch für Alexandra, die ohnehin schon körperlich und seelisch angegriffen ist. Sie macht sich schwere Vorwürfe, daß sie ihren Vater nicht häufiger besucht hat und ihn an ihrem Leben teilhaben ließ. Wenige Wochen zuvor hatten sie und ihre Schwestern versucht, den Vater mit der Mutter wieder zusammenzubringen. Ihr Bemühen schien auch nicht umsonst zu sein, denn die geschiedenen Eltern kamen sich wieder näher, und sie sprachen sogar davon, eventuell wieder zusammenzuziehen.

Ohne den Verlust des Vaters und die Begleitumstände seines Todes begreifen zu können, muß Alexandra trotz ihrer Trauer ihren Verpflichtungen und Auftrittsterminen nachkommen und erfährt jetzt, was das heißt: »The show must go on!« Strahlend steht sie jeden Abend auf der Bühne, obwohl ihr zum Weinen ist, was aber in der Showbranche niemanden interessiert. Sie fühlt sich einsamer denn je.

Sie muß nach Frankreich fliegen, um in Paris ihre neueste Single *La taiga*, die französische Fassung ihres verhaßten Hits *Sehnsucht*, zu produzieren. Sie ist keineswegs begeistert über diese Aufnahme, und so einigt man sich darauf, daß sie auf der B-Seite das Lied *La faute du monde entier* aufnimmt, ihre erste veröffentlichte Eigenkomposition, die bereits in Deutschland unter dem Titel *Die anderen waren schuld* auf ihrem Debüt-Album erschienen war. Sie selbst hat den französischen Text zu diesem Chanson geschrieben, was wieder einmal ein Zeichen für ihre Vielseitigkeit und ihr Sprachtalent ist.

Doch von ihrem *Sehnsucht*-Erfolg will Alexandra auch in Frankreich nichts wissen. Für sie ist diese Single geradezu peinlich. In einem Interview verwirft sie daher auch energisch den oft nichtssagenden Gehalt deutscher Schlagertexte und bekundet erneut ihre Liebe zum französischen Chanson, bei dem es in erster Linie auf den Inhalt ankommt:

In Frankreich ist jetzt – wie bei uns – die Rußlandwelle sehr hoch im Kurs. Deshalb sollte bei einer meiner nächsten Langspielplatten auch eine Seite echt russisch sein, mit echt russischem Text und mit echt russischen Volksliedern. Das würde ich dann wieder gut finden. Keine Pseudo-Taiga mehr!

Wenn man aus Deutschland kommt, dann ist es im Ausland nicht so angenehm. Also, ich würde im Showbusiness lieber sagen, ich komme aus Honolulu als aus Deutschland. Die Leute lächeln. Das deutsche Schlagerge-

schäft hat besonders in Frankreich keinen guten Namen. Das liegt wahrscheinlich weniger an der Musik als an den deutschen Texten, denn es gibt genug Franzosen, die ganz gut deutsch sprechen, die Texte lassen sich eben nicht in Frankreich verkaufen. Für mich ist das französische Volk ein intellektuell betonteres Volk als das deutsche. Das deutsche Volk ist für Gemütlichkeit, für Liebe, für Mutter, für Sehnsucht, alles wunderschöne Sachen, aber die haben sich alle sehr schnell abgetingelt, dann muß was anderes kommen.

Wie recht Alexandra mit dieser Äußerung hat, zeigt sich an der einsetzenden Rückwärtsentwicklung ihrer Plattenverkäufe. Trotz ihrer Auszeichnungen und des einhelligen Kritikerlobs sind ihre Singles mit Ausnahme von *Sehnsucht* keineswegs Kassenerfolge. Mit Besorgnis verfolgt Alexandras Management daher auch die alarmierenden Verkaufszahlen ihrer neuesten Single *Schwarze Balalaika*.

Um einem eventuellen Abflauen ihrer Karriere entgegenzuwirken und Alexandra auch im Ausland weiter bekanntzumachen, vereinbart Hans R. Beierlein mit der Phonogram-Direktion, daß sie nach ihrer Rückkehr aus Frankreich bei einem Treffen mit allen maßgebenden »Philips«-Produzenten aus Europa und Übersee eine Auswahl ihrer Lieder vorstellen soll.

Diese Zusammenkunft ist für Hans R. Beierlein von großem Interesse, denn er vertritt als erfolgreicher Manager und Verleger die These, daß es am besten sei, einen Sänger vom Ausland her aufzubauen:

»Weil jemand, der im Ausland Erfolg hat und dann nach Deutschland zurückkehrt, bei uns hier gefeiert wird, als ob er der Größte ist. Die Schwierigkeit in Deutschland war, daß Alexandra, aber auch schon vorher Udo Jürgens, zu anspruchsvolle Lieder brachten, die nicht kommerziell genug waren. So versuchte ich, Alexandra von außen aufzubauen. Bei diesem Meeting sollte besprochen werden, daß in Ländern, in denen die »Philips«-Niederlassungen nichts von Alexandra halten, sich nicht für sie engagieren, »Montana« entsprechende andere Firmen vorschlägt, die sich bereit erklären, Alexandras Aufnahmen zu veröffentlichen und dafür etwas zu tun. Gewöhnlich geht ein Sänger zu einer Firma, und die macht auf der ganzen Welt alles für ihn, oder nichts, was die Regel ist. Ich habe aber gesagt, sie soll so wie Udo in jedem Land den aktivsten Partner haben. Ich habe immer gute Mittelfirmen ausgesucht, nie die ganz großen, die satt waren und nicht mehr experimentierfreudig. Wir haben uns hungrige, mittlere Firmen ausgesucht, die aktiv waren und bereit, ein Risiko einzugehen.«

Doch zu diesem wichtigen Treffen kommt es leider nicht. Es muß aufgrund des schlechten Gesundheitszustandes Alexandras kurzfristig abgesagt werden. Dennoch gelingt es Hans R. Beierlein und Fred Weyrich, die Plattenfirmen verschiedener Länder für Alexandra und ihre Musik zu interessieren. Man knüpft Kontakte innerhalb Europas, aber auch mit

Japan, den USA und sogar mit Vertretern Südafrikas, und schon wenige Monate später liegt ein umfassendes Programm für Produktionen und Auftritte im Ausland vor, das nur noch unterzeichnet werden muß.

Etwa zeitgleich, Ende 1968, beginnen auch Hans R. Beierleins Bemühungen, Alexandra für Deutschland am »Grand Prix de la Chanson« teilnehmen zu lassen. Sie ist anfangs von dieser Idee überhaupt nicht angetan. Doch Hans R. Beierlein macht ihr klar, daß ein Auftritt vor 600 Millionen Menschen, von Südamerika bis Japan, die Arbeit eines ganzen Jahres ersparen würde. »Man kann dich nicht genügend herumscheuchen, um dich so populär zu machen, wie du es an einem Abend Grand Prix wirst. Ein Gewinn bei diesem Festival ist ein Türöffner von beträchtlicher Brisanz. Wo es bisher noch Schwierigkeiten gegeben hat, fliegen jetzt die Türen auf.«

Hans R. Beierlein erklärt ihr auch, daß ein Auftritt mit Gitarre einen ähnlichen Erfolg hätte, wie der von Udo Jürgens, der sich 1966 als erster Interpret beim Grand Prix selbst an einem Konzertflügel begleitete und schließlich mit dem Titel »Merci Chérie« für Österreich den ersten Platz belegte. Hans R. Beierlein hatte dreimal versucht, Udo Jürgens für Deutschland starten zu lassen, doch die »Beamten der ARD«, wie er sagt, lehnten immer wieder ab.

Auch um Alexandras Meldung zu diesem Festival im März 1969 gibt es heftige Kontroversen. Hans Otto Grünefeld, jahrelanger Unterhaltungschef des Hessischen Rundfunks, führt mit Hans R. Beierlein und Vertretern der Phonogram hartnäckige Diskussionen. Es gibt zwei Parteien. Die einen sagen »wunderbar«, die anderen fragen sich, was passieren würde, wenn Alexandra nicht zu den Gewinnern zählt. Alle Bemühungen wären dann umsonst gewesen, und das Publikum ließe sie fallen. Dieses Risiko scheint ihnen zu groß, daher stimmen sie gegen einen solchen Auftritt.

Der nun entbrannte Meinungsstreit erstreckt sich über mehrere Wochen, doch am Ende steht einer Teilnahme Alexandras am kommenden Grand Prix in Madrid nichts mehr im Wege. Eilig macht man sich auf die Suche nach einem geeigneten Titel, doch bevor die Vorbereitungen in die letzte Runde gehen und eine Jury endgültig über Festival-Beitrag und Interpreten eine Entscheidung fällt, erkrankt Alexandra, und Siw Malmquist vertritt Deutschland mit dem Lied »Primaballerina«, einem Schlager, den Hans Blum ganz im Zeichen der internationalen Rußland-Welle komponiert und getextet hat.

Alexandras Gesundheitszustand verschlechtert sich im Januar zusehends, und es gibt allen Grund zur Besorgnis. Im Laufe der vergangenen Wochen und Monate hat sie stark abgenommen und fast all ihre körperlichen Reserven an Kraft und Energie aufgebraucht. Ihre verschleppte Erkältung entwickelt sich langsam zu einer folgenschweren Bronchitis. Doch noch hält sie es für einen ganz normalen grippalen Infekt. Auf der Bühne kämpft sie eisern gegen Schüttelfrost und Fieber an, ohne daß es die Zuschauer und die meisten ihrer Kollegen merken. Zu diesem körperlichen Tief kommen die schmerzlichen Gedanken an den Tod ihres Vaters hinzu. Aber auch erste Zweifel an ihrer Karriere und ihrer beruflichen Zukunft werden in ihr wach und bedrücken sie. Doch davon erzählt sie vorläufig noch niemandem, auch ihrem Freund und Produzenten Fred Weyrich nicht, der bei einer Fernsehaufzeichnung Ende Januar mit Bestürzung ihr fahles, spitzes Gesicht wahrnimmt, das all sein Strahlen und seine Fröhlichkeit verloren zu haben scheint: »Ihr Zustand war so bedenklich, daß Freunde schon damit rechneten, sie könnte sich etwas antun. Sie war seelisch völlig am Ende. Da man nie genau wußte, woran man bei ihr war, stellte sich schon so mancher die Frage: ›Wann begeht sie Selbstmord? In einer Stunde oder erst in drei Wochen?‹«

Ohne eine Möglichkeit, sich erholen zu können und Ruhe zu finden, eilt Alexandra wie gewohnt von einem Termin zum anderen. Die alarmierenden Anzeichen eines bevorstehenden Zusammenbruchs verdrängt sie vor jedem Auftritt.

Als sie am 1. Februar anläßlich des »Deutschen Filmballs« in Mainz neben Rex Gildo, Roy Black und Vicky Leandros die erste »Goldene Europa als förderungswürdigste Nachwuchsinterpretin 1968« entgegennimmt, gelingt es ihr kaum noch, vor den zweitausend Gästen und zahlreichen Fotografen über ihre Krankheit hinwegzutäuschen. Sie hat sich so sehr auf diesen Abend und die Auszeichnung gefreut und versucht nun tapfer durchzuhalten. Doch als sie zum Mikrofon greifen soll, um ihren neuen Hit *Schwarze Balalaika* zu präsentieren, beginnt sie plötzlich nach Luft zu ringen und bricht zusammen. Der herbeigerufene Arzt diagnostiziert eine schwere Bronchitis und verbietet ihr für die nächsten Wochen alle weiteren Auftritte. Es besteht die Gefahr, daß sie ihre Stimme verliert.

Das war eine böse Sache, die mir recht zu schaffen gemacht hat. Ich konnte den Strapazen des Schaugeschäfts einfach nicht mehr standhalten und hatte schon dreißig Pfund abgenommen. Meine Bronchien waren schwer angegriffen. Das liegt in unserer Familie, ich bin erblich vorbelastet. Mein Vater hatte schon immer mit den Bronchien zu tun, mein Großvater mit seiner Lunge. Ich wurde von klein auf vor Zugluft gewarnt und behütet. Aber wie kann man das in meinem Beruf.

Wenig später trifft Alexandra völlig erschöpft im schweizerischen Kurort Davos ein, um sich dort von anerkannten Fachärzten behandeln zu lassen. All ihre Termine werden kurzfristig abgesagt, darunter das Produzenten-Treffen, die ARD-Vorentscheidung zum Grand Prix und vor allem ihr wichtiger Besuch bei dem internationalen Schlagertreffen des »MIDEM 1969« in Cannes. In einem Mammutprogramm treten bei dieser jährlichen Veranstaltung die erfolgreichsten Interpreten aus aller Welt auf und werden mit der MIDEM-Trophäe ausgezeich-

net, dem Preis des »Marché International du Disque et de l'Edition Musicale« für den besten Umsatz auf dem weltweiten Schallplattenmarkt. Hans R. Beierlein sieht in diesem einzigartigen Schlagerereignis eine gute Möglichkeit, um Alexandra mit allen wichtigen Persönlichkeiten der internationalen Showszene bekanntzumachen, aber auch, um für ihre Karriere neue Kontakte fürs In- und Ausland zu knüpfen. Doch dazu kommt es nun leider nicht, was er ihr gegenüber in einem Brief bedauert:
»Liebe Alexandra, es tut mir leid, daß Du nicht nach Cannes kommen konntest. Es war alles so schön vorbereitet. Die Publicity wäre auf Hochtouren gelaufen. Nun, das ist Vergangenheit. Wichtig ist jetzt, daß Du Deine permanenten Bronchialgeschichten wirklich einmal auskurierst. Einmal muß es sein, und je früher, um so besser. Im März wirst Du ein umfassendes Geldverdienstprogramm vorfinden, damit Du den Februar verschmerzen kannst. Was Dein Haus in München anlangt, so wird wahrscheinlich Deine Mutter inzwischen den großen Umzug in die Wege geleitet haben, so daß Du, sobald Du Davos glücklich überstanden hast, direkt nach München ziehen kannst. Das wird eine gute Gelegenheit sein, damit wir uns dann endlich beinahe täglich die Meinung sagen können.«
Als es Alexandra nach zwei Wochen wieder besser geht, läßt sie ihren fünfjährigen Sohn zu sich in die Schweiz nachkommen, um mit ihm noch ein paar unbeschwerte Wintertage zu verleben. Ihre Lebens-

freude und ihre Energie kehren allmählich zurück, und am Telefon schwärmt sie Fred Weyrich von den vielen neuen Themen vor, die sie aufgegriffen hat und nun in Liedtexte fassen will. Vergessen sind ihr Schmerz und ihr Ärger darüber, daß ihr neuester Text, *Das Feuer der Zigeuner,* den sie auf Wunsch Adamos geschrieben hat, abgelehnt worden ist. Hatte man ihr noch im vergangenen Herbst das Original mit Rohübersetzung und Klavierauszug zur Bearbeitung zugeschickt, so übergeht man sie jetzt einfach, und Hans R. Beierlein muß ihr mitteilen:

»So leid es mir tut, ich muß es bereits heute tun. Adamo hat inzwischen sein Zigeunerlied aufgenommen mit dem Text von Walter Brandin. Der grundlegende Fehler lag bei Dir darin, daß Du glaubtest, ein Sänger, und sei er noch dazu Autor, bestimme, wer seine Lieder in fremden Sprachen textet, das machen noch immer die Verleger. Wenn Du daraus die gescheite Konsequenz ziehst, wird es in Zukunft derartige Probleme nicht mehr geben. Daß dies alles mit Deiner Textkunst nichts zu tun hat, darf ich voraussetzen, denn schließlich war ich es, der Dich recht eindringlich gebeten hat, zu texten und dies nicht nur für Deine eigenen Werke, sondern auch für Werke großer, weltbekannter Kollegen, siehe *Valse d'été* und Dein neues Lied für Udo, von *Illusionen* gar nicht zu sprechen. Ich weiß, Du verstehst das. Neue Werke warten auf Dich. Bitte melde Dich mal und erhole Dich gut und gründlich, und vertraue darauf, daß es jemanden gibt, der alles tut, damit Du Dich wohlfühlst.«

Das Feuer der Zigeuner
Musik: Enrico Macias; Text: Alexandra

Fern aus der glühenden Steppen Weite
lodert ein Feuer empor,
tanzen und singen sie Seit' an Seite
mit Wind und Flammen im Chor.
Und ein Flamenco erklingt,
der die Liebe zur Freiheit besingt.
Funkeln nicht im Feuerschein
Stolz und Glück, Zigeuner zu sein?

Wirbelnd dreht sich ein Mädchen im Kreise,
schlägt dazu das Tamburin,
stampft den Rhythmus der wilden Weise,
gibt sich den Klängen hin.
Nichts, was noch zählt; nur im Tanz
liegt der Götter unsterblicher Glanz.
Alles versinkt ringsumher
in der Leidenschaft Flammenmeer.

Schon sind die Nebel der Nacht verflogen,
und das Feuer erlischt.
Längst sind die Zigeuner weitergezogen,
der Wind hat die Spuren verwischt.
Kinder der Grenzenlosigkeit!

Ziehn sie hin mit dem Wind, mit der Zeit,
hält es sie irgendwo,
brennt das Feuer bald lichterloh.

Das Feuer der Zigeuner brennt jede Nacht,
auf and'rem Feld im Wind entfacht;
brennt hell für ein Volk, das tanzt und lacht,
bis auf der Welt der Tag erwacht.
Noch flackert rot das Feuer auf
vor der Kulisse bunter Karren,
und nur der Finger schnellen Lauf
sieht man auf klingenden Gitarren.

PIERRE

Bis zu ihrer Abreise Ende Februar verbringen Alexandra und ihr Sohn in den verschneiten Graubündner Bergen eine kurze, aber überaus glückliche Zeit miteinander. Es sollen die letzten Tage der Ruhe und Besinnung für Alexandra sein, Tage, in denen sie – frei von allen Sorgen – neue Kraft für ihre weitere Arbeit und bevorstehenden Verpflichtungen schöpfen kann.

Es war herrlich, weil ich dort meinen kleinen Sohn Alexander bei mir haben konnte. Er hat es so richtig genossen, mit mir zusammen zu sein, zu rodeln und im Schnee zu spielen. Ich fühle mich wie neugeboren. Nach jeder Erkrankung habe ich das Gefühl, mein Leben wird mir immer wieder neu geschenkt. Es ist wunderbar! Ich bin völlig gesund. Und in Zukunft werde ich besser auf mich aufpassen. Lieber lehne ich mal ein Angebot ab, ehe ich mich wieder überanstrenge. 1969 will ich lieber weniger Geld verdienen und wieder an mir arbeiten. Ich muß noch lernen, lernen, lernen, und ich will auf Biegen und Brechen die Zeit finden, die ich meinem kleinen Sohn als Mutter schuldig bin. Ich hatte zwar sehr viel Erfolg im letzten Jahr, aber ich habe nichts für mich getan. Ich möchte wieder täglich Gesangsstunden nehmen – ich weiß, daß ich noch viel besser werden kann – und auch meine Schauspiel- und Tanzausbildung auffrischen. Ach, ich bin noch längst nicht fertig!

Doch schon bald nach Alexandras Rückkehr nach München geraten die erholsamen Tage in der Schweiz und all ihre guten Vorsätze in Vergessenheit. Das Hin- und Herjagen von einem Termin zum anderen beginnt aufs neue, und der Show-Alltag nimmt seinen gewohnten Lauf.

Auch die neue Wohnung in der Baldurstraße 73, die ihre Mutter während ihrer Abwesenheit bezogen und liebevoll ausgestattet hat, betrachtet sie inzwischen mit gemischten Gefühlen. Die Idee des Umzugs nach München war ja ein Jahr zuvor während ihrer kurzen Liaison mit Hans R. Beierlein entstanden, der sie dadurch näher bei sich hatte haben wollen. Nun aber wird sie die Sorge nicht mehr los, daß er sie beruflich noch stärker als bisher unter Druck zu setzen versucht.

Es war schon fast alles eingerichtet, aber trotzdem herrschte in den Räumen natürlich eine schreckliche Unordnung. Ich kam mir so hilflos vor, als ich die ganzen Kisten sah. Zudem erzählte meine Mutter mir noch, daß die Firma, die die Schrankwand einbauen sollte, erst in einigen Wochen anfangen könnte. Da brach das heulende Elend aus mir heraus. Ich hatte mir doch alles so schön vorgestellt. Plötzlich saß ich auf einer Kiste und weinte wie ein Schloßhund. Ich hasse Umzüge. Das einzige, was mich freut, ist etwas ganz Kurioses: In Hamburg konnte ich nie allein in der Wohnung sein, hier in München habe ich plötzlich keine Angst mehr.

Die Angst, irgendwo allein zu sein und zu übernachten, begleitet Alexandra auch auf ihren zahlreichen

Reisen. Es kommt vor, daß sie mitten in der Nacht aus ihrem Hotelzimmer gerannt kommt und ihre Mitreisenden weckt, weil sie sich verfolgt fühlt. Sie wird zunehmend von Alpträumen geplagt und der Furcht vor dem Ungewissen, dem »schwarzen Loch der Zukunft«, wie sie selbst sagt.

Des öfteren diskutiert sie im Kreise der Familie oder mit ihren engsten Bekannten über den Tod und über das eventuelle Leben danach. So auch mit ihrem Freund und Produzenten Fred Weyrich:
»Das Thema Tod war für Alexandra kein Tabu. Sie hat mehr über ihn gesprochen als über das Leben. Es war ein Thema, das sie ungeheuer interessierte. Sie war darauf vorbereitet, daß ein Mensch jederzeit und plötzlich abberufen werden kann. Sie glaubte an die Unsterblichkeit der Seele und an ein Leben nach dem Tod.«

Zur Verwunderung ihrer Zuhörer erwähnt Alexandra im Verlauf dieser Gespräche immer häufiger ihre Vorahnung, nicht alt zu werden. Sie glaubt, daß sie bereits vor ihrem vierzigsten Lebensjahr sterben werde. Das erzählt sie auch Truck Branss in dem mehrstündigen Interview, das ihrem Fernsehportrait zugrunde liegt:

Nicht im Traum, sondern wenn ich wachen Herzens in mich höre, dann spüre ich nicht selten einen frühen Tod, der mich ganz unerwartet trifft, und zwar gerade in dem Augenblick, wo ich höchst glücklich bin. Vielleicht eine Warnung, daß Bäume nicht in den Himmel wachsen! Ich bin sicher, es gibt Paradiese und Höllen für jeden von uns.

Und es gibt Voraussehungen, die dem Leben den Weg bestimmen. Es gibt auch Bindungen, die in das Jenseits reichen, auch eine Welt existiert, aus der noch keiner zurückkehrte. In dieser unbekannten Welt nimmt man einmal den Platz ein, den man sich diesseits verdient hat. Bewußtes Leben zwingt zur Aufgabe von liebgewonnenen Freiheiten, schafft aber auch durch intensives Gestalten neuer Lebensformen neue Freiheiten, meist wertvollere. Und wenn man sich dieses Leben erfüllt, verliert der Tod seinen Schrecken.

Während diese Gedanken und bedrückenden Vorahnungen Alexandra bewegen, wächst ihre Sorge um den kleinen Sascha, den sie zwar nur selten sieht, dessen Wohlergehen ihr jedoch vor allem anderen am Herzen liegt.

Ich liebe meinen Sohn sehr. Für ihn nehme ich alle Strapazen auf mich. Sascha soll ein unbeschwertes Leben haben, und ich bete, daß ich Zeit genug finde, um für sein Glück zu sorgen.

Mit diesem Ziel vor Augen verfolgt Alexandra zielstrebig ihre Karriere. Sie, die aus ärmlichen Verhältnissen stammt und vor noch gar nicht so langer Zeit noch nächtelang mit ihrer Gitarre durch Hamburg zog, sie will ihrem fünfjährigen Sohn ein anderes, ein besseres Leben ermöglichen. Für sie bedeutet Geld in erster Linie Sicherheit für die Zukunft ihres Kindes, ohne es jedoch zu verwöhnen. Sie hat ein ganz unzeitgemäßes Ideal: *Sascha soll nie vergessen, daß es immer wichtiger ist, die Sonne und den Geruch der Wiesen mehr zu lieben als das Geld!*

In einem Monat verdient Alexandra nun annähernd das, was sie vor Beginn ihrer Karriere in einem ganzen Jahr verdient hat. Mit dem Geld verbessert sie jedoch lediglich ihren Lebensstandard. Sie verliert nie den Bezug zur Realität und leistet sich keinerlei Extravaganzen. Sie bleibt bescheiden. Für ihre Mutter schließt sie einen Prämiensparvertrag ab und zahlt ihrer Schwester Melitta monatlich die Miete für ihre Hamburger Wohnung am Rothenburgsorter Marktplatz.
Alexandras Auftrittsgage, zum Beispiel für eine Galaveranstaltung, beträgt jetzt zwischen 800 und 2000 Mark. Unter dem Management von Hans R. Beierlein verdiente sie im ersten Monat bereits stolze 12 000 Mark, doch nun – ein halbes Jahr später – beträgt ihr Einkommen schon mehr als das Dreifache. Der Plan Beierleins scheint also zu funktionieren:
»Mir kam es darauf an, daß Alexandra so schnell wie möglich so viel wie möglich verdiente, damit sie sich allein auf ihre künstlerische Funktion konzentrieren konnte. Ich wollte, daß sie Lieder schrieb und ihre Zeit nicht damit verschwendete, darüber nachzudenken, von welchen Einnahmen sie ihre Telefonrechnung, ihre Miete oder ihre Kleider zahlen sollte. Aus diesem Grund entwickelte ich ein ›Geldverdienstprogramm‹. Das bedeutete mit anderen Worten: So viele Konzerte wie möglich bei so hohen Gagen wie möglich.«
Doch Beierleins beruflicher Ehrgeiz und die damit

verbundene Konsequenz, mit der er Alexandra, aber auch andere Interpreten managt, strapazieren zunehmend das Verhältnis zwischen ihm und der jungen Sängerin. Nicht selten kommt es vor, daß er seine Künstler zu Marionetten degradiert, denn für ihn und seine Mitarbeiter heißt Produzieren und Managen, »den Star an die Hand zu nehmen, mit ihm ins Studio zu fahren, maßgeschneiderte Lieder aufzunehmen und die Promotion dafür zu machen«. Das Entwickeln von Gefühlen scheint dabei mehr als hinderlich. Und gerade dieser kühle Geschäftssinn, Beierleins gefühllose Oberflächlichkeit, die von vielen seiner Mitmenschen empfunden und kritisiert wird, machen Alexandra immer mehr zu schaffen und sind wiederholt Auslöser lautstarker Meinungsverschiedenheiten.

Als sie sich beide eineinhalb Jahre zuvor in Berlin kennenlernten, war Alexandra von seinem selbstbewußten Auftreten und seinen Ansichten hingerissen. Kaum ein Schlager-Manager vor Hans R. Beierlein hatte jemals so im öffentlichen Rampenlicht gestanden und die Gemüter erregt. Er war der erste »Star« auf diesem Gebiet, der mit modernsten Ideen das bestehende Musikmanagement umkrempelte. Obwohl sein Ruf in der Branche heiß umstritten war, seine unkonventionellen Methoden, wie zum Beispiel die Käuferbefragung durch Meinungsforschungsinstitute, und seine zahlreichen Frauengeschichten für Schlagzeilen sorgten, entschied sich Alexandra im Dezember 1967 spontan für ihn. Er

galt als der beste und populärste auf seinem Gebiet, alles andere war ihr zu diesem Zeitpunkt egal.
Doch jetzt werden erstmals Zweifel in ihr wach, ob es nicht ratsamer gewesen wäre, sich nicht nur privat, sondern auch beruflich von ihm zu trennen. Sie fühlt sich unverstanden und hat Angst, als Sängerin künftig verheizt zu werden. Aber noch ist sie an Verträge gebunden und hofft insgeheim, daß sich ihr Verhältnis zueinander wieder bessert.

Unmittelbar nach ihrer Genesung und ihrem Umzug nach München fliegt Alexandra bereits in den letzten Februartagen erneut nach Paris. Auf Einladung der bekannten Fernsehjournalistin Margaret Dünser präsentiert sie dort neben Romy Schneider und Gina Lollobrigida in der Modesendung »Paris aktuell« einige Kleider aus den neuesten Kollektionen französischer Star-Couturiers wie Laurent, Ungaro und Féraud. So stellt sie unter anderem ein aufregendes, goldenes Kettenkleid von Paco Rabanne vor und amüsiert sich dabei blendend, was auch der Kommentatorin Dünser nicht entgeht:
»Alexandra, der deutsche Plattenstar, extremen Dingen sonst nicht zugetan, fand das metallene Geklirr auf nackter Haut besonders schick. Über dem neuen Goldgefühl vergaß sie fast ihr russisch-romantisches Gemüt. Um ihre Gage leichter, die sie gegen etliche Pfunde Aluminium eintauschte, fand sie ihr seelisches Gleichgewicht wieder.«
Ein weiterer Höhepunkt dieser Sendung ist sicher-

lich auch der erste gemeinsame Auftritt Alexandras mit ihrem Sangeskollegen Adamo im deutschen Fernsehen. Gegen Ende der Dreharbeiten erfährt Margaret Dünser beiläufig von einer angeblichen Romanze Alexandras und Adamos und von ihrer musikalischen Zusammenarbeit. Sie bittet die beiden kurzentschlossen, ihren Chanson *Walzer des Sommers* im Duett zu singen: er in französisch, sie in deutsch. Dieser spontan improvisierte Auftritt wird für alle Beteiligten zu einem unvergeßlichen Erlebnis. Mit seinen Clownerien versteht es Adamo, nicht nur Alexandra aus dem Takt zu bringen und mitzureißen. Sogar die eher britisch unterkühlt wirkende Margaret Dünser beginnt vor laufender Kamera fröhlich, mit ihrer Handtasche schwenkend, zur eingängigen Walzermelodie zu tanzen. Auf ihre Frage, ob sie beide ein bißchen ineinander verliebt seien, wird sie jedoch enttäuscht. Zwischen ihnen bestehe eine ausgesprochen gute Freundschaft, »eine Art Seelenverwandtschaft«, wie sie selbst sagen; ansonsten aber ist Adamo seit einigen Monaten glücklich verheiratet und Alexandra weiterhin auf der Suche nach ihrem Traummann.

Ich lerne auf meinen Reisen eine ganze Menge interessanter Männer kennen. Aber für längere Zeit hat mich noch keiner fesseln können. Man verliert sich so schnell aus den Augen. Mich ein zweites Mal fest zu binden, würde ich mir sehr genau überlegen. Ich würde gern wieder verheiratet sein, aber ich würde dafür nicht auf meine Karriere verzichten. Ich kann nicht mehr zurück. Ich könnte nur mit einem

Mann leben, der mich so liebt, wie ich bin, der mit mir lachen und um mich weinen kann. Er müßte ein Mann sein, der mich künstlerisch versteht und der in irgendeiner Form mit mir arbeiten könnte, denn von ewigen, berufsbedingten Trennungen halte ich wenig. Ich stelle es mir herrlich vor, wenn er mein Manager wäre. Es gäbe keine langen Trennungen, weil wir gemeinsam reisen müßten. Vielleicht treffe ich ihn mal irgendwo: ein bißchen verrückt, intelligent und anziehend.

Es werden keine vier Wochen mehr vergehen und Alexandra ist überzeugt, endlich den richtigen Partner an ihrer Seite gefunden zu haben. Vergessen ist für sie der gescheiterte Versuch im vergangenen Jahr, mit Hans R. Beierlein diese ideale Art von Beziehung zu führen, Beruf und Privatleben miteinander zu verbinden.

Ende März, Alexandra hat nach ihrer Genesung bereits wieder einen vollen Terminkalender, fliegt die 26jährige Sängerin für einige Tage nach Amsterdam, wo sie erstmals im niederländischen Fernsehen auftritt und ihre beiden Erfolgsschlager *Zigeunerjunge* und *Sehnsucht* singt. Auch hier ist das Publikum von ihr hingerissen, und so telegrafiert die Produktionsleitung an das Management in München:

»Alexandras Auftritt im Fernsehen in Holland war ein Erfolg. Regisseur Fred Oster war sehr zufrieden. Er hat mir gesagt, daß die Zusammenarbeit mit Alexandra ihm Freude gemacht hat. Lou van Burg

hat sie als Topstar angesagt. Beim Abflug haben verschiedene Leute Alexandra aus dem Fernsehen wiedererkannt und ihr persönlich gratuliert. Also ein guter Start in Holland.«
Einer dieser begeisterten Gratulanten, dem es gelingt, Alexandra bereits unmittelbar nach ihrem Auftritt seine Bewunderung auszusprechen, ist ein gutaussehender Franko-Amerikaner mit dem wohlklingenden Namen Pierre Lafaire. Er ist Alexandra auf Anhieb sympathisch. Ihr gefällt sein selbstbewußtes Auftreten, sein Charme und seine überaus galante Art, mit der er einer Frau zu verstehen gibt, daß er sie attraktiv findet und näher kennenlernen möchte. So nimmt sie seine Einladung an, sich von ihm am nächsten Tag einige Sehenswürdigkeiten in Amsterdam und Den Haag zeigen zu lassen.
Bis zum späten Abend dauert ihre Sightseeing-Tour, doch die Zeit reicht lange nicht aus, um alles anzusehen. Schuld daran ist sicher auch Alexandras Schwäche für Antiquitätenläden. Seit ihrer Tournee durch Rußland stöbert sie auf ihren Reisen für ihr Leben gern in altem Trödel herum und gibt sich erst zufrieden, wenn sie etwas nach ihrem Geschmack gefunden hat. Diesmal feilscht sie leidenschaftlich um eine Sokrates-Figur aus dem 19. Jahrhundert und freut sich, daß sie den Preis schließlich um ein Drittel heruntergehandelt hat. Lachend verabschiedet sie sich mit den Worten:
Und das wird noch schlimmer werden. Ich habe doch jetzt ein eigenes Heim. Ich liebe düstere Bilder und wuchtige,

klobige Möbel. Sie sind meine private Chance, der modernen, technischen Welt für ein paar häusliche Stunden zu entfliehen. Ich bin zwar eine moderne Frau, aber kein moderner Mensch!

Alexandra genießt es, mit Pierre durch die kleinen, verträumten Gassen zu schlendern und mit ihm über Gott und die Welt zu plaudern. Er spricht zwar nur wenig deutsch, doch er möchte es so schnell wie möglich lernen. Das hindert die beiden aber nicht daran, sich angeregt auf englisch zu unterhalten, auch wenn Alexandra ab und zu ein paar Vokabeln fehlen und sie sich lachend mit Händen und Füßen weiterhelfen muß.

Pierre erzählt ihr, daß er sich vor einigen Monaten in Koblenz niedergelassen hat, um sich in Deutschland als selbständiger Kaufmann eine neue Existenz aufzubauen. Er hat mit seinen knapp vierzig Jahren genug vom jahrelangen Dienst bei der amerikanischen Luftwaffe, für die er bereits als junger, noch unerfahrener Pilot zahlreiche gefährliche Einsätze im Korea-Krieg geflogen hat.

Gebannt hört Alexandra ihm zu. Sie ist fasziniert von seiner starken Persönlichkeit und muß erkennen, daß sie sich Hals über Kopf verliebt hat.

In den vergangenen zweieinhalb Jahren ihrer Karriere ist sie, was Bekanntschaften betrifft, meist nur auf der Suche nach etwas Zärtlichkeit und Bestätigung gewesen. Gefiel ihr ein Mann bei einem Auftritt oder einer Gala, und hatte er ein selbstbewußtes und dominantes Auftreten, so sprach sie ihn an. Sie tranken ein paar Gläser Wein zusammen und verschwanden dann im Hotelzimmer. Doch nur selten waren diese Beziehungen von Dauer. Entweder verlor sie das Interesse, oder die Entfernungen waren zu groß, um eine längere Partnerschaft aufzubauen. Diesmal aber ist alles anders. Alexandra und Pierre fühlen, daß sie mehr miteinander verbindet als nur ein flüchtiges, amouröses Abenteuer, und so beschließen sie, daß er sie baldmöglichst in München besuchen wird, um Pläne für eine gemeinsame Zukunft zu schmieden. Überglücklich telefoniert Alexandra noch vom Amsterdamer Flughafen aus mit ihrer Mutter und ihrer Schwester Melitta und teilt ihnen mit, was geschehen ist:

Ich habe einen Mann kennengelernt. Das könnte der richtige sein. Er ist so nett und so höflich, er hat mir die Koffer getragen. Ich muß euch diesen Mann unbedingt vorstellen.

Wally Treitz ist verwundert über den Anruf ihrer Tochter. In den letzten Jahren hatte Alexandra kaum einen ihrer Freunde der Familie vorgestellt und schon gar nicht nach Hause eingeladen. Ihr Heim ist für alle Außenstehenden tabu. Die Öffentlichkeit hat in ihrem Privatleben nichts verloren. Als Wally ihrer Tochter diesen Besuch ausreden will, bittet Melitta ihre Mutter, sich diesen Pierre doch wenigstens einmal anzusehen. Diese Beziehung scheint Alexandra viel zu bedeuten, und sie möchte sicher wissen, was Mutter und Schwester von ihm halten. Nach einigem guten Zureden gibt Wally

schließlich nach und erklärt sich mit einem Besuch in der Münchener Wohnung einverstanden.
Wally, die schon immer großen Wert auf Etikette und ein gepflegtes Äußeres gelegt hat, ist von Pierres seriösem Auftreten und seinem Charme angetan. Melitta hingegen gibt sich nicht so leicht mit einem Blumenstrauß und ein paar freundlichen Worten zufrieden. Irgend etwas mißfällt ihr an diesem Mann, doch es gelingt ihr nicht, ihn und seine Absichten zu durchschauen:
»Ich hatte eine Aversion gegen ihn, schon wie er reinkam und seinen Blick wie ein Luchs umherwandern ließ. Wir haben uns unterhalten und fanden ihn ganz amüsant. Er hatte ein sehr gutes Benehmen, er war nicht schmierig, nicht aufdringlich, er war dezent, zurückhaltend und gebildet, aber ich hatte von Anfang an Vorbehalte. Wir konnten jedoch nichts gegen ihn sagen. Wir wußten nichts Konkretes von ihm.«
Die Bedenken ihrer Schwester stoßen bei Alexandra auf taube Ohren. Seit Monaten hat sie sich nicht mehr so wohl und ausgeglichen gefühlt. Sie findet bei Pierre die lang ersehnte Ruhe und Geborgenheit, er ist äußerst aufmerksam und verwöhnt sie, wo er nur kann. Und so verbringen die beiden, soweit es sich einrichten läßt, jede freie Minute miteinander. Sie vereinbaren aber, daß die Öffentlichkeit wie auch Alexandras Kollegen und Management vorerst nichts von ihrer Beziehung erfahren sollen. Das Publikum und ihre mittlerweile über die deutsch-

sprachigen Grenzen hinaus schnell anwachsende Fangemeinde kennen sie als seriöse Sängerin ohne Affären, als treusorgende und alleinerziehende Mutter. Klatsch und Gerüchte könnten ihrem makellosen Ruf und dem Aufstieg zur internationalen Chansonsängerin womöglich schaden.

ZWEIFEL

In diesen Frühlingstagen des Jahres 1969 ist Alexandra kaum wiederzuerkennen. Das Showbusiness setzt sie erneut stark unter Druck, doch machen ihr die unzähligen Termine und Verpflichtungen kaum etwas aus. Beflügelt durch ihre Liebe zu Pierre, nimmt sie schwungvoll und energiegeladen ihre Aufgaben wahr und reißt überall, wo sie auftritt, die Menschen mit. So liest man zum Beispiel nach einem ihrer Auftritte in Pforzheim:
»Als sie ihre Darbietungen mit dem Erfolgsschlager *Zigeunerjunge* eröffnete, wurde es mäuschenstill im Saal, während sich die letzten Takte des Stückes schon im Beifall verloren. Als die aparte und zierliche Sängerin mit der dunklen, verträumten Stimme nach drei weiteren Titeln von der Bühne gehen wollte, riß der tosende Applaus erst ab, als sie *Those were the days* ankündigte. Man war sich einig, daß die sympathische Künstlerin in natura noch eine weit größere Ausstrahlung hat als auf dem Bildschirm.«
Alexandra wird in dieser Zeit von einer ungeheuren Lebensfreude und einem bemerkenswerten Tatendrang erfaßt. Sie beginnt eine Reihe von neuen Liedern zu schreiben und beabsichtigt, künftig auch wieder verstärkt an ihrer Karriere als Schauspielerin zu arbeiten. Trotz ihres Erfolgs als Sängerin hat sie diesen Wunsch niemals aufgegeben. Nach ihrem

vielversprechenden Debüt als Spartakistin in der
»Friedrich Ebert«-Dokumentation blieben weitere
Filmangebote jedoch bislang aus. Ihr werden zwar
nach wie vor von verschiedenen Theaterhäusern
attraktive Rollen angeboten, vor allem in Musicals
und Operetten, doch sie lehnt diese jedesmal kategorisch ab.

Wenn ich von einem Theater engagiert werde, muß ich Abend für Abend auftreten und habe für Gesangsauftritte keine Zeit mehr. Beim Film ist das etwas anderes. Man dreht zwei bis drei Wochen und ist fertig. Gern würde ich im deutschen Film auftreten, doch von da kamen bisher keine Angebote. Als Schauspielerin bin ich vielleicht in Deutschland nicht gefragt. Ich habe weder das Gesicht noch die Figur eines »Engelchen«. Ich würde selbst in einem Western mitspielen, aber ein »Engelchen«- oder »Schätzchen«-Typ wie Uschi Glas bin ich nicht. Es müßten Rollen sein, wie sie Julie Christie spielt.

Im April scheint sich Alexandras Wunsch nach einer
neuen Filmarbeit schließlich doch noch zu erfüllen,
als sie von Adriano Celentano aus Rom überraschend das Angebot erhält, neben ihm in seiner
neuen Filmkomödie mitzuwirken. Sie freut sich
sehr, daß sich der italienische Star an ihren gemeinsamen Fernsehauftritt in der »Europarty« im vergangenen Frühjahr erinnert und nun sein damaliges Versprechen einlösen möchte, ihr bei der nächsten Gelegenheit eine Rolle zu geben. Die ist zwar
nun nicht besonders groß und anspruchsvoll, doch
wäre diese Produktion für sie zumindest eine Chan-

ce, auch als Schauspielerin auf sich aufmerksam zu machen.
So gibt Alexandra, ohne lange darüber nachzudenken, ihre Zustimmung und bittet ihr Management, umgehend einen entsprechenden Vertrag abzuschließen. Doch zu ihrer Verwunderung untersagt Hans R. Beierlein ihr jegliche Filmarbeit und gibt ihr unmißverständlich zu verstehen:
»Man kann nicht drei Dinge gleichzeitig tun. Es ist schwer, sich in einem Bereich durchzusetzen. Es ist auch nicht so, daß die Welt danach ruft, Dich als Schauspielerin kennenzulernen. Du solltest Dich erst einmal im In- und Ausland als Chansonsängerin durchsetzen.«
Obwohl diese Argumentation durchaus vernünftig und einleuchtend klingt, fällt es Alexandra schwer, sich danach zu richten. Hans R. Beierlein möchte nicht, daß sie – ähnlich wie Udo Jürgens zu Beginn seiner Karriere – in belanglosen Unterhaltungsfilmen ihr Talent verschwendet und damit ihren Ruf als Sängerin gefährdet. Alexandra aber ist da anderer Ansicht. Sie wirft ihm vor, sie nur des Profites wegen mit einer Vielzahl profaner Auftritte zu verschleißen, ohne sie über anspruchsvollere Auftrittsangebote zu informieren. So muß sie zufällig durch ein persönliches Telefongespräch mit Truck Branss erfahren, daß er sie vergeblich über das Büro Beierleins zu engagieren versucht hat. Sie hätte – wie sie jetzt gemeinsam herausfinden – jeweils genügend Zeit für eine Zusammenarbeit und viel Freu-

de daran gehabt. Melitta Treitz erinnert sich noch genau, wie enttäuscht, aber auch wütend Alexandra über die gescheiterten Auftritte und Filmpläne war:
»Ich wüßte das nicht, wenn ich nicht selbst in München gesessen und die Telefonanrufe, die erstaunten, entgegengenommen hätte. Meine Schwester wußte oft gar nichts von Angeboten, und darüber war Doris sehr verärgert. Hans R. Beierlein hat einen besseren Schallplattenvertrag für sie herausgehauen, doch er hat sie anschließend nicht genug gefördert. Es ist richtig, sie hatte Auftritte, aber die kamen von selbst rein, um die hatte er sich nicht bemühen müssen, sie war inzwischen schon bekannt, also von wegen Promotion. Darüber hinaus hat er alles Größere rigoros abgeblockt. Zum Beispiel, das weiß ich ganz genau, ich hab den Anruf selbst entgegengenommen, ein sehr erstaunter Anruf aus Italien von der Sekretärin von Adriano Celentano, wieso denn aus dem Büro Beierleins keine Reaktion komme. Er hat sie mit vielen kleinen Sachen verschlissen. Er hat sie so vollgeknallt, daß sie abgemagert war und noch nicht einmal Zeit hatte, etwas zu essen. Das sollte Liebe sein? Das war Egoismus.«
Nach diesem Vorfall beginnt Alexandra ernsthaft zu überlegen, ob es nicht besser für sie wäre, sich nach einem neuen Manager umzusehen. Mit dem Bruch ihrer amourösen Beziehung zu Hans R. Beierlein wurde auch ihr gemeinsames Arbeitsverhältnis zunehmend schlechter. Ihr Vertrauen zu ihm ist tief

erschüttert. Der kleinste Fehler in den Abrechnungen, in der Terminplanung oder in der Art und Weise ihrer künstlerischen Betreuung führt zu Auseinandersetzungen und treibt die beiden immer weiter auseinander. Hilfesuchend wendet sich Alexandra daher auch an ihren Entdecker Fred Weyrich und bittet ihn um seine Hilfe:

»Sie kam zu mir und sagte: ›Ich muß von Beierlein weg. Bitte tu mir den Gefallen und hilf mir.‹ Ich antwortete ihr, daß ich das nicht könne. ›Du hast einen Vertrag.‹ – ›Ja, aber der ist kündbar, da komm ich raus, doch ich kann das nur machen, wenn du für mich da bist.‹ Ich zeigte mich etwas reserviert, denn sie hatte ja nicht auf mich hören wollen, und ich wollte sie jetzt etwas zappeln lassen, obwohl ich all ihre Kapriolen längst schon vergessen hatte.

Ich hatte zu Beginn ihrer Karriere sehr viel gebremst. Ich war mir damals der Verantwortung ihrer künstlerischen Karriere gegenüber bewußt. Ich hatte genug Fehler in meinem Leben gemacht, aber hier, sagte ich mir, darfst du keine mehr machen, denn diese Frau ist ein Juwel. Von der ersten Sekunde an stand fest, sie ist die Zukunft für mich. Daher habe ich auch sehr viel abgegrenzt; ich habe immer gesagt: ›Wartet bitte, sie ist noch nicht soweit. Nichts überstürzen! Wir haben doch noch Zeit, sie ist jung.‹ Deswegen wollte ich, als sie zu mir kam und mich um Hilfe bat, alles um mich herum wegschaffen und nur noch allein für sie dasein: Management und Produktion, das wollte ich für sie aufbauen.«

Hans R. Beierlein sieht indessen in dem angespannten Verhältnis zu Alexandra nicht den geringsten Anlaß zur Sorge. Er nimmt den erneuten Konflikt gelassen hin und verwirft selbstbewußt die Gerüchte über ein eventuelles Zerwürfnis mit Alexandra. Zu wem sollte sie gehen? Er ist nach wie vor die Nummer eins unter den Schlager-Managern in Deutschland:
»Zwischen mir und Alexandra gab es keinerlei Probleme, zumindest keine Probleme, die über das normal Arbeitstechnische hinausgingen. Es gab keinerlei Notizen, daß man das Maß der Gemeinsamkeiten aufgebraucht habe, oder daß man einen langsameren Gang einlegen sollte. Ich gebe zu, daß ich Alexandra häufig gehetzt und ihr sehr hohe Ziele vorgegeben habe, wir haben auch oft über meine Vorstellungen diskutiert, doch man mußte eben die Feste feiern, wie sie fallen. Das Berufliche überforderte sie nicht, dennoch war sie ein Sensibelchen. Ein Wort zur falschen Zeit, und sie brach in Tränen aus. Sie konnte gut austeilen, war aber schwach im Nehmen. Ich wollte sie mit Auftritten und einer geplanten Deutschland-Tournee stärken. Sie sollte dadurch härter werden im grausamen Showgeschäft. Sie sollte nicht mehr das Seelchen bleiben, zumal sie privat auch ein ungemein lustiges Mädchen sein konnte, was sie nach außen hin aber kaum gezeigt hat und zeigen konnte. Sie hatte eine Ausstrahlung, die man in Brasilien genauso erkennt wie in Frankreich oder Italien.

Natürlich war das Tempo, das ich ihr und ihrer Karriere vorgab, ein anderes als das, das sie bei Weyrich gewohnt war. Und mit Sicherheit stank ihr das ganze Showgeschäft bisweilen, aber ich nehme nicht an, daß sie mich wirklich – zumindest im beruflichen Bereich – verlassen wollte. Auch wenn Alexandra den Wunsch gehabt hätte, zu Weyrich zurückzukehren, so wäre Weyrich nicht in der Lage gewesen, das Management zu übernehmen, weil ihm dazu die Erfahrung fehlte. Sie war vielmehr auf meine Erfahrungen und kaufmännische Hilfe angewiesen.«

Als Fred Weyrich nicht sofort auf die Bitte seines »Juwels« eingeht, sondern sich mit der Entschuldigung zurückzieht, über alles in Ruhe nachdenken zu müssen, erinnert sich Alexandra an ein Gespräch mit ihrer Nachbarin aus der Baldurstraße. Bei ihrem Einzug plauderte die Sekretärin und persönliche Referentin von Caterina Valente von der überaus glücklichen Beziehung zwischen der italienischen Entertainerin und deren Ehemann und Manager Eric von Aro. Es schien also tatsächlich möglich zu sein, Partnerschaft und berufliche Zusammenarbeit harmonisch miteinander zu verknüpfen. Warum sollte es dann nicht auch bei ihr klappen? Das hätte die Erfüllung ihres Traumes bedeutet.

Impulsiv, wie Alexandra ist, erzählt sie Pierre von ihrer Idee und beratschlagt mit ihm ihre gemeinsame Zukunft. Pierre ist beruflich so gut wie ungebunden, und er kann sich gut vorstellen, Alexandra

künftig auf ihren Reisen zu begleiten und ihr Management zu übernehmen. Doch erst einmal bittet er sie, seine Frau zu werden. Dieser Augenblick ist für Alexandra einer der schönsten ihres Lebens. All ihre Sorgen und Ängste, »die vielen, dunklen Stunden«, die sie in den letzten Jahren durchlebt hat, sind plötzlich verschwunden. Ihre Suche nach einem idealen Partner an ihrer Seite, der beruflich wie privat für sie da ist, scheint endlich ein gutes Ende gefunden zu haben.
Die Verlobung findet am Ostersonntag 1969 im kleinsten Familienkreis statt. Weder Hans R. Beierlein noch Fred Weyrich und die Phonogram erfahren von Alexandras Heiratsabsichten und der geplanten, beruflichen Zusammenarbeit mit ihrem zukünftigen Ehemann. Von ihrem Vorhaben weiß nur ihre Familie, denn ihr Privatleben hat nach wie vor niemanden etwas anzugehen. Nicht einmal ihre Lieblingscousine Marleen weiß von Alexandras Plänen und ist daher um so überraschter, als sie über Ostern nach München kommt und die Neuigkeiten erfährt:
»Eigentlich wollte ich mir ja nur mal die neue Wohnung ansehen. Es war alles sehr stilvoll eingerichtet, und besonders die silbergraue Couchgarnitur und die Schrankwand aus Mahagoni gefielen mir. Doch plötzlich erzählte Doris mir, daß sie sich noch am selben Abend mit dem mir völlig unbekannten Pierre verloben wolle. Es ging alles so schnell. Mein Mann Herbert mußte noch losgehen und einen

Fotoapparat fürs Verlobungsbild besorgen. Es wurde viel gelacht, und amüsiert stellte ich fest, daß Pierre und ich am selben Tag Geburtstag feierten. Doris und ich, wir trugen dieselben Ringe. Sie hatte während ihrer Brasilienreise zwei gleiche, wunderschöne Aquamarinringe mit Saphiren, Smaragden und Gold bei dem bekannten Juwelier Horst Stern gekauft und mir einen davon geschenkt. Sie machte bei ihrer Verlobung einen glücklichen Eindruck, doch ich bemerkte auch, daß sie inzwischen viel von ihrer Natürlichkeit verloren hatte. Sie achtete jetzt auf ihre Posen und zeigte einige Anzeichen von Allüren. Sie bat mich, nach München umzuziehen und ihre Sekretärin zu werden. Doch das ging leider nicht mehr, denn ich hatte in Düsseldorf bereits eine gute und feste Anstellung gefunden.«
Kurz nach der recht überstürzten Verlobung wird Alexandra von ihrer ältesten Schwester gebeten, vorerst keine weiteren Schritte in bezug auf Pierre zu unternehmen, sondern über alles noch einmal gründlich nachzudenken. In ihren Augen ist Pierre ein überaus undurchsichtiger und seltsamer Mann. Wie kann Alexandra ihm nur so blindlings vertrauen? Sie weiß doch gar nichts über ihn, woher er kommt, was er eigentlich macht. Daher unterbreitet Melitta ihr folgenden Vorschlag:
»Doris, was hältst du davon, wenn wir eine Detektei beauftragen? Ich hab da ein ungutes Gefühl bei diesem Mann. Verrenn' dich da nicht zu sehr. Warte doch erst mal ab. Der Mann tut so wahnsinnig

freundlich, was er alles für dich tun will. Ich hab das Gefühl, da ist was oberfaul, der will an dein Geld, wovon er glaubt, daß du es hast.«
Alexandra kann es kaum fassen, was ihre Schwester da von ihr verlangt, doch um alle Zweifel aus der Welt zu räumen, willigt sie schließlich ein.

VERÄNDERUNGEN

Das Frühjahr 1969 bringt für Alexandra nicht nur privat, sondern auch beruflich viel Neues und Aufregendes. Sie jagt mehr denn je von einem Ort zum anderen, denn sie zählt mittlerweile zu den gefragtesten Stars Deutschlands. Neben zahlreichen schon zum Alltag gehörenden Interviews, Autogrammstunden und Galaauftritten singt sie unter anderem in der neuen »ZDF-Hitparade« unter der Regie von Truck Branss, plaudert zusammen mit Hildegard Knef und Vicky Leandros in der Talkshow »Berlingeflüster«, kürt als Jurymitglied neben »Sexualaufklärer« Oswald Kolle die neue »Miß Germany« im Bayerischen Hof in München und fliegt zwischendurch mal zu einer fünftägigen Fotosession nach Frankfurt.

Auszug aus Alexandras Terminkalender:

...
1. Mai: Messehalle Köln
2. Mai: Sennestadt
3. Mai: Bayerischer Rundfunk, München
4. Mai: Hockenheim
  6. Mai: »Miß Germany-Wahl 1969«, München
7. Mai: Linz

9. Mai: Berlin
10. Mai: Pforzheim
...

Während Alexandra Anfang Mai pausenlos umherreist, laufen parallel die Vorbereitungen zu ihrer fünften und letzten Single-Produktion. Bevor die zwei neuen Lieder jedoch aufgenommen werden können, kommt es zwischen Hans R. Beierlein und den Verantwortlichen der Phonogram zu einer erneuten Kontroverse. Mit Nachdruck hatte er sich seit der Übernahme von Alexandras Management um ein größeres Mitspracherecht an der Produktionsplanung und am künstlerischen Aufbau der jungen Sängerin bemüht, doch nun hält er gegenüber dem Phonogram-Direktor seine Verärgerung, ja Bestürzung nicht länger zurück:
»Lieber Dr. Vogelsang, in wenigen Tagen soll die neue Single von Alexandra produziert werden. Die letzten beiden Platten haben nicht im entferntesten das gehalten, was sich Produzent und Vertrieb versprochen haben. Wir haben nicht viel erwartet, und leider sind unsere Prognosen eingetreten. Wir sollten alles tun, mit der neuen Platte keine Fortsetzung der unglücklichen *Odessa* und *Schwarze Balalaika* zu produzieren. Aus diesem Grund finde ich es sehr bedauerlich, daß bis heute kein Text für die A-Seite vorliegt und uns die 2. Seite nicht einmal bekannt wurde. Können wir für die Zukunft nicht besser zusammenarbeiten? Das fragt in Sorge um einen

weiteren Prestige-Verlust mit herzlichen Grüßen Ihr Hans R. Beierlein.«

Bereits ein halbes Jahr zuvor weist Hans R. Beierlein die Phonogram auf einen spürbaren »Rückwärtstrend im Automatenmarkt« und im Single-Verkauf hin und versucht, bessere Bedingungen in bezug auf Alexandras Betreuung und die Vermarktung ihrer Schallplatten durchzusetzen. So empfiehlt er unter anderem:

»Von jeder Single soll eine Seite bewußt kommerziell gehalten, die andere möglichst anspruchsvoll sein. Wenn russisches Material gewünscht wird, sollte es Originalmaterial sein, das neu verarbeitet wird im Stile von ›Kleine Annabelle‹ von Ronny. Die zweite Seite würde entweder ein Titel Alexandras selbst sein oder ein ausländischer Titel von großer Bedeutung.«

Dieser Rat wird zwar bei der neuen Single-Produktion von der Phonogram und dem Produzenten Fred Weyrich aufgegriffen und befolgt, doch versäumt man, Hans R. Beierlein davon zu unterrichten, was ein Zeichen für die angespannte Situation im Ränkespiel um Alexandra ist.

Erstes Morgenrot
Musik: Rudi Bauer; Text: Fred Weyrich

Erstes Morgenrot
über den tiefen Wäldern,
Wolken treibt der Wind,
Nebel liegt auf den Feldern.
Erstes Morgenrot
bringt mir den Gruß der Heimat
aus dem fernen Land,
wo meine Wiege stand.
Ich seh' die Birken im Sonnenlicht stehn,
silbern vom Tau der kühlen Nacht,
und kann die Worte der Lieder verstehn,
die mich so glücklich gemacht.

Erstes Morgenrot
liegt auf den weiten Seen,
Gräser wiegt der Wind,
die an den Ufern stehn.
Ich seh' die Schwäne hoch über dem Feld
auf ihrem Fluge nach Norden;
was ist aus all den Vertrauten zu Haus
und aus den Freunden geworden?
Erstes Morgenrot
bringt mir die schönsten Träume
aus dem fernen Land,
wo meine Wiege stand.

Die A-Seite der aktuellen Single mit dem Titel *Erstes Morgenrot* ist ganz nach dem Erfolgsmuster des Kassenschlagers *Sehnsucht* gestrickt. Wieder greift Fred Weyrich mit dem Komponisten Rudi Bauer in bewährter Zusammenarbeit ein russisches Motiv auf und trifft damit erneut den Geschmack des Publikums. Aber auch das Lied *Spielt Musik am Kaukasus* auf der Rückseite der Single, zu dem Alexandra den Text geschrieben hat, beeindruckt die Käufer.

Innerhalb kürzester Zeit erreicht die neue Platte allen Befürchtungen zum Trotz die Top 20 der deutschen Charts und hält sich dort mehr als drei Monate. Noch bessere Plazierungen aber belegt Alexandras dritte Langspielplatte *Porträt in Musik*. Nach der Fernsehausstrahlung des gleichnamigen Truck-Branss-Specials gelangt diese LP sogar auf den dritten Platz der deutschen Hitlisten und muß innerhalb weniger Wochen unter Verzicht auf das bisherige, aufwendige Klappalbum in einfacher Ausführung tausendfach nachgepreßt werden.

Mit großer Spannung verfolgt Alexandra am 14. Mai, dem Tag ihrer Aufnahme von *Erstes Morgenrot*, im »Philips«-Haus in München ihr TV-Portrait. Zusammen mit Fred Weyrich und ihrem Verlobten Pierre freut sie sich über das Ergebnis und die darauffolgenden guten Kritiken. Nur der ungünstige Sendetermin im ZDF ist ihr ein Dorn im Auge. Sie ärgert sich über den im ersten Programm parallel laufenden Fernsehfilm »Romeo und Julia 70« von Michael Pfleghar, über den seit Monaten ausführ-

lich berichtet worden war und dessen Produktion Unsummen verschlungen hatte. Doch in einem kurzen Interview mit der »Bild«-Zeitung kündigt Alexandra schon tags darauf selbstbewußt an:
Ich weiß nicht, warum das gemacht wurde. Natürlich hat mich das viel Publikum gekostet. Aber in drei Jahren will ich soweit sein, daß man meinetwegen Fernsehprogramme ändert, und ich werde es schaffen!
Die Chancen dafür stehen außerordentlich gut. Bis zu diesem Zeitpunkt hat Alexandra bereits 58 Lieder aufgenommen, eine Produktivität, die in der Kürze von nicht einmal zweieinhalb Jahren sehr beachtlich ist. Sie hat erreicht, wovon viele ihrer Kolleginnen und Kollegen nur träumen: Sie ist ein Star und aus der deutschsprachigen Musikszene nicht mehr wegzudenken!
Dennoch läßt sich Alexandra vom Erfolg nicht blenden. Im Gegenteil: sie haßt den Begriff »Star« und beobachtet ihren Aufstieg mit äußerster Skepsis. Von jetzt an verfolgt sie kritischer denn je ihre künstlerische Entwicklung und die Planungen ihrer »Macher«. So spürt sie unmittelbar nach ihrer letzten Single-Produktion, daß ihre Karriere an einem Punkt angelangt ist, an dem ihre musikalische Zukunft überdacht und in neue Bahnen gelenkt werden muß, damit sie ihren deutschen Spitzenplatz halten und weiter auf die internationale Ebene ausdehnen kann. In einem Fernsehinterview des Bayerischen Rundfunks äußert sie erstmals offen ihre Bedenken und erklärt:

Manchmal bin ich gar nicht froh, ich möchte weg von der »russischen Welle«, die mir noch immer anhängt. Obwohl ich eine große Vorliebe für russische Lieder habe, will ich sie nicht ausgerechnet jetzt, in der Zeit der »russischen Welle« bringen. Ich möchte nicht einfach mitschwimmen. Das wäre zu einfach.

Die russische Masche droht bei Alexandra allmählich zum Image zu werden. Und was das bedeutet, zeigt sich an ihrem Sangeskollegen Iwan Rebroff, der für alle Zeit als Vorzeige-Russe abgestempelt ist. Der Versuch Fred Weyrichs, dem gebürtigen Berliner Rebroff mit einem neuen Repertoire eine andere Richtung zu geben, schlägt fehl. Eine Platte mit dem Titel »Lieder der Welt«, auf der Rebroff Volkslieder verschiedener Nationen singt, wird ein Flop und verkauft sich nur aufgrund seines Namens.

Um Alexandra das gleiche Schicksal zu ersparen und zu verhindern, daß sie vom Publikum in die Schublade »singende Pseudorussin« gesteckt wird, beginnen die Verantwortlichen um sie herum, nach neuen Möglichkeiten und Modellen für sie zu suchen. Sie gehört zu einer der wenigen Ausnahmen der Branche, bei der nun alle Hebel in Bewegung gesetzt werden, um sie mit einem vielseitigen Programm weltweit bekanntzumachen.

Viele ihrer populären Kollegen bleiben im Gegensatz zu ihr auf eine Schiene festgelegt und leiden darunter. Aufgrund des Erfolges und der daraus resultierenden guten Plattenumsätze wird eine Masche über Jahre hinweg ausgereizt, bis schließlich der Markt erschöpft und die Zeit im Showgeschäft vorüber ist. Dann bleibt vielen nur noch die Flucht in den Alkohol, oder, wie im Fall der Sängerin Renate Kern, in den Selbstmord.

In den kommenden Wochen sucht Fred Weyrich den internationalen Musikmarkt nach interessanten Trends und vielversprechenden Vorlagen ab. Dabei stößt er auf ein Konzept, das bereits Mitte der fünfziger Jahre erfolgreich von der Amerikanerin Julie London auf ihrer LP »Calendargirl« umgesetzt worden war. Es basiert auf dem Einblick in ein Jahr aus dem Leben der Interpretin. Fred Weyrich, der etwas anderes will, als nur ein Sammelsurium aus verschiedenen Liedern auf der nächsten Langspielplatte Alexandras zusammenzustellen, ist von dieser Idee begeistert. Zusammen mit Alexandra will er dieses Thema aufgreifen und sich mit ihr die Arbeit im Texten der zwölf Lieder teilen. Doch daraus wird leider nichts mehr. Nur der Monat Januar wird in der Komposition von Rudi Bauer skizziert, und erst mehr als zwanzig Jahre später wird Fred Weyrich dieses Konzept wieder aufgreifen und mit der Sängerin Dagmar Frederic unter dem Titel »Das Jahr in meinem Leben« in die Tat umsetzen.
Während Fred Weyrich im Frühsommer 1969 nach neuen Ideen und Vorlagen für Alexandra sucht, plant Hans R. Beierlein, die junge Sängerin für längere Zeit nach New York zu schicken. Sie soll das amerikanische Musikgeschäft kennenlernen, Kon-

takte knüpfen und möglichst auch schon einige englische Songs aufnehmen. So, wie er wenige Jahre zuvor Udo Jürgens »von seinem Werthers-Leiden-Image zum Happy-Udo umpolte«, so möchte er nun Alexandra eine neue, erfolgsträchtige Richtung geben:
»Sie sollte nicht auf ihrer Erfolgswelle weitermachen, ob sie wollte oder nicht, denn das zerstört die Zukunft. Wir versuchten, Alexandra wie zuvor Udo Jürgens vom abgegriffenen Wort Schlager wegzuführen. [...] Wer 1971 Geschäfte machen will, darf nicht erst 1971 daran denken, sondern möglichst schon 1968. Das setzt ein bißchen Fingerspitzengefühl voraus. Mit Logik allein geht es nicht. Und dann muß man eine gewisse Härte haben, keine Weihnachtsmannfreundlichkeit. Man muß konsequent sein, muß seine Ideen und Überlegungen in die Tat umsetzen und die Kraft haben, alles durchzustehen, auch auf die Gefahr hin, daß es danebengeht.«
Dem Vorschlag Beierleins, Alexandra in Amerika weiter ausbilden zu lassen, steht die Geschäftsleitung der Phonogram mit äußerster Skepsis gegenüber. Deutsche und internationale Angebote liegen für den kommenden Herbst vor oder werden gerade ausgehandelt. Da hätte eine lange schöpferische Pause, noch dazu im Ausland, katastrophale Folgen. Auf der Suche nach einem Kompromiß gibt Hans R. Beierlein zu bedenken, daß Alexandras Vertrag mit der Phonogram in einigen Wochen, am 31. Juli 1969, auslaufen wird und daß er bereits erste Gesprä-

che mit der Münchener Schallplattengesellschaft »Ariola« geführt hat. Für einen Firmenwechsel an die Isar spricht das seit längerem angespannte Verhältnis zwischen Produktion und Management wie auch die von ihm häufig kritisierte, unzureichende Betreuung und Promotion Alexandras durch die Phonogram. Die »Ariola« hingegen gehört seiner Ansicht nach zu den engagierteren Unternehmen der Branche, die zukunftsbezogen die Entwicklung ihrer Sänger vorantreiben und sie bestmöglich vertreten. Als Beispiel führt er Udo Jürgens an, der Anfang der sechziger Jahre von seiner damaligen, renommierten Schallplattenfirma kurzerhand auf die Straße gesetzt worden war. Erst die Zusammenarbeit mit ihm als Manager und der »Ariola« brachte dem jungen Sänger schließlich den Durchbruch und den langersehnten Erfolg.
Trotz dieser Einwände bleibt Alexandra der Hamburger Phonogram treu und setzt so dem Pokerspiel um ihre künftige Produktionsgesellschaft unmißverständlich ein Ende. Ausschlaggebend für ihre Entscheidung ist in erster Linie, daß sie auch in Zukunft ihre berufliche und private Bindung an die Hansestadt nicht gänzlich aufgeben möchte. Hinzu kommt ein verlockendes Angebot der Direktion. Werner Vogelsang – von Hans R. Beierleins Anwälten unter Druck gesetzt – verspricht Alexandra, ihren Vertrag rückwirkend mit besseren Konditionen zu versehen und ihn um weitere drei Jahre zu verlängern.

In die Diskussion um ihre Reise nach Amerika wirft Alexandra ein, daß sie auch dafür feste Vorstellungen hat. So stellt sie die Bedingung, daß sie nicht allein, sondern mit einer Begleitperson ihrer Wahl fahren darf. Auf die Frage, wer diese Person sei, hüllt sie sich allerdings noch in Schweigen.

SCHOCK

Als Alexandra am 19. Mai 1969 ihren 27. Geburtstag feiert, kann sie beruflich wie privat in eine sorglose Zukunft blicken. Mit ihrer Karriere geht es weiterhin bergauf, und mit ihrem Verlobten Pierre verbindet sie eine glückliche und äußerst harmonische Beziehung. Sie sprechen über ihre geplante Reise nach New York und Chicago und vereinbaren, daß er sie als Dolmetscher und Sekretär dorthin begleiten wird. Pierre beschließt, seinen bisherigen Beruf an den Nagel zu hängen und sich künftig nur noch um Alexandras geschäftliche Belange zu kümmern. Das setzt aber voraus, daß er von Koblenz nach München zieht und sie sich beide nach einer größeren Wohnung umsehen. Pierre ist es leid, daß Alexandra noch immer mit ihrer Mutter zusammenlebt und nicht selten von ihr bevormundet wird. Sie ist die zentrale Figur in ihrem Leben, die sie in allen Fragen berät und nach deren Meinung sie sich richtet. Sie schlafen sogar gemeinsam in einem Bett, damit der kleine Alexander sein eigenes Zimmer haben kann. Hinzu kommen die längeren Besuche und Aufenthalte von Alexandras Schwester Melitta, die sich manchmal über Wochen hinweg mit ihrem dreijährigen Sohn im Wohnzimmer einnistet. Auf Dauer ist dieser Zustand in der recht engen Dreizimmerwohnung einfach unerträglich. Immer häufiger kommt es zu Streitigkeiten. Daher ist Alexandra auch sofort bereit, eine neue Wohnung zu suchen, in der sie mit Pierre und ihrem Sohn ein glückliches Familienleben führen kann. Ihre Eigentumswohnung in der Baldurstraße will sie dann ihrer Mutter zum Dank für ihre aufopfernde Liebe und Unterstützung schenken. Doch bevor sich Alexandras Traum vom Familienglück zu dritt erfüllen kann, gerät sie in einen Strudel tragischer Ereignisse, aus dem es für sie kein Entrinnen mehr gibt.

Wenige Tage nach ihrem Geburtstag befürchtet Alexandra, daß sie in anderen Umständen ist. Besorgt wendet sie sich an ihren Münchner Hausarzt, der ihre Vermutung nach eingehender Untersuchung bestätigt. Dieses Ergebnis stürzt Alexandra in einen schweren Seelenkonflikt, begleitet von Ängsten und Zweifeln. Was soll sie jetzt bloß tun? Ein zweites Baby könnte ihren internationalen Aufstieg unterbrechen und paßte auch nicht in den zeitlichen Rahmen ihrer vielen Verpflichtungen. Andererseits sieht sie in diesem Kind die Krönung ihres privaten Glücks. Völlig hin und her gerissen zwischen Karriere und Privatleben entscheidet sie sich schließlich schweren Herzens für einen Schwangerschaftsabbruch.

Kurz nach dem ambulanten Eingriff reist Alexandra am 3. Juni in die Schweiz. Beim Schlagerfestival in Montreux soll sie am Abend als Gaststar auftreten. Doch schon während der Proben klagt sie über immer stärker werdende Unterleibsschmerzen. Nur

mit größter Mühe absolviert sie ihren Auftritt, ohne daß das Publikum ihr etwas anmerkt. Doch gleich im Anschluß an die Vorstellung besteht sie auf ihrer Rückreise. Noch in derselben Nacht wird sie in die Münchener »Frauenklinik zum Roten Kreuz« in der Taxisstraße eingeliefert. Auf den Einweisungspapieren wird vermerkt, daß »aufgrund starker Blutungen sofort eine Operation durchgeführt werden mußte«. Die plötzliche Hormonumstellung nach der unerlaubten Abtreibung, der seelische Druck und die berufliche Anspannung sind für sie zuviel gewesen. Eine beginnende Infektion und der immense Blutverlust bedrohen in diesen Stunden Alexandras Leben. Der leitende Chefarzt verordnet ihr daher nach der Notoperation strengste Bettruhe.
Aber schon nach neun Tagen wird sie auf eigenen Wunsch vorzeitig aus dem Krankenhaus entlassen. Ein wichtiger Auftritt in der Bochumer Ruhrlandhalle neben Gerhard Wendland, Vicky Leandros und Chris Roberts steht an und kann so kurzfristig nicht mehr abgesagt werden. Es gäbe eine Reihe von indiskreten Fragen und Vermutungen seitens der Initiatoren und der Presse, und es soll doch niemand von der Sache erfahren.

Kaum hat sich Alexandra etwas erholt, trifft sie schon wenig später der nächste Schlag. Die Münchener Detektei, die ihren Verlobten überprüfen sollte, legt den Abschlußbericht ihrer Ermittlungen vor.

Nach Aussage von Alexandras Schwester Melitta geht daraus hervor, daß Pierre ein vorbestrafter Heiratsschwindler und Bigamist ist. Aufgrund zahlreicher Delikte wurde er bereits aus Dänemark ausgewiesen. In Deutschland, wo auch seine Ehefrau leben soll, sind zudem immer wieder Treffen mit zwielichtigen Personen unter anderem aus dem Rotlichtmilieu beobachtet worden. Die Zugehörigkeit zu einer kriminellen Vereinigung wird daher nicht ausgeschlossen.

Alexandra ist schockiert. All das, was sie mit Pierre in den vergangenen Monaten privat erlebt und für die Zukunft geplant hat, soll auf Lügen aufgebaut und für immer vorbei sein? Aus der Traum von einer beruflichen Zusammenarbeit und ihrer gemeinsamen Reise nach Amerika? Durch diese plötzliche Enthüllung bricht für Alexandra eine Welt zusammen. Ihr Glaube, einen starken und aufrichtigen Partner an ihrer Seite zu wissen, bei dem sie endlich Geborgenheit, Vertrauen und Halt finden kann, ist mit einem Mal zerschlagen. Alles, was ihr bleibt, ist der schale Nachgeschmack einer heftigen Aussprache, die bittere Trennung und die grenzenlose Leere in ihr.

Das Glück kam zu mir wie ein Traum
Musik: L. Bonfa; Text: Ernst Bader/H. Ewer

Das Glück kam zu mir wie ein Traum,
Musik aus dem endlosen Traum,
so wie ein Sonnenstrahl
auf zartem Blütentau,
im ersten Morgengrau,
so war dein Kuß.

Noch nie war das Glück mir so nah,
noch nie war ein Herz für mich da;
die Maske zerbrach,
ich hab dein Gesicht gesehen,
die Zeit blieb stehen,
ein vergessener Kuß,
ein verlorener Blick,
kommen nie mehr im Leben zurück.

Noch nie war das Glück mir so nah,
noch nie war ein Herz für mich da.

Fortan traut Alexandra niemandem mehr. Ihre Unbekümmertheit und das offene Zugehen auf ihre Mitmenschen sind verschwunden. Ihre Furcht, allein zu reisen und vielerorts in anonymen Hotels übernachten zu müssen, steigert sich zu regelrechter Verfolgungsangst. Sie ist nun überaus mißtrauisch und vorsichtig. Sogar die Fanpost liest sie mit anderen Augen und findet Verdächtiges zwi-

schen den Zeilen. Neben zahlreichen Autogrammwünschen und Gratulationen gibt es immer wieder Bittgesuche finanzieller Art, zweideutige Angebote, aber auch ernstzunehmende Drohungen, die sie ängstigen. Doch sie erhält auch Briefe, die ihr Freude bereiten und Mut machen:
»Sie, liebe Alexandra, sind für mich der einzige Mensch auf der Welt, von dem ich glaube, daß er mich versteht. […] Ich wußte ja gar nicht, daß Sie so krank waren. Um Himmels willen, lassen Sie es nie wieder dazu kommen, daß Sie ins Sanatorium gesteckt werden müssen. Schonen Sie sich mehr, wir – ich – brauchen Sie doch! Ich möchte Ihnen so gerne helfen – aber wie? Ich kann nur hoffen und wünschen, daß alle Menschen, die in Ihrer Nähe sind, sehr lieb zu Ihnen sind! Es sind beneidenswerte Menschen.«
Ihre Fans können nicht wissen, wie es zur Zeit in ihrem Leben und in ihrem Herzen aussieht. Die wenigen, wirklich guten Freunde, mit denen sie über alles reden könnte und denen sie vertraut, wohnen weit von München entfernt. Und ihre Mutter möchte sie mit ihren trüben Gedanken und Sorgen nicht noch mehr beunruhigen. Sie muß schon genug durchmachen. Anstatt mit 57 Jahren ihr eigenes Leben zu genießen, kümmert sie sich um Alexandras Haushalt, beantwortet ihre Post und erzieht in ihrer Abwesenheit den kleinen Sascha. Aus Angst vor einer Entführung begleitet sie ihn täglich zu seinem Kindergarten und holt ihn

[26] Alexandra singt
»Janos von der Puszta«,
Aktuelle Schaubude

[27] Alexandra mit Roy Black, Vicky Leandros und Rex Gildo bei der Verleihung der ersten »Goldenen Europa«, Mainz, Februar 1969

[28] ... bei Robert Lembke in *Was bin ich?*

[29] ... bei Heinz Schenk und Lia Wöhr im *Blauen Bock*

[30] Märkisches Viertel Berlin, Dezember 1968:
Wochenschau-Beitrag »Grau zieht der Nebel«

[31] Autogrammstunde in Berlin

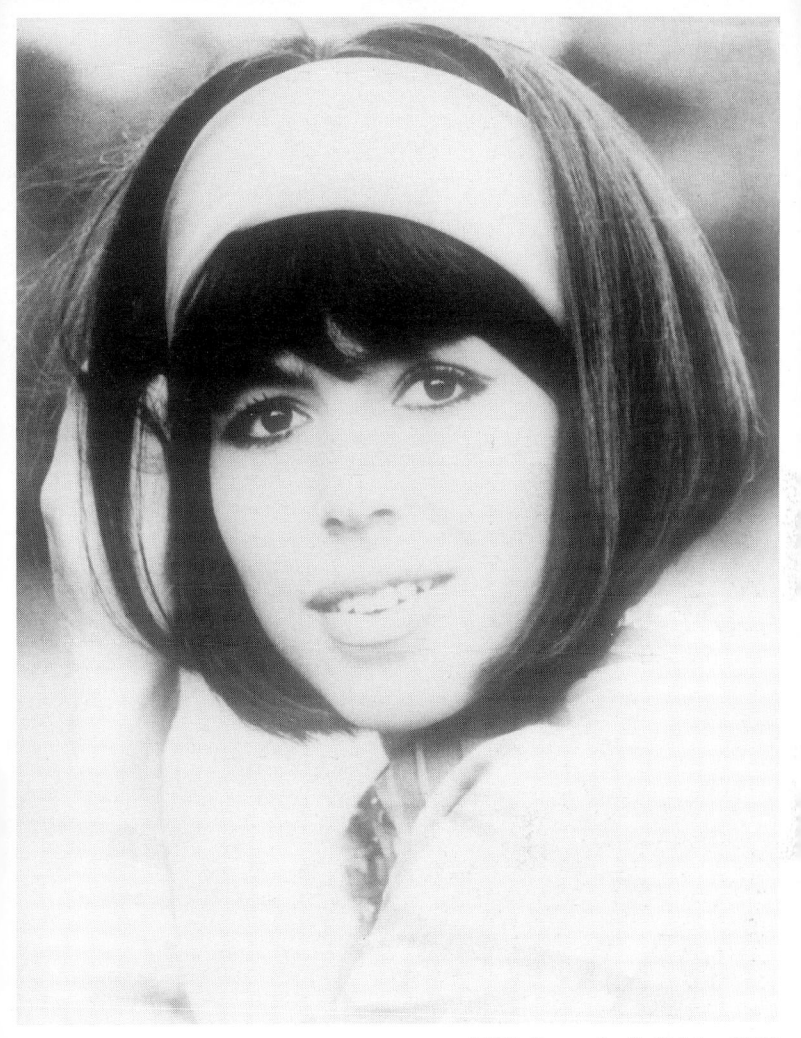

[32] Portrait, Frühjahr 1969

[33] Alexandra in der ZDF-Sendung *Ein Hoch der Liebe*

[34] … im holländischen Fernsehen zusammen mit Lou van Burg

[35] Archiv-Foto des Hessischen Rundfunks

[36] Davos, Februar 1969: Alexandra beim Skilaufen

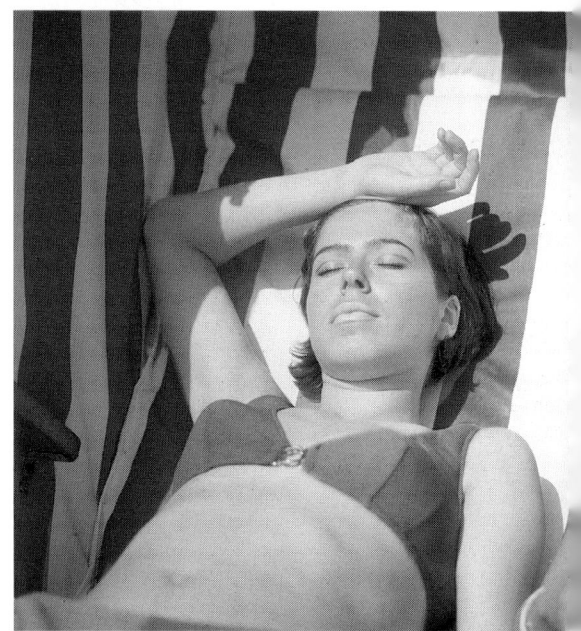

[37] ... und am Ostseestrand

[38] Alexandra privat

[39] NDR-Sendung
Musik aus Studio B

[40] Juni 1968: Alexandra auf der Mühlbrunn-Kolonnade an der Tepi im tschechischen Karlsbad anläßlich des Musikfestivals um den »Goldenen Notenschlüssel«

[41] Paris, vor dem Haupteingang der französischen »Philips«-Niederlassung

Folgende Doppelseite:

Links oben
42] München, Ostern 1969: Verlobung mit Pierre Lafaire: Marleen Zaus, Alexandra, Pierre, Melitta und Wally Treitz

Links unten
43] Ein seltener Augenblick

Rechte Seite
44] Bad Sachsa: Wanderung durch den Harz mit Mutter und Sohn

[42]

[43]

[45] Tellingstedt, 31. Juli 1969, Ort des tödlichen Unfalls

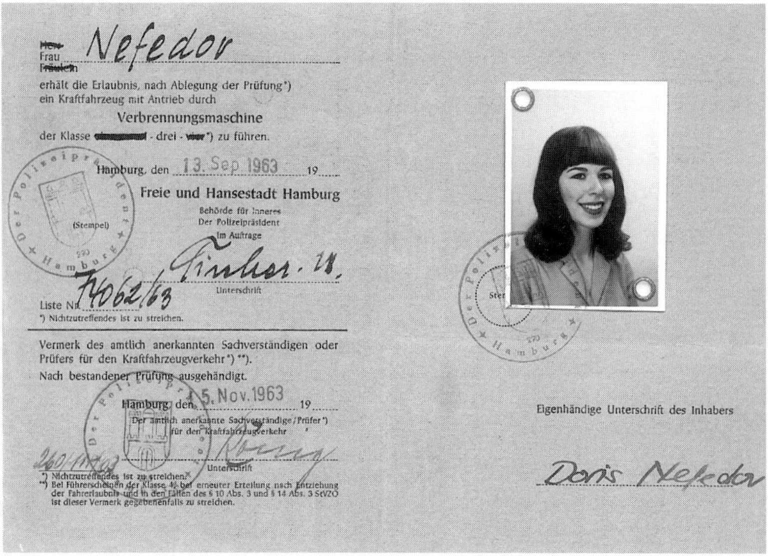

[46] Alexandras Führerschein

[47] München, Westfriedhof: Alexandras Familiengrab, Grabreihe 101a, Grabstein 81

[48] Boston, Dezember 1992: Hochzeit von Alexandras Sohn: Sascha mit Braut Jelena und Vater Nikolai, der im Frühjahr 1994 verstarb. Ist die Ähnlichkeit der Braut mit Alexandra nicht verblüffend?

[49] Portrait Alexandra, 1969

auch wieder ab. So kann es nicht weitergehen. Daher beschließt Alexandra, sich trotz ihrer Trennung von Pierre nach einer neuen Wohnung umzusehen und ihren Sohn im kommenden Herbst auf ein Internat in der Nähe von Starnberg zu schicken. Auf der »International School« in Percha, einem alten Schloß, soll er künftig englisch- und deutschsprachig aufwachsen und unterrichtet werden. Doch bevor für den Sechsjährigen der Ernst des Lebens beginnt, möchte Alexandra mit ihm und ihrer Mutter im Sommer für drei Wochen nach Sylt fahren und sich dort nach all den privaten Tiefschlägen und dem beruflichen Streß so richtig erholen. Sie können ihre Abreise am letzten Julitag kaum noch erwarten.

Bis es aber soweit ist, muß Alexandra noch eine Vielzahl von Verpflichtungen wahrnehmen. Und das erfordert ihre letzten Kraftreserven. Um morgens wach zu werden, trinkt sie Unmengen starken Kaffees oder greift hin und wieder zu einem Aufputschmittel. Zum Frühstücken fehlt ihr meist die Zeit. Abends dagegen sieht es vollkommen anders aus. Nach ihren Auftritten ist sie meist derartig aufgekratzt, daß sie nur mit Hilfe von Beruhigungs- oder Schlaftabletten zur Ruhe kommen kann. Dennoch läßt sie sich nach außen hin nichts anmerken und setzt ihre Arbeit in gewohnter Weise konzentriert und gewissenhaft fort.

In den folgenden Wochen ist sie unter anderem Gast in der ZDF-»Drehscheibe« und in Vico Torrianis »Goldenem Schuß« . Sie reist ins österreichische Dornbirn, um dort als Jurymitglied bei einem Talentwettbewerb den musikalischen Nachwuchs zu beurteilen, und dann weiter nach Graz, wo sie bei einer Galaveranstaltung vom Publikum umjubelt wird. Besonders viel Spaß aber bereitet ihr in München ein Auftritt im berühmten Zirkus Krone. Seit ihrer Kindheit ist sie immer wieder aufs neue von der Welt der Artisten, Clowns und Dompteure fasziniert. Für sie liegt ein Hauch von Melancholie und Romantik in ihrem zigeunerähnlichen Leben, in ihrem fortwährenden Umherziehen durch aller Herren Länder.

Der große Clown
Musik und Text: Charlie Niessen

Sein Leben war das Zirkuszelt,
sein Inhalt, seine ganze Welt,
wo es grad stand, war er zu Haus,
der große Clown.
Es hat geweint sein Saxophon,
ein Kinderlachen war sein Lohn,
er neigte tief sich dem Applaus,
der große Clown.
Als er noch jung war, ohne Netz,
schwang von Trapez zu Trapez,
ganz schwerelos schien er im Raum,
der große Clown.

Der große Clown geht heim,
der große Clown geht heim,
er kommt sicher in den Himmel,
denn er hat die Menschen froh gemacht.

Die Frau trug er sehr früh zu Grab,
die Tochter stürzte später ab – vom Seil,
da hat er sehr geweint,
der große Clown.
Er trug die Schminke dicker auf,
stieg in die Zirkuskuppel rauf,
denn da war er mit ihr vereint,
der große Clown.
Sein Leben war die große Schau,
er fand nie wieder eine Frau,
er fand nur selten einen Freund,
der große Clown.
Die schwarzen Haare wurden weiß,
man schob ihn auf das Abstellgleis,
ein Pausenclown,
das wurde aus dem großen Clown.
Die Maske totenweiß geschminkt,
der Rücken krumm, ein Bein, das hinkt,
das Publikum, das lacht ihn aus,
den großen Clown.
Im Regen stehn Wohnwagen hier,
Artisten stehn rum und frier'n,
die große Schau, die ist nun aus,
mein großer Clown.

Der große Clown geht heim,
der große Clown geht heim,
er kommt sicher in den Himmel,
denn er hat die Menschen froh gemacht.

Am 8. Juli 1969 findet unter dem Geleitspruch »Der Glaube tröstet, wo die Liebe weint« die Urnenbeisetzung von Alexandras Vater statt. Gemeinsam mit ihrer Mutter hatte sie kurz zuvor ein Familiengrab auf dem Münchner Westfriedhof gekauft, gegenüber ihrer Wohnung in der Baldurstraße. Hier findet August Treitz seine letzte Ruhe, und noch einmal werden in Alexandra die vielen schönen Erinnerungen an ihren Vater wach, aber auch die Schuldgefühle, sich in den vergangenen Jahren nicht genug um ihn gekümmert zu haben. In diesem Zusammenhang fallen ihr die tröstenden Worte Hans R. Beierleins ein, dem sie Ende Januar den letzten Brief ihres Vaters anvertraute und ihn um seine Meinung bat. Er antwortete ihr daraufhin in einem Schreiben nach Davos: »Den Brief Deines Vaters habe ich gelesen. Er war sehr wohlgemeint, sehr gescheit und von sehr viel Liebe zu Dir getragen.«
Alexandra kann noch immer nicht verstehen, wie ihr Vater so unerwartet sterben konnte. Noch weniger kann sie sich das Verhalten ihrer ältesten Schwester erklären. Beim Umzug nach München im März war plötzlich die Karte aufgetaucht, die er seiner Lieblingstochter Melitta nur wenige Tage vor sei-

nem Tod geschrieben hatte. Es war ein verzweifelter Hilferuf, doch Melitta hatte diese letzten Zeilen ihres Vaters einfach ignoriert.
Gleich nach der Beerdigung fliegt Alexandra mit Fred Weyrich erneut für ein paar Tage nach Paris. Diesmal steht die Unterzeichnung mehrerer Verträge im Mittelpunkt, darunter auch Alexandras spektakuläre Verpflichtung, Ende des Jahres im Pariser »Olympia« aufzutreten. Das ist eine bis dahin einzigartige Auszeichnung. Noch nie zuvor hatte eine deutsche Sängerin den Sprung ins legendäre Mekka der internationalen Musikszene geschafft. »Olympia«-Direktor Bruno Coquatrix ist von Alexandra und ihrer Stimme derartig überzeugt, daß sie zusammen mit französischen Nachwuchskünstlern als »Vedette Américaine« das Vorprogramm einer großen Gala bestreiten soll. Aber damit nicht genug. Beim französischen »Philips«-Konzern liegen außerdem Konzepte und Verträge für Auftritte in Japan, Kanada, Südafrika und Australien auf dem Tisch.
Parallel zu den französischen Abschlüssen und Gesprächen beginnen in München die Vorbereitungen für Alexandras erste Deutschland-Tournee. Ihr mehrsprachiges Repertoire und ihr Bekanntheitsgrad reichen jetzt aus, um im Frühjahr 1970 eine eigene Konzertreise antreten zu können. In 22 deutschen Städten soll Alexandra neben ihren erfolgreichsten Liedern Unbekanntes und Hitverdächtiges aus dem geplanten vierten Album präsentieren. Einer ihrer neuen Single-Erfolge wird dann mit

Sicherheit der mitreißende Kasatschok *Ty pasztoj* sein, der im Vorjahr überall in Europa zu hören war und monatelang die tschechischen Schlagerparaden angeführt hat. Schon im Herbst soll dieses Lied, zu dem Alexandra den deutschen Text schreiben will, neu arrangiert und aufgenommen werden. Aber auch andere Lieder warten in Alexandras Schublade auf ihre Produktion und Veröffentlichung. So schrieb sie in den vergangenen Monaten den Text *Unsere Kirschen blühen weiß* zu der Musik von Gilbert Bécaud und komponierte Lieder wie *Der Sommer geht* und *Die goldenen Tage von Nessebar*. Sie machte sich Gedanken über ihre *Kinderjahre* und stellte ein anderes Mal fest: *Wie ein Regenbogen war unser Glück*. Einiges von ihren Kompositionen und Texten bleibt jedoch unvollendet:

Die weißen Nächte von Leningrad
Musik und Text: Alexandra (Fragment)

Niemals, nie vergesse ich sie,
die weißen Nächte von Leningrad,
am fernen Newastrand,
die weißen Nächte von Leningrad,
wo ich die Liebe fand.

Wenn der helle Mond des Nachts
in mein Fenster sieht,
ist es mir, als hört ich wieder

der Newa ihr Lied,
und über alle Grenzen
fliegt mein Herz zu dir,
ach, wärst du nur hier,
was ich hab,
alles gäb ich dafür.
...

Wieder zurück in Deutschland, bespricht Alexandra mit ihrem Management die Planungen für das kommende, zweite Halbjahr. Unmittelbar nach ihrem Sommerurlaub wird sie zur »Internationalen Funkausstellung« in Stuttgart erwartet, wo sie in einer neuen Ausgabe von »Musik aus Studio B« und in der »Drehscheibe« ihre aktuelle Single *Erstes Morgenrot* vorstellen soll. Eine eigene Fernsehshow in Holland ist unter Dach und Fach, und der Chef der »Schaubude« rechnet mit einem Auftritt Alexandras in seiner 500. Sendung. Dazwischen steht ihre Mitwirkung an der Präsentation der in Kürze erscheinenden Langspielplatte »Lieder unserer Welt« auf dem Programm. Zugunsten des Deutschen Roten Kreuzes (DRK) singen in diesem Benefiz-Album namhafte Interpreten Lieder gegen Krieg, Unterdrückung und Not auf dieser Welt. Alexandra, die schon auf der vorangegangenen Platte »Lieder unserer Zeit« des Roten Kreuzes mit *Sehnsucht* und *Die anderen waren schuld* zu hören war, ist diesmal mit dem Titel *Schwarze Engel* vertreten, einem eindringlichen Appell gegen jede Art von Rassismus. Dieses anspruchsvolle Lied war erstmals auf Alexandras zweiter LP erschienen, aber wenig später, bei der Produktion der weitaus erfolgreicheren LP *Porträt in Musik*, ausgemustert worden. So ist zu erklären, daß Alexandra sich besonders freute, dieses Lied auf der neuen DRK-Platte zu finden.

Schwarze Engel
Musik: M. A. Maciste; Text: Ralph Maria Siegel

Ihr Maler, laßt euch sagen,
ihr habt so viel uns zu schildern,
ich frag' euch,
darf ich's wagen,
es fehlt etwas in euren Bildern,
sagt, warum malt ihr denn nur weiße Engel,
die vom blauen Himmel schweben,
diese vielen kleinen Engel
muß es doch auch anders geben?
Warum denkt ihr denn nie daran,
daß auch ein Engel schwarz sein kann?
Die vielen kleinen Neger
sehn euch bittend an!

Denn ob wir arm oder reich sind,
wir werden alle vergehen,
weil wir doch alle gleich sind,
wenn wir vor dem Himmel stehen.
Und wenn ihr einen Engel malt,

dann denkt doch einmal daran,
daß es nicht nur weiße Engel gibt,
daß ein Engel schwarz sein kann.
Wer sagt euch,
daß es keine schwarzen Engel gibt?

Zehn Tage vor ihrer Fahrt in den Urlaub werden von Alexandra mehrere Cover- und Werbefotos für die neue DRK-Schallplatte aufgenommen. Es ist der 21. Juli 1969, der Tag, an dem nicht nur sie und das Fotografenteam, sondern die ganze Welt mit Spannung und Begeisterung die erste Mondlandung verfolgen. Neil Armstrong, Kommandant der Apollo 11, funkt die historischen Worte zur Erde: »Ich sehe meine Fußabdrücke. Das war ein kleiner Schritt für einen Menschen, aber ein gewaltiger Sprung für die Menschheit.«
Dieses Weltereignis ist wochenlang in aller Munde und wird ausführlich in den Medien kommentiert. Auch Alexandra muß sich einem kurzen Interview zu diesem Thema stellen. Neben Uschi Glas und Udo Jürgens antwortet sie auf einige Fragen der Regenbogenpresse:
»Sie sind die erste Frau auf dem Mond. Was würden sie dort zurücklassen?« – »Ein Schild: Betreten verboten!« – »Was würden Sie gern aus dem Mond zum Wohle Ihrer Mitmenschen machen?« – »Ein Dorado für Leute, die einsam leben wollen. Die Einwohnerzahl dürfte 1000 nicht überschreiten, also ein herrliches Einsamkeitszentrum.« – »Sie landen wieder

auf der Erde. Was unternehmen Sie als erstes?« – »Ich würde ein Schaumbad nehmen.«
Zwischen diesen Zeilen schwingt spürbar Alexandras Sehnsucht nach Ruhe und Geborgenheit mit, der Wunsch, sich wenigstens für kurze Zeit von allem zurückziehen zu können. Die Karriere erfordert ihre ganze Kraft. Hinzu kommen die noch unverarbeiteten, privaten Enttäuschungen und familiäre Probleme. Seit ihrer Entdeckung durch Fred Weyrich vor drei Jahren versucht Alexandra, die einfachen Familienverhältnisse, das Milieu, aus dem sie stammt, vor der Öffentlichkeit und ihren Kollegen zu verbergen. Sie erfindet Geschichten über ihren Exmann und über ihre beiden Schwestern und verstrickt sich dabei immer mehr in Widersprüche. In ihrem engsten, privaten Umfeld ist sie Drohungen, Angriffen und sogar Erpressungen ausgesetzt. Gründe dafür sind vor allem Eifersucht und Neid. Doch aus Angst vor der Presse und in Sorge um ihre weitere Karriere schweigt sie darüber und stürzt in immer tiefere Depressionen.

VORAHNUNGEN

Ende Juli 1969 ermittelt das Fachmagazin »Schallplatte« in seiner jährlichen Umfrage wieder die Erfolgreichsten der Showbranche. Mit überraschenden 17,1 Prozent belegt Alexandra, die bereits im Vorjahr von dem Magazin zur »interessantesten und beliebtesten Nachwuchssängerin« gewählt worden war, hinter der Berliner Sängerin Manuela mit 18,2 Prozent den zweiten Platz. Somit liegt sie deutlich vor Hildegard Knef (16,1 Prozent), Wencke Myhre (13,1 Prozent) und Siw Malmquist (8,0 Prozent). Bei den männlichen Interpreten wird in diesem Jahr erstmals Udo Jürgens mit beachtlichen 29,9 Prozent der Stimmen zum »beliebtesten deutschsprachigen Sänger« gekürt, vor Peter Alexander (24,4 Prozent) und Roy Black (18,0 Prozent). Auf internationaler Ebene sind 1969 Mireille Matthieu, Dusty Springfield, Tom Jones und Adamo am beliebtesten.
Als Alexandra von ihrer Auszeichnung erfährt, gibt sie Journalisten gegenüber lachend zu verstehen, daß sie auch in Zukunft noch viel vorhabe, und unterstreicht ihre Worte mit einer Handbewegung, die einem Treppensteigen gleicht:
Schön und gut, ich habe einige Erfolge gehabt. Aber das ist erst der Anfang. Ich möchte langsam die Sprossen der internationalen Showtreppe hinaufsteigen, bis ich ganz oben bin. Ich möchte in einem Atemzug mit der Gréco,

Gilbert Bécaud oder Adamo genannt werden. Als ich mit meiner Karriere begann, nahm ich mir vor, zu den besten Sängern Deutschlands zu gehören. Das habe ich geschafft. Jetzt möchte ich zur Elite Europas kommen und dann mein Glück in Amerika versuchen und danach eine Filmkarriere ohne Gesang beginnen. Natürlich sind diese Pläne mit sehr viel Arbeit verbunden. Ich bin ein gehörntes Tier, weil maigeborener Stier, und gewohnt zu kämpfen. Aber ich hoffe, daß ich trotzdem alles erreiche, was ich mir wünsche.

Die Nachricht von der Auszeichnung des Fachmagazins erreicht Alexandra während der Fernsehaufzeichnung zu der ZDF-Show »Ein Hoch der Liebe«. Ihre Freude ist groß, aber sie kann ihre Erschöpfung und Niedergeschlagenheit nicht verbergen. Schon bei den Proben wirkte Alexandra überspannt und gereizt, mitunter auch schwach und zerbrechlich. Doch kaum steht sie vor der Kamera, schlüpft sie routiniert in die Rolle der strahlenden Sängerin. Mit ihrem ersten Erfolgstitel *Zigeunerjunge* eröffnet sie vor der Kulisse eines Zigeunerwagens den Reigen der Stars, die mit ihr Liebes- und Trinklieder aus aller Welt vortragen.

Fast eine Stunde lang singt und tanzt Alexandra zusammen mit Iwan Rebroff, Roberto Blanco, Horst Jankowski und dem Ehepaar Andrea Horn und Wyn Hoop, dem Sänger, der 1960 mit dem einfühlsamen Titel »Bonne nuit, ma chérie« einen der vorderen Plätze beim »Grand Prix de la Chanson« erreichen konnte. Auf dem Höhepunkt der Show legt sie einen

zünftigen Krakowiak aufs Parkett und präsentiert, in
eine russische Pelzrobe gehüllt, ihr neuestes Lied:

Klingt Musik am Kaukasus
Musik: Rudi Bauer; Text: Alexandra

Klingt Musik am Kaukasus,
daß man singen, daß man tanzen muß,
spiegelt blanker Schwerterglanz
tausendfach den Säbeltanz.
Wenn die Sonne untergeht
und der Horizont in Flammen steht,
brennt Georgiens stolzes Blut
lichterloh in Kampfesmut.
Doch Katjuscha lächelt still in sich hinein,
weiß sie doch, der Tanz gehört ihr allein,
wer im Dorf am allerbesten fechten kann,
wird vielleicht auch eines Tags ihr Mann.

Klingt Musik am Kaukasus,
daß man singen, daß man tanzen muß,
spiegelt blanker Schwerterglanz
tausendfach den Säbeltanz.
Wanja spielt auf dem Bajar,
schneller feuert er die Tänzer an,
daß die Funken nur so sprühn
und die schwarzen Augen glühn.
Doch für zwei wird bald zu ernst das wilde Spiel,
weil Katjuscha beide haben will;

wird auch schon am Horizont der Himmel hell,
stehen die zwei noch immer im Duell.

Endlich ziehn die beiden Kämpfer müd' nach
   Haus,
das Gefecht ging unentschieden aus;
doch Katjuscha hat dabei den Rest der Nacht
mit dem Wanja auf dem Feld verbracht.

Trotz ihrer Erschöpfung konzentriert sich Alexandra gewissenhaft auf ihre Arbeit. Sie bringt sogar noch die Kraft auf, ihre eigenen Ideen und Vorschläge für die Show durchzusetzen. Dabei gibt sie immer wieder Anlaß zu heftigen Diskussionen – wofür sie in der Branche inzwischen bekannt ist. Wyn Hoop, der das Drehbuch zu dieser Fernsehsendung schrieb, berichtet über diese Tage:
»Am Anfang schien es fast, als würden wir uns gegenseitig die Köpfe einschlagen, doch dann sind wir uns menschlich nähergekommen. Wir waren ein Solistenteam, hatten keinen Chor, keine Tänzer. Wir hatten alles selber gemacht. Alexandra, schon ein Star und auf dem Weg nach oben, hat sich da nicht ausgeschlossen. Sie war eine schwierige Künstlerin, wie alle, die begabt sind. Aber sie war auch ein guter Kumpel und wurde von allen respektiert, denn sie war eine Frau, die sich und anderen nichts vormachte, und sie war kollegial. Sobald sie ins Atelier kam, herrschte gute Laune.«
Niemand aus dem Team bemerkt etwas von Alexan-

dras innerer Zerrissenheit, von ihren Ängsten und Sorgen. Sie macht zwar einen nervösen Eindruck, steht auch hin und wieder blaß und geistesabwesend in der Dekoration. Doch keiner der Kollegen ahnt, daß sie in diesen Tagen ein paar ungewöhnliche Entscheidungen trifft, sei es aus Furcht oder nur aus dem Gefühl einer vagen Vorahnung heraus. Lediglich ihrer Tante Hildegard, die zu dieser Zeit in München zu Besuch ist, vertraut sie weinend an:
Ich habe den Ruhm, ich bin vielleicht auf der höchsten Stufe meiner Karriere angelangt, aber ich habe doch was falsch gemacht. Ich hätte bei Nikolai bleiben sollen. Er gab mir Ruhe und Geborgenheit, was ich jetzt nicht habe. Ich werde gehetzt. Die Freude, die ich am Anfang noch daran hatte, die habe ich nicht mehr, da ich erkannt habe, daß sie sich alle was vormachen, daß sie es nicht ehrlich meinen. O Gott, manchmal kann ich nicht mehr. Wenn du wüßtest, wie es in meiner Seele aussieht. Ich lebe zwischen Leben und Tod, jeden Tag.

Vor ihrer Fahrt nach Sylt möchte Alexandra finanziell noch einiges geregelt wissen. Ende Juli überweist sie eine größere Summe des Schulgeldes für ihren Sohn an sein künftiges Internat. Die Eigentumswohnung und der damit verbundene Bankkredit sind noch nicht abgezahlt, der beachtliche Vorschuß von der Phonogram wird seit mehreren Monaten mit ihren Tantiemen und Einnahmen verrechnet. Obwohl sie Geldsorgen hat, schließt sie überraschend eine zweite, recht hohe Lebensver-

sicherung ab. Ihre erste läuft gerade einmal seit Januar 1968. Als Nutznießer setzt sie ihre Mutter und ihren Sohn ein. Die beiden Schwestern werden dabei nicht berücksichtigt. Das lehnt sie entschieden ab. Dasselbe gilt für ihr Testament, das sie ebenfalls noch vor ihrem Urlaub aufsetzen und beglaubigen lassen will. Doch dazu bleibt wenig Zeit.
Als sie auf die Schnelle keinen geeigneten Notar finden kann, wendet sie sich hilfesuchend an Hans R. Beierlein, der wie sie in Reisevorbereitungen steckt. Er empfiehlt ihr einen Rechtsanwalt, der seine Kanzlei im selben Haus gleich neben seinem Büro hat. Er läßt sich von ihm juristisch vertreten und ist seit längerem mit ihm befreundet.
So fährt Alexandra am 25. Juli, unmittelbar nach Ende der Dreharbeiten zu »Ein Hoch der Liebe«, in die Kanzlei von Alfred Schenz. Doch der Anwalt hat sich an diesem Freitagnachmittag bereits ins Wochenende verabschiedet. Aufgeregt ruft Alexandra ihn privat in Perlach an und bittet um ein sofortiges Treffen. Nicht sehr erfreut über den plötzlichen Überfall gibt er zu bedenken, daß sie in ihrem Alter wohl noch etwas Zeit habe, ihr Testament zu machen. Alexandra ist anderer Meinung: »Ich lebe gefährlich in meinem Beruf. Ständig auf Achse, wie leicht kann da was passieren.« Auf ihr Drängen hin ist Alfred Schenz schließlich bereit, sie in seinem Haus zu empfangen. Noch in derselben Nacht setzt sie mit ihm und seiner Mitarbeiterin, der Anwältin Dr. Ursula Utecht, ihren letzten Willen auf:

Mein Testament

Ich, die Unterzeichnende, treffe folgende Bestimmungen von todeswegen:

1. Zu meiner alleinigen Vorerbin berufe ich meine Mutter Frau Wally Treitz, geb. Swetosch. Die Vorerbschaft dauert bis zum Tode der Vorerbin.

2. Zu meinem Nacherben auf den Tod der Vorerbin berufe ich meinen Sohn Alexander, geb. am 23. Juni 1963.

3. Für den Fall, daß der Nacherbfall eintreten soll, bevor mein Sohn Alexander das 25. Lebensjahr erreicht hat, ordne ich Testamentsvollstreckung an. Die Testamentsvollstreckung soll enden, wenn mein Sohn das 25. Lebensjahr vollendet hat.

4. Zum Testamentsvollstrecker ernenne ich den Rechtsanwalt Alfred Schenz. Sollte dieser nicht in der Lage sein, die Testamentsvollstreckung durchzuführen, so ermächtige ich ihn, einen geeigneten Testamentsvollstrecker zu ernennen. Diese Ermächtigung erteile ich ausdrücklich. Sollte auch dieser nicht in Frage kommen oder später wegfallen, so ersuche ich das zuständige Nachlaßgericht, einen geeigneten Testamentsvollstrecker zu ernennen.

München, den 26. Juli 1969
Alexandra
Doris Nefedov, geb. Treitz

Die Aufzeichnung der ZDF-Fernsehshow ist früher als geplant abgeschlossen. Alexandra bleibt unverhofft Zeit, ihrer Mutter beim Kofferpacken zu helfen. Sie kann es kaum erwarten, alles hinter sich zu lassen. Drei Wochen lang vom Alltag nichts mehr sehen und hören.

Ich freue mich schon so auf die Nordsee. Sie tut meinen Bronchien sehr gut. Ich bin übernervös und fühle mich deprimiert. Die vielen Plattenaufnahmen und Fernsehauftritte haben mich erschöpft. Deswegen freue ich mich auch wie ein Kind auf den Urlaub auf Sylt. Hinterher geht bestimmt alles wieder sehr viel besser. Jetzt werde ich endlich zu leben beginnen und Zeit für meinen Sohn haben. Mein Junge ist mein bester Freund. Wir wollen jede Minute miteinander verbringen. Ich werde mit meinem Sohn lange Spaziergänge am Strand machen und mich richtig erholen. Ich bin glücklich, einige Zeit nicht mehr an die Arbeit denken zu müssen. Ich bin seit Monaten überfordert. Die letzte Krankheit ist noch nicht richtig auskuriert. Dafür reichte die Zeit nicht. Ich hoffe, der Urlaub wird nun alles wieder in Ordnung bringen. Ich freue mich so sehr auf diese Ferien, denn wenn ich nach München zurückkehre, warten schon neue Verpflichtungen auf mich. Ich habe Fernseh- und Schallplattenverträge abgeschlossen und will auf Deutschlandtournee gehen.

DER UNFALL

Am Abend des 30. Juli um 20.32 Uhr ist es endlich soweit. Alexandra beginnt ihre Reise im Autozug nach Hamburg. Von allen Seiten hatte man ihr dazu geraten, um sich die Strapazen einer langen, nächtlichen Autofahrt zu ersparen. Sie ist zu entkräftet und zudem im Fahren ihres Mercedes noch recht ungeübt. Erst in der Woche zuvor war der Wagen in München auf ihren Namen zugelassen worden. Ein handgeschriebener Zettel mit verschiedenen Bedienungshinweisen liegt auf ihrem Armaturenbrett unterhalb der Windschutzscheibe, und sie muß ihn immer wieder zu Rate ziehen.

Während der Nachtzug den Münchner Hauptbahnhof verläßt und seine Fahrt nach Norden antritt, legen sich Wally Treitz und ihr kleiner Enkel im Schlafwagen zur Ruhe. Nur Alexandra macht kaum ein Auge zu. Sie grübelt. Tausende von Gedanken schwirren in ihrem Kopf herum.

Als sie am frühen Donnerstagmorgen in Hamburg ankommt, macht sie sich sofort auf den Weg zur Phonogram. Da sie zu den Stars der Firma gehört, erlaubt man ihr, auf das Eintreffen des Direktors in seinem Vorzimmer zu warten. Dr. Werner Vogelsang ist bestürzt, als er Alexandra kurz nach neun blaß und übermüdet vorfindet. Seit ihrem letzten Zusammentreffen hat sie in erschreckendem Maße abgenommen. Auf seine Frage nach dem Grund ihres Besuches bricht sie plötzlich in Tränen aus. Sie hat das Gefühl, bei ihr stürze beruflich wie privat die Welt zusammen. Sie weiß nicht, wie es weitergehen soll.

»Sie sagte mir, sie wolle weg aus München; zurück nach Hamburg und dort wieder enger mit Fred Weyrich zusammenarbeiten. Ich hatte sie damals vor einem Umzug nach München gewarnt. Ich war nicht gerade erfreut, als sie Hans R. Beierlein mit ihrem Management beauftragte. Ihre Schallplattenfirma und ihr Produzent waren in Hamburg. Ihr Umzug an die Isar führte zu einem ziemlichen Durcheinander. Als ich Alexandra zum letzten Mal sah, hatte ich gleich ein ungutes Gefühl. Sie war ein Häufchen Elend und völlig außer sich. Ich versuchte mein Bestes, um sie zu trösten.«

Werner Vogelsang weist auf ihren neuen Vertrag hin, der sie für die nächsten Jahre absichern soll. Er verspricht, ihr statt bisher sechs nun zehn Prozent Tantiemen zu zahlen, und das sogar rückwirkend – ein Zugeständnis, das aus dem Rahmen fällt und sehr selten ist. Doch all seine Bemühungen, Alexandra aufzumuntern, schlagen fehl. Beim Abschied läßt er sie nur schweren Herzens gehen. Er hat Angst um sie.

Den Rest des Vormittags verbringt Alexandra mit mehreren Besuchen. Sie trifft sich mit Fritz Köhler, dem Promotion-Chef der Phonogram, fährt zu ihrer Schneiderin zur Anprobe neuer Bühnengarderobe und macht eine kurze Stippvisite bei der »Hamburger Morgenpost«. Zum Schluß schaut sie noch auf einen Sprung bei ihrer Schwester Marianne in der Stephanstraße vorbei. Sie vereinbaren, sich demnächst auf Sylt zu treffen, wo sich auch die älteste Schwester Melitta zur Zeit aufhält. Sie werden dort aber nicht zusammenwohnen, das hat Alexandra abgelehnt. Sie möchte einmal so richtig ausspannen. Melitta kommt mit ihrem Sohn Roman bei einem Freund unter, Alexandra selbst hat für die drei Wochen das kleine Ferienappartement ihrer ehemaligen Schauspiellehrerin gemietet. Sie muß nur noch den Schlüssel abholen. Da Margot Höpfner zur Kur in Österreich ist, bekommt sie ihn von deren Ehemann. Er gibt ihr auch einen Korb Bettwäsche und Handtücher mit und richtet dem kleinen Alexander auf der Rückbank des vollbeladenen Coupés eine gemütliche kleine Kuschelecke ein. Er setzt ihn mitten in einen Wäscheberg, der ihm wenig später das Leben retten soll.

Nun kann die Reise nach Westerland weitergehen. Es ist 13 Uhr, und der heißeste Tag des Jahres. Die drei sind froh, als sie endlich aus der stickigen und hektischen Stadt herauskommen und über Land fahren. Alexandra fährt eine Route, die ihr Wyn Hoop am letzten Drehtag von »Ein Hoch der Liebe« empfohlen hat: Hamburg – Elmshorn – Itzehoe – Hademarschen – Albersdorf – Friedrichstadt – Husum – Niebüll. In Heiligenstedten, unweit von Itzehoe, hält Alexandra an einer Kfz-Werkstatt. Sie hat

Schwierigkeiten mit ihrem Wagen. Kurz zuvor hatte sie an einer Tankstelle bereits den Reifendruck messen und die Radmuttern nachziehen lassen. Doch das half nichts. Irgend etwas ist mit dem Mercedes nicht in Ordnung. In der Werkstatt herrscht viel Betrieb. Ein Angestellter sieht das Auto nur kurz nach, zu einer gründlichen Inspektion fehlt ihm die Zeit. Er wechselt auf die Schnelle die Zündspule aus und überprüft den Vergaser. Alexandra zahlt den Betrag von 33,33 DM und fährt weiter zum Tanken nach Albersdorf. Als sie gegen 15 Uhr die kleine Ortschaft wieder verläßt und auf der Landstraße 149 in Richtung Friedrichstadt unterwegs ist, geschieht an einer Kreuzung nahe Tellingstedt das Unfaßbare.

Alexandra sieht einen mit Steinen und Betonplatten beladenen Lastwagen von rechts herannahen. Der LKW hält nicht an. Sie hat die beiden Stop-Schilder übersehen und rast auf ihn zu. Entsetzt versucht sie in letzter Sekunde ihren Wagen zu bremsen, aber nun verwechselt sie vor Schreck das Brems- mit dem Gaspedal. Der Mercedes prallt beschleunigt auf den 32-Tonner und wird von ihm 35 Meter weit auf eine Wiese geschoben. Metall kreischt auf Metall. Das Vorderteil des Mercedes wird wie von einer Riesenfaust zusammengedrückt. Glas splittert. Dann ist es still.

*Kurz war das Glück,
müde sank das Blatt hinab
auf die Straße, sein regennasses Grab;
schon am Ende seines Lebens
rief das kleine Blatt vergebens:
Könnt' ich nur einmal noch im Wind fliegen,
flög' ich hin zu meinem Baum
und vergessen wär' der Traum
vom Fliegen, vom Fliegen.*

Auszug aus dem »Schlußbericht« der Polizeistation Tellingstedt, 16. August 1969:

»Am Donnerstag, dem 31. 7. 1969, um 15.05 Uhr wurde die Polizeistation Tellingstedt fernmündlich verständigt, daß sich soeben auf der Bundesstraße 203 – Kreuzung Landesstraße 149 – ein schwerer Verkehrsunfall ereignet hatte. Gemeinsam mit PHW (Polizeihauptwachtmeister) Wieckhorst fuhr ich sofort zur Unfallstelle, und wir trafen dort etwa 15.07 Uhr ein. Gleichzeitig mit uns trafen dort ein zufällig an der Unfallstelle vorbeikommender Streifenwagen des Bezirksreviers Heide und der verständigte Arzt Dr. Meier aus Tellingstedt ein. Ein Beamter des Streifenwagens löschte mit einem Feuerlöscher sofort den vorne leicht brennenden Unfall-PKW, während wir anderen uns zunächst um die im PKW befindlichen und teilweise eingeklemmten, schwer verletzten Personen kümmerten. Die Fahrerin und

die Beifahrerin vorne rechts waren besinnungslos. Durch Helfer wurde die Beifahrerin zuerst befreit und neben den PKW gebettet. Der Arzt leistete die erste Hilfe.

Die Fahrerin, die hinter dem Lenkrad eingeklemmt war, konnte Sekunden später befreit werden, sie war aber bereits verstorben, als sie unter Anleitung des Arztes aus dem PKW gehoben wurde.

Das auf dem Rücksitz befindliche Kind war inzwischen von Helfern in ein Haus gebracht worden. Das Kind war leicht verletzt.

Der LKW-Fahrer hatte eine leichte Prellung, war aber schwer schockiert.

Der etwa um 15.20 Uhr eintreffende Krankenwagen brachte die schwer verletzte Beifahrerin Treitz in das städt. Krankenhaus nach Heide, wo sie kurze Zeit später verstarb. Das Kind Alexander Nefedov wurde ebenfalls in das städt. Krankenhaus nach Heide gebracht.

Zur Unfallursache wird auf Bl. 6 u. 7 (WE-Meldung[*] und Leichenbericht) verwiesen. Es kann hier lediglich nochmals wieder bestätigt werden, daß die Fahrerin Nefedov nicht die Vorfahrt beim Überqueren der beidseitig mit Vorfahrt gesicherten Kreuzung beachtete (Halt! – Vorfahrt achten!). Sie fuhr, ohne anzuhalten, zügig auf die Kreuzung, wie es die vernommenen Zeugen bestätigten. [...]
gez. Polizeiobermeister Wiggers«

---

[*] wichtige Ereignis-Meldung, meist Telex oder Telegramm

RÄTSELHAFTER TOD

Unmittelbar nach dem tragischen Unfall wird von der Flensburger Staatsanwaltschaft ein strafrechtliches Todesermittlungsverfahren eingeleitet. Es ist nicht auszuschließen, daß im Zusammenhang mit Alexandras Tod ein Fremdverschulden vorliegt. Nach ersten Untersuchungen gibt es jedoch für die Polizei keinerlei Hinweise, die diesen Verdacht bestätigen. Für sie steht fest: Tod durch selbstverschuldeten Verkehrsunfall. »Die Todesursachen dürften in kausalem Zusammenhang mit den bei dem Unfall erlittenen Verletzungen stehen.«
Schon zwei Wochen später, am 16. August 1969, wird die Unfallakte »Doris Nefedov/Wally Treitz« unter dem Aktenzeichen Abt. 354 Nr. 12650 geschlossen und an das Landgericht Flensburg weitergereicht. Dort wird das Verfahren am 2. September 1969 eingestellt, die Unterlagen kommen ins Archiv. In der Regel werden Unfallakten nach fünf Jahren vernichtet, doch aufgrund des eingeleiteten Todesermittlungsverfahrens muß die Akte Alexandras dreißig Jahre lang aufbewahrt werden. So ist es heute möglich, im Landesarchiv Schleswig die zahlreichen Polizeiberichte und Zeugenaussagen einzusehen und das Geschehen von damals zu rekonstruieren.
Bereits beim ersten Durchblättern fallen einige Wi-

dersprüche und Ungereimtheiten auf, die 1969 wohl unbeachtet blieben oder niemanden interessiert haben. Offenbar ging es der Polizei bei der Bearbeitung dieses Verkehrsunfalls ausschließlich um die Klärung der Schuldfrage. Und die ist hier völlig eindeutig geklärt. Alexandra hat – warum auch immer – die Vorfahrt des Lastzuges mißachtet und damit den Unfall, der sie und ihre Mutter das Leben kostete, selbst und allein verschuldet.

Hätte Alexandra den Unfall überlebt, wäre wegen Gefährdung des Straßenverkehrs in Tateinheit mit fahrlässiger Tötung und fahrlässiger Körperverletzung gegen sie ermittelt worden. Dann hätte die Polizei – soweit für die Strafverfolgung erforderlich – Vorgeschichte, Ursachen und Motive ihres Fehlverhaltens erforscht. Da die Unfallverursacherin jedoch bei dem Geschehen getötet wurde, kam das nicht mehr in Betracht.

Manfred Gluth, Leiter einer Verkehrsunfallbereitschaft in Berlin, hat die Ermittlungsberichte, Zeugenaussagen, Lichtbilder und die Unfallskizze der Unfallakte intensiv studiert. Er findet insgesamt nichts zu beanstanden: »Den Vorgang hätte ich als Dienststellenleiter so auch unterschrieben.«

Kriminalpolizeidirektor Winfried Roll aus Berlin schließt sich dem an, fügt aber hinzu: »Allenfalls in einem Punkt würde die Polizei heutzutage wohl intensiver ermitteln: Wenn ausgerechnet ein Schlagerstar mit seinem Auto – ohne das geringste Bremsmanöver – vier Stop-Schilder überfährt und unter einen 32-Tonner-Lastzug rast, wird heute kein Polizist nur an Alkohol denken. Die Branche kennt anderes. Er wird sich nicht allein – wie im Fall Alexandra – auf seine gute Nase verlassen und wenigstens die Entnahme einer Blutprobe, vielleicht sogar eine Obduktion anregen, die in der Regel bei jedem unnatürlichen Todesfall durchgeführt werden muß.«

Doch alle zusätzlichen Untersuchungen wären im Sommer 1969 mit weiteren Unkosten verbunden gewesen und hätten keinerlei neue Erkenntnisse zur Schuldfrage ergeben. Nur so ist es zu erklären, daß weder ein ausführlicher Leichenschaubericht Alexandras noch Fotos von der Toten angefertigt wurden. Es existiert lediglich der Leichenschauschein, den der herbeigerufene Arzt aus Tellingstedt noch am Unfallort den Behörden ausgestellt hat. In dem Vordruck kreuzte er die Kästchen »Unglücksfall« unter Todesart und »Atemlähmung« unter Todesursache an. Daneben setzte er handschriftlich den Vermerk »Schädelbruch«. Das war alles.

Alexandras Versicherungsgesellschaft, bei der sie ihre Lebens- und Unfallversicherungen abgeschlossen hatte, gab sich damit zufrieden und verzichtete auf weitere Nachfragen. Aufkommende Gerüchte über einen eventuellen Selbstmord interessierten niemanden. Wieso sollte Alexandra auch mit Mutter und Sohn vorsätzlich in den Tod rasen, nachdem sie die beiden erst drei Tage zuvor zu ihren Alleinerben bestimmt hatte? Suizid dürfte somit ausgeschlossen werden. Allerdings halten Alexandras Schwester Marianne und der damalige Phonogram-Chef Werner Vogelsang bis heute eine Kurzschlußreaktion der Sängerin aufgrund ihrer nervlichen Anspannung für möglich.

Eine Bestätigung für diese Vermutung könnte man in der Zeugenaussage eines Straßenwärters finden, der den Unfall beobachtete und später zu Protokoll gab: »Ich sah keine Bremslichter oder sonstige Anzeichen, die darauf hindeuten, daß die Fahrerin vor der Stoppstraße ihre Geschwindigkeit reduzierte oder sogar anhielt.« Raste Alexandra bewußt in den Tod? Konnte oder wollte sie nicht bremsen? Oder wurde ihr ein kurzer Moment der Unachtsamkeit zum Verhängnis?

Die Schilderung des Straßenwärters ist die einzige Zeugenaussage, die das gesamte Geschehen beschreibt. Die anderen beziehen sich ausnahmslos auf die Verkehrssituation kurz vor oder nach dem Unfall. Sogar der am Unglück beteiligte LKW-Fahrer, dem jede Mitschuld an dieser Tragödie abgesprochen wurde, kann sich an nichts weiter erinnern, als daß er unmittelbar vor dem Zusammenstoß einen »von links auf sich zukommenden Schatten« bemerkte und aufs Bremspedal trat. Interessant an seiner Aussage ist jedoch der Hinweis auf einen an der Kreuzung wartenden PKW, dessen Fahrer fast selbst in den Unfall verwickelt worden wäre und der das Geschehen haargenau miterlebt haben muß. Leider wurden von diesem Zeugen weder Persona-

lien noch eine Aussage aufgenommen. Ein Versäumnis der Polizei? Nein! Da die Schuldfrage geklärt war, brauchten weitere Zeugen nicht gehört zu werden. Insbesondere konnte auch die Anhörung des kleinen Alexander als einzigem überlebenden Fahrzeuginsassen unterbleiben, zumal eine solche Vernehmung das leicht verletzte und unter Schock stehende Kind unnötig belastet hätte. Dennoch wäre nur er in der Lage gewesen, etwas über die entscheidenden letzten Sekunden im Leben seiner Mutter und Großmutter zu erzählen. Wie war die Stimmung der drei Reisenden im Auto? Wurde Alexandra beim Fahren durch irgend etwas abgelenkt? Erlitt sie vielleicht plötzlich einen Schwächeanfall? Oder war etwas mit dem Wagen nicht in Ordnung?
Größere Beachtung fand ein Autofahrer, der sich erst zwei Wochen nach dem Unfall bei der Polizei meldete und eine überraschende Aussage machte. Er beschuldigte Alexandra, eine »verkehrswidrige« und »wilde Fahrerin« gewesen zu sein. Auf dem Weg von Hamburg nach Heide hatte ihn die Sängerin an ihrem Todestag mit mehr als 120 Stundenkilometer etliche Male rücksichtslos überholt und dabei nicht nur ihn, sondern auch zahlreiche andere Autofahrer massiv gefährdet. »Sie fuhr so, als ob nur sie ganz allein die Vorfahrt hätte. Ich habe mich geärgert und geglaubt, daß ich sie im nächsten Straßengraben wiedersehen würde.«
Soll man dieser Schilderung glauben – Leichtsinn

als Todesursache? Warum meldete sich jedoch der Zeuge erst so spät bei der Polizei? Wieso gab es keine ähnlichen Beschwerden anderer Autofahrer? Ist Alexandra wirklich so riskant gefahren? Und dies, obwohl sie den Umgang mit dem frisch zugelassenen Mercedes noch nicht richtig beherrschte – oder gerade deswegen? Oder gab es technische Probleme, die auch der Grund für ihre durch Rechnungen belegten, zweimaligen Werkstattbesuche auf der Fahrt waren?

In den Ermittlungsakten aber bleiben Alexandras Schwierigkeiten mit ihrem Wagen unerwähnt. Nicht einmal in dem Gutachten über das Autowrack findet sich ein Wort darüber. Als denkbare technische Ursache für den Unfall kam eigentlich nur ein Versagen der Bremsen in Frage, und die waren laut Untersuchung des beauftragten Kfz-Sachverständigen in Ordnung. Auch an der Bereifung und Lenkung war trotz schwerer Beschädigungen nichts zu bemerken, was die Betriebssicherheit des Wagens beeinträchtigt haben könnte. Auf den von der Polizei erwähnten Brand unter der Motorhaube ging der Sachverständige nicht näher ein. Er dürfte durch das Abreißen der Kraftstoffleitung und den Kurzschluß bei der Zerstörung elektrischer Verkabelungen entstanden sein. Es gab also keinerlei Hinweise, daß technische Mängel oder gar eine kriminelle Manipulation an dem Auto Alexandras den Unfall herbeigeführt haben könnten.

Der von der Polizei beschlagnahmte Wagen stand

jedoch noch mehr als 24 Stunden am Unglücksort, bevor er in einer Tellingstedter Kfz-Werkstatt sichergestellt werden konnte. Das Wrack wurde schlagartig zum Anziehungspunkt vieler Schaulustiger. Jeder versuchte, ein Souvenir von der Tragödie zu erbeuten, und so dauerte es nicht lange, bis man den Mercedes ausgeschlachtet hatte. War demgemäß eine genaue Untersuchung durch den Sachverständigen – sieben Tage nach dem Unfall – überhaupt noch möglich? Soll man vielleicht doch dem Inhalt eines mysteriösen Schreibens glauben, das die Polizei Anfang August 1969 erhalten hat? Darin wird auf ein mögliches Verbrechen hingewiesen, dem Alexandra zum Opfer gefallen sein soll: »Ist der Unfallwagen schon auf eventuelle Sabotagespuren untersucht worden? Einen Unfall zu inszenieren ist für einen Mann mit Köpfchen kein großes Problem. Man borgt sich den Wagen aus und präpariert z.B. das Bremssystem. Dann knallt's irgendwo.«
Das Schreiben ist kein Einzelfall. Es gingen noch zahlreiche andere anonyme Briefe und Telefonate mit ähnlichen Mutmaßungen ein. Sie wurden aber aus Mangel an Beweisen zu den Akten gelegt. Wer sollte auch schon ein Interesse an Alexandras Tod haben oder von ihrem Unfall profitieren wollen? Kriminalpolizeiliche Fragestellungen wie diese aber tauchten während der damaligen Ermittlungen nicht auf. Folglich blieb bis heute vieles ungeklärt.

Wer zum Beispiel bat am 1. August 1969 – telefonisch – beim Amtsgericht Heide um die Genehmigung für eine Feuerbestattung Alexandras? Diesem Gesuch entsprechend wurde umgehend ein zweiter, erweiterter Beerdigungsschein ausgefertigt. Alexandras Anwälte und Schwestern bestreiten, je einen solchen Antrag gestellt zu haben. Ist hier vielleicht noch ein unbekannter Dritter im Spiel? Es fand schließlich ein Erdbegräbnis statt, da die Sängerin den Wunsch nach einer Verbrennung nie geäußert hatte.

Welche Rolle spielte der zwielichtige Amerikaner Pierre Lafaire? Einer Gesprächsnotiz vom 4. August 1969 zufolge behauptete er gegenüber einer Rechtsanwaltsgehilfin von Alfred Schenz, »mit Alexandra verlobt gewesen zu sein und daß sie demnächst heiraten wollten. Er sei auf dem Westfriedhof gewesen und habe die Leiche sehen wollen, was ihm verweigert wurde; deshalb wollte er sich mit Melitta Treitz in Verbindung setzen, von der er wisse, daß sie in München sei, auch um mit ihr wegen Alexandras Testament zu sprechen. Ich antwortete ihm, daß mir Melittas Münchner Adresse unbekannt sei und daß er Melitta spätestens auf der Beerdigung sehen könne, worauf Mr. Lafaire sagte, daß es ›dann schon zu spät sein könnte, und er wäre doch von so weit her gekommen‹«. Welche Absichten verfolgte der keineswegs in einem guten Ruf stehende, fallengelassene Ex-Verlobte Alexandras? Hoffte er, aus ihrem Tod Profit schlagen zu können?

Oder wollte er nur ganz privat von ihr Abschied nehmen? Seine Beziehungen zu Alexandra und ihrer Familie werden sich vermutlich nie mehr genau klären lassen. Niemand weiß, ob er noch lebt und was aus ihm geworden ist. Dennoch gibt es unzählige Gerüchte: von Rechnungen, die er nach dem Unfall auf Alexandras Namen ausstellen ließ, von Zechprellerei und Unterschlagung, von dubiosen Kontakten zur Familie der Toten.

Wer weiter forscht, stößt auf ein kriminelles Umfeld, das überhaupt nicht mit der strahlenden Oberfläche eines Schlagerstars zusammenzubringen ist. Marianne Kraft, Alexandras Schwester, ist der Meinung: »Der Pierre ist nur die Spitze des Eisbergs.« Ihre Schwester sei erpreßt und mit Mord bedroht worden. »Alexandra hatte Angst und wurde immer nervöser. Alexandra war einsam und hatte keinen Menschen mehr. Aus Angst vor der Presse ging sie nicht zur Polizei. […] Alexandra fuhr aus Angst und Horror und aus Nervosität in den Tod. Alexandra könnte heute noch leben.«
Und ein Freund und ehemaliger Arbeitskollege Alexandras, der nicht genannt werden möchte, ergänzt: »Was mir besonders in Erinnerung blieb, waren die anrüchigen, extravaganten Typen im Umfeld der Schwestern. Ich war mal auf so einem Fest […], da waren alle so gruselig, da wurden Drogen gereicht. […] Noch heute vermute ich, daß das, was damals gewesen ist, Doris' Unfall und, und, und

nicht normal gewesen ist. Ich kann mir gut vorstellen, daß da was gemogelt wurde.«

Kurz nach dem Unfall, so die Rechtsanwältin Frau Dr. Ursula Utecht, verschwand aus Alexandras Wohnung »alles, was nicht niet- und nagelfest war. [...] Bis heute sind wichtige Dokumente nicht mehr aufgetaucht.« Hatte vielleicht jemand ein Interesse, Alexandras Korrespondenz aus dem Verkehr zu ziehen? Gab es irgend etwas zu vertuschen? Welche Rolle spielte die Familie in den Tagen und Wochen nach dem Tod der zwei Frauen? Der monatelange Rechtsstreit um den Nachlaß eskalierte in einem ehrengerichtlichen Ermittlungsverfahren gegen die Anwälte der beiden Schwestern, bei dem sich herausstellte, daß einer ihrer Rechtsvertreter bereits seine Zulassung verloren hatte.

Ein Freund: »Nach Doris' Tod rutschte alles ins Kriminelle hinein. Da waren immer so Horrormärchen. Auch mit dem Verfassungsschutz war da was im Gange. [...] Nach dem Unfall waren dann laut Melittas Aussage mehrere Überfälle auf die Rothenburgsorter Wohnung verübt worden, und dann schoß man auf sie in der Münchner Wohnung. Sie erzählte mir, daß man ihr nach dem Leben trachte und es dabei um viel Geld gehe.«

Auch Ursula Utecht spricht von einem Umfeld von »Kleinkriminellen«, die sogar sie zu bedrohen versuchten. Jetzt trat manches zutage, was Alexandra der Öffentlichkeit verheimlicht hatte. »Sie mußte alles vernebeln, um ihre Karriere durchzukriegen. […] Kein Mensch hat gewußt, wo Alexandra eigentlich herkommt, aus welchem Milieu sie stammt.« Auch die Russen-Szene rund um den geschiedenen Ehemann Nikolai Nefedov kam immer wieder ins Gerede. Ging vielleicht von dort eine Bedrohung für Alexandra aus? Ein ehemaliger polnischer Geheimdienstoffizier hält es sogar für möglich, daß sie einem Mordanschlag des KGB zum Opfer gefallen ist: »Überprüfen Sie noch einmal die Akten und den Lebenslauf Alexandras und ihres Mannes. Ich glaube, daß der Lebenslauf der Alexandra eine KGB-Spionage- und Erpressungsstory beinhalten könnte. […] Außerdem ist der Unfalltod auch eine KGB-beliebte Methode (Bremsen und Lenkung).« Einen Beleg für solche Spekulationen gibt es nicht – aber der ungewöhnliche Tod liefert durchaus einen Nährboden dafür.

Sicher ist auch, daß Alexandras Familienleben keineswegs so harmonisch war, wie sie es den Medien gerne vorgaukelte. Der schon mehrfach zitierte Freund: »Da gab es immer wieder Schmutz und Haß. Überhaupt war die Familie völlig zerstritten. Auch zwischen Doris und ihrer Mutter gab es oft Streit, das erzählte sie mir am Telefon. Die Mutter war die Machtführende.« Solche Informationen passen schlecht in das Bild der rührenden Mutter, die nur darauf bedacht war, der Karriere ihrer Tochter zu dienen. Andererseits wird aus verschiedenen Aussagen auch deutlich, daß Alexandra ihr Bild von der Wirklichkeit und der sie umgebenden Menschen nicht nur manchmal schön-, sondern auch schwarzfärben konnte. Ursula Utecht: »Sie hat mir eine Riesengeschichte über ihren geschiedenen Mann erzählt, daß er das Kind entführen würde. Ich hab mich gefürchtet, wenn dieser Nefedov kommt, was passiert da? Doch da kam ein altes, kleines Männchen daher, und da war mir schlagartig klar, wieso er von der Bildfläche verschwinden mußte. Der war nicht zum Herzeigen, kein Adamo. Nach dem Tod aber kam raus, daß sie sich immer wieder im Harz getroffen haben. Er hat mir Fotos gezeigt. Alexandra hat mir den Mann als den letzten Buhmann schlechthin geschildert. Ich hatte Angst, dem das Kind rauszugeben. Und ich wußte nicht, wohin mit dem Buben. Und da kam ein rührender Mann, der dem Kind zum ersten Mal gescheite Schuhe gekauft hat. Alexander mußte nur feine Lackschuhe tragen. Er war so von der Großmutter verhätschelt worden, daß er kaum laufen konnte. Er ist von der Oma wie unter einer Käseglocke gehalten worden.« Alexandra selbst hat uns also den Blick auf ihre Familie bewußt verschleiert. Sie hat ein anderes Privatleben geführt, als sie zugeben mochte: Nikolai Nefedov durfte in ihrem offiziellen Leben nicht vorkommen – aber sie verlebte den Urlaub mit ihm; Pierre Lafaire war ihr Liebhaber – die Medien sollten jedoch nichts davon erfahren. Ihre Mutter sollte öffentlich als rührende Helferin dastehen – zu Hause war sie aber offenbar eine Tyrannin. Das Verhältnis zu ihren Schwestern wurde offiziell als herzlich geschildert – hinter vorgehaltener Hand gibt es auch andere Berichte. Deswegen muß bis heute unklar bleiben, welche familiären Interessen mit Alexandras abruptem Tod verbunden gewesen sein könnten.

Mißgunst spricht aus den gegenseitigen Verdächtigungen, aus Prozessen und Auseinandersetzungen um das Erbe und das Sorgerecht für den kleinen Sascha. Dabei war keineswegs voraussehbar, daß besonders viel zu erben war. Zwar hatten sich Alexandras Gagen innerhalb eines Jahres verfünffacht, doch wuchs parallel dazu eine Steuerschuld von rund 70000 DM, so daß Testamentsvollstrecker Alfred Schenz zunächst mehr Schulden als Gelder zu verwalten hatte. Schnell verstummten deswegen auch die Vorwürfe, daß sich Nikolai Nefedov nur des Geldes wegen um das Sorgerecht seines Sohnes bemühe. Aber auch Alexandras Schwestern, die leicht zu Erben hätten werden können, wenn Sascha zusammen mit Mutter und Großmutter zu Tode gekommen wäre, stritten um die Vormundschaft; und sogar die Schauspiellehrerin Margot Höpfner kämpfte darum – bei ihr durfte das Kind anfangs auch wohnen. Doch schließlich bekam der Vater seinen Sohn zugesprochen, und er nahm ihn bereits Anfang September mit zu sich und seiner Schwester Lydia nach Boston.

Damit endete die Geschichte der Doris Nefedov –
und die Legende der Sängerin Alexandra begann.
Es setzte eine erstaunliche Entwicklung ein, mit der
niemand gerechnet hatte. Nach ihrem Tod verdiente Alexandra mehr als zu Lebzeiten. Der Verkauf
von mehr als 300 000 LPs und Singles ermöglichte,
daß bereits im Juli 1970 auf dem Konto des kleinen
Sascha mehr als 150 000 DM gutgeschrieben waren,
die festverzinslich angelegt wurden.

Als Alexander Nefedov an seinem 25. Geburtstag
sein Erbe antrat, erwarteten ihn eindrucksvolle
sechs Millionen Mark. Der sehnlichste Wunsch seiner Mutter, für das Wohl ihres Sohnes sorgen zu
können, war somit in Erfüllung gegangen. Alexander lebt heute mit seiner russischen Frau Jelena und
ihrem gemeinsamen, 1993 geborenen Sohn Dennis
in New Jersey.

Alexandras Vermächtnis, erarbeitet in einer kurzen
künstlerischen Schaffensphase von nur drei Jahren,
bleibt unvergessen. Ihr Repertoire hat bis heute
seinen Platz in der Schlager- und Chansonszene
behaupten können. Und die Sängerin wird in ihren
zu Evergreens gewordenen Liedern auch künftig
weiterleben.

DISKOGRAPHIE

Die folgende Tonträger-Zusammenstellung berücksichtigt alle zu Alexandras Lebzeiten herausgebrachten Langspielplatten und Singles sowie die wichtigsten Veröffentlichungen nach ihrem Tod 1969 bis heute.

Singles (Philips-Phonogram/Mercury)

346 078 PF	Zigeunerjunge/Aus
384 504 PF	Sehnsucht/Was ist das Ziel?
384 567 PF	Illusionen/Auf dem Wege nach Odessa
384 550 2F	La taiga/La faute du monde entier (Philips, Paris)
384 584 PF	Schwarze Balalaika/Walzer des Sommers
388 374 PF	Erstes Morgenrot/Klingt Musik am Kaukasus
388 402 PF	Weißt du noch?/Mein Freund, der Baum
6003 050	Das Glück kam zu mir wie ein Traum/Dunkles Wolkenmeer
6003 557	O Duscha, Duscha/Wenn die lila Astern blühen
880 430-7 Q	Mein Freund, der Baum/ Der Traum vom Fliegen

Epi-Singles

45 755 5P	Erstes Morgenrot/Walzer des Sommers/Weißt du noch?/Sehnsucht (Philips – Club-Sonderauflage)
SFV 76 650	Auf dem Wege nach Odessa/Sehnsucht/Zigeunerjunge/Schwarze Balalaika (Fono-Ring, Freiburg im Breisgau)
556 036	Zigeunerjunge/Akkordeon/Illusionen/Walzer des Sommers (Amiga, DDR)
423 584 BE	Tzigane/Ma guitare/(Frankreich) Un cri d'adieu/Solenzara (Philips, Paris)

Langspielplatten und CDs (Philips-Phonogram/Mercury)

843 972 PY	Premiere mit Alexandra (1967)
844 338 PY	Alexandra (1968)
844 357 PY	Sehnsucht – Ein Portrait in Musik (1968)
844 392 PY	Alexandra – Ihre großen Erfolge (1969)
919 9168	Alexandra – unvergessen – Probeaufnahmen (1970)
662 3018 D	Stimme der Sehnsucht – Die Alexandra-Story (1972)
6623 048	So war Alexandra (1975)

6305 301	Alexandra – Star für Millionen (1976)
6449 074	Alexandra – Motive (1981)
824 188-1Q	Alexandra – Mein Freund, der Baum (1985)
842317-2	Alexandra (1991)
0072 950	Alexandra – Stimme der Sehnsucht – Gesamtaufnahme (3 CDs, Reader's Digest/Das Beste, 1994)

ALEXANDRAS AUFNAHMEN
in alphabetischer Reihenfolge

Akkordeon (S. Gainsbourg/A. Flor/E. Bader)
Alles geht vorüber (R. Siegel/M. Kunze)
Am großen Strom (R. Amirchanjan/Alexandra/
    B. Jojic)
Auf dem Wege nach Odessa (H. Blum/
    F. Weyrich)
Aus! (A. Flor/F. Weyrich)
Belaja akazija (Alexandra)
Das Glück kam zu mir wie ein Traum
    (L. Bonfa/E. Bader/H. Ewer)
Der große Clown (Ch. Niessen)
Der Traum vom Fliegen (Alexandra)
Die anderen waren schuld (Alexandra/E. Bader)
Die Zärtlichkeit (H. Giraud/B. Jojic/N. Roux/
    F. Weyrich)
Dunkles Wolkenmeer (Volksweise/Bearbeitung:
    Alexandra/Treitz)
Ein leeres Haus (Ch. Niessen)
El vito (Volksweise/Bearbeitung: Alexandra)
Erev she shonanim (Volksweise/Bearbeitung:
    Alexandra)
Erstes Morgenrot (R. Bauer/F. Weyrich)
Es war einmal ein Fischer (Alexandra)
Golden Earrings (V. Young/E. Bader)

Grau zieht der Nebel (Adamo/E. Bader/
  Alexandra)
Hereinspaziert (H. Blum/F. Weyrich)
Ich liebe dich – Ja lubú tebjá (Volksweise/
  Bearbeitung: Alexandra)
Ich erwarte dich (unveröffentlicht;
  G. Bécaud/Max Colbert)
Illusionen (U. Jürgens/Alexandra)
Im sechsten Stock (H. Blum/F. Weyrich)
Janos von der Puszta (I. Patchka/E. Maxim/
  E. Bader)
Je t'attends (G. Bécaud/Ch. Aznavour)
Kleine Anuschka (H. Blum)
Klingt Musik am Kaukasus (R. Bauer/Alexandra)
La faute du monde entier (Alexandra)
La Taiga (R. Bauer/F. Weyrich)
Ma guitare (V. Young/J. Livingston/R. Evans/
  C. Rivat)
Maskenball (verschollen; H. Blum/F. Weyrich)
Mein Freund, der Baum (Alexandra)
Mein Kind, schlaf ein (Alexandra)
O Duscha, Duscha (F. Duval/H. Witt)
Russkaja Zikanskaja Pessnja (Volksweise/
  Bearbeitung: Alexandra)
Sag mir, was du denkst (E. Vianello/E. Bader)
Sag nicht adieu (A. Flor/F. Weyrich)
Schwarze Balalaika (H. Mayer/G. Buschor)
Schwarze Engel (M. A. Maciste/R. M. Siegel)
Sehnsucht – das Lied der Taiga (R. Bauer/
  F. Weyrich)

Solenzara (deutsche Version: D. Marfisi/
 C. Darbal/B. Bacara/E. Marcias/F. Weyrich)
Solenzara (französische Version: D. Marfisi/
 C. Dacara/E. Marcias)
Tanz, alter Tanzbär (Alexandra)
The guns and the drums (Volksweise/
 Bearbeitung: Alexandra)
Those were the days (G. Raskin)
Tzigane (H. Blum/F. Gérald)
Un cri d'adieu (A. Flor/F. Weyrich/F. Gérald)
Walzer des Sommers (Adamo/Alexandra)
Warum? (A. Hawkshaw/E. Bader)
Was ist das Ziel? (Y. Gilbert/A. Flor/F. Weyrich/
 S. Lama)
Was sind die Menschen doch für Leute
 (R. Arnie/E. Bader)
Weißt du noch? (I. Vandor/J. Fishman/
 Alexandra)
Wenn die lila Astern blühn (F. Duval/H. Witt)
Wild ist das Land (Alexandra)
Wind, Wind (Alexandra)
Zigeunerjunge (H. Blum)
Zwei Gitarren (V. Young/E. Bader)

BILDNACHWEIS

Privatarchiv Hans R. Beierlein, München:
  Nummer 23, 27
Georg Dozel, Hamburg: Nummer 14
Arthur Förschler, München: Nummer 33
Jürgen Haese, Hamburg: Nummer 30, 31
Privatarchiv Hazy Osterwald, Luzern:
  Nummer 20
Foto Becher, Wangerooge: Nummer 21

Phonogram/Polygram, Hamburg: Nummer 13, 19, 32, 40, 41, 43
Archiv Bayerischer Rundfunk, München:
  Nummer 28
Archiv Hessischer Rundfunk, Frankfurt am Main:
  Nummer 29, 35
Archiv Norddeutscher Rundfunk, Hamburg:
  Nummer 26, 39
Archiv Saarländischer Rundfunk, Saarbrücken:
  Nummer 15, 27
Archiv Zweites Deutsches Fernsehen, Mainz:
  Nummer 22, 25, 34

Die Anschriften einiger der hier aufgeführten Bildrechte-Inhaber sowie die Namen einiger Fotografen konnten nach 25 Jahren nicht mehr ermittelt werden. Berechtigte Honoraransprüche werden selbstverständlich abgegolten.

Die übrigen Fotos stammen aus dem Privatbesitz der Familien Lessing und Kraft sowie von Antoine Ortel.

Ich möchte allen hier aufgeführten Sendeanstalten und Privatpersonen, die mir für diese Veröffentlichung ihre Fotos honorarfrei zur Verfügung gestellt haben, für ihr freundliches Entgegenkommen danken.

LIEDNACHWEIS

Zigeunerjunge
  Text und Musik: Hans Blum
  © Copyright by Melodie der Welt,
  J. Michel KG, Musikverlag, Frankfurt/Main.
Was ist das Ziel
  dt. Text: Fred Weyrich
  Musik: Yves Gilbert
  © Copyright by Editions Philippe Gerard,
  Melodie der Welt, J. Michel KG, Musikverlag,
  Frankfurt/Main, für Deutschland, Österreich
  und Schweiz.
Klingt Musik am Kaukasus
  Text: Alexandra
  Musik: Rudi Bauer
  © Copyright by Melodie der Welt, J. Michel KG,
  Musikverlag, Frankfurt/Main & Radio Music
  International, Luxemburg.
Ein leeres Haus
  Text und Musik: Charly Niessen
  © Copyright 1966 by Capriccio Musikverlag
  GmbH, Hamburg, aller Rechte für die Welt
Tanz, alter Tanzbär
  Text und Musik: Doris Nefedov
  © Copyright 1968 by Hanseatic Musikverlag
  GmbH, Hamburg, alle Rechte für die
  Welt

Aus
  Musik: Arno Flor
  Text: Fred Weyrich
  © Copyright 1967 by Capriccio Musikverlag
  GmbH, Hamburg, alle Rechte für die Welt.
Ich erwarte Dich (Je t'attends)
  Musik: Gilbert Becaud
  Originaltext: Charles Aznavour
  deutscher Text: Max Colpet
  © Copyright 1963 by Editions Le Rideau
  Rouge/Editions Musicales Charles Arnavour,
  Paris,
  für Deutschland und Österreich: Edition
  Marbot GmbH, Hamburg
Die anderen waren schuld
  Musik: Alexandra Nefedov
  Originaltext: Ernst Bader
  © Copyright 1967 by Edition Marbot GmbH,
  Hamburg
Wenn die lila Astern blühen
  Musik: Frank Duval
  Originaltext: Herbert Witt
  © Copyright 1973 by Magazine-Music Verlag
  GmbH & Co. KG, Hamburg
Zärtlichkeit (La tendresse)
  Musik: Hubert Giraud
  Originaltextdichter: Noel Roux
  deutscher Text: Fred Weyrich
  © Copyright 1964 by Societe d'Editions
  Musicales Internationales, Paris

für Deutschland und Österreich: Edition
Marbot GmbH, Hamburg

Das Glück kam zu mir wie ein Traum
(La Chanson d'Orphee)
Musik: Luiz Bonfa
Originaltext: François Lienas/Marcel Camus
deutscher Text: Ernst Bader/Hans Ewer
© Copyright 1959 by Editions Musicales France
Vedettes, Paris
© Copyright 1964 by Editions Marbot GmbH,
Hamburg, für Deutschland

Schwarze Engel (Angelitos Negros)
Musik: Manuel Alvarez Maciste
Originaltext (span.): Andres Eloy Bianco
deutscher Text: Ralph Maria Siegel
© Copyright by Editorial Mexicana de Musica
Internacional, S. A., Mexico
für Deutschland, Polen und Tschechische
Republik: Peer Musikverlag GmbH, Hamburg

Kinderjahre
Musik: Salvatore Adamo
Text: Alexandra
© Copyright 1970 by montana

Das Märchen einer Frühlingsnacht
Musik: Rolf Soja
Text: Alexandra
© Copyright 1970 by montana

Mein Kind, schlaf ein
Musik und Text: Alexandra
© 1968 by montana

Es war einmal ein Fischer
   Musik und Text: Alexandra
   © Copyright 1970 by montana
Am großen Strom
   Musik: Alexandra/Juri Amirchanjan
   Text: Alexandra
   © Copyright 1969 by montana
Ich liebe dich (Ja Lublú tebjá)
   Musik: Boris Jojic
   Text: Alexandra
   © Copyright 1968 by montana
Der Traum vom Fliegen
   Musik und Text: Alexandra
   © Copyright 1968 by montana
Mein Freund, der Baum
   Musik und Text: Alexandra
   © Copyright 1968 by montana
Illusionen
   Musik: Udo Jürgens
   Text: Alexandra
   © Copyright 1968 by montana
Nur einen Sommer lang
   Musik: Udo Jürgens
   Text: Alexandra
   © Copyright 1970 by montana
Walzer des Sommers
   (Valse d'été)
   Musik und Text: Adamo
   Deutscher Text: Alexandra
   © Copyright montana

Grau zieht der Nebel
   (Tombe la neige)
   Musik und Text: Adamo
   Deutscher Text: Alexandra/Ernst Bader
   © Copyright 1964 by montana
Das Feuer der Zigeuner
   (Le feu des gitanes)
   Musik: Enrico Macias
   Text: Alexandra
   © Copyright 1968 Neue Welt Musikverlag
Erstes Morgenrot
   Musik: Rudi Bauer
   Text: Fred Weyrich
   © Copyright 1969 by montana
Sehnsucht (Lied der Taiga)
   Musik: Rudi Bauer
   Text: Fred Weyrich
   © Copyright 1968 Radio-Tele-Music GmbH
Maskenball
   © Copyright unbekannt
Die weißen Nächte von Leningrad
   © Copyright unbekannt
Der große Clown
   Text und Musik: Charly Niessen
   © Copyright 1968 Edition Simon Musikverlag,
   München
Weißt du noch?
   © Copyright unbekannt

DANKSAGUNG

Ich danke allen, die mich bei der Fertigstellung dieses Buches hilfreich unterstützt haben, im besonderen:

Gertrud Allgäuer; Fritz Bauer, Polyphon Hamburg; Hans R. Beierlein; Reinhard Berkholz; Dankwart Bette; Tanja Boettcher; Truck Branss; Jochen Distelkamp; Dr. Frank Dittmer; Georg Dozel; Jens Ehlers; Paul Frederiksen; Gong-Zeitschrift; Dr. Jürgen Haese; Helge Hass; Karin Hasselblatt; Prof. Paul W. Hertin; HGM-Press, Berlin; Oberstaatsanwalt Hoffmann, Schleswig; Dr. Elke Irmberger und Dr. Reißmann, Landesarchiv Schleswig; Dr. Bertold Jakob; Udo Jürgens; Michael Kielmann; Dr. Thomas Kirsten; Marianne Kraft; Hildegard und Kurt Lessing; Helmut Lotz, Edition diá; Sabine Marx; Frau Melhorn, Gauck-Behörde; Dagmar Merten; Jürgen Meyer-Kronthaler; Alexander Nefedov; Hazy Osterwald; Antoine Ortel; Andrea Pauli; Kai Precht; Johannes Prittwitz; Uta Rachow; Winfried und Angelika Roll; Renate Scholten; Ulrike Stachel; Mario Thal; Helmut Thomsen; Melitta Treitz; Manfred Ungewitter; Dr. Ursula Utecht; Dr. Werner Vogelsang; Regine Weisbrod; Fred Weyrich; Marleen und Herbert Zaus; Yvonne Ziegler-Meyer.

PERSONEN- UND LIEDERREGISTER

(Liedertexte sind fett hervorgehoben, Bilder fett in eckigen Klammern)

A

A banda 178
Adamo, Salvatore 17, 109, 119, 124 ff., 129 ff., 160, 162, 176, 199, 213, 223, 267 f., 292, **[24]**
Adenauer, Konrad 16
Akkordeon 76, 123
Albertz, Heinrich 114
Alexander, Peter 95 ff., 267
Alwine 16
Am großen Strom 105, **106**, 155
Amirchanjan, Juri 105 f., 114
anderen waren schuld, Die 205, 263
Anders, Peter, jr. **[16]**
Andersen, Lale 191
Anouilh, Jean 68

Armstrong, Neil 265
Aro, Eric von 236
Auf dem Weg nach Odessa 177, 241
Aus **93**, **[19]**
Averty, Jean-Christophe 143
Aznavour, Charles 66, 77 f., 109, 125

B

Bach, Johann Sebastian 23
Bader, Ernst 91 f., 199, 255
Bahr, Hermann 122
Baransky, Stefan von 128
Barelli, Minouche 125 f.
Bassey, Shirley 168
Bauer, Rudi 136, 139 f., 243 f., 247, 269

Bécaud, Gilbert 67, 78, 109, 111, 115 ff., 125, 162, 262, 267 f.
Beierlein, Hans Rudolf 128 ff., 143, 149, 151 ff., 162 ff., 172, 175, 190, 206 ff., 212 f., 217, 220 f., 224, 232 ff., 237, 241 f., 247 f., 260, 272, 276, **[23]**
Beiß nicht gleich in jeden Apfel 81
Berenbrock, Klaus 124 f.
Bergmann, Ingrid 22
Bernd 22
Black, Roy 210, 267, **[27]**
Blanco, Roberto 268
Blum, Hans 81 ff., 134, 149, 177, 209
Bonfa, L. 255
Bonne nuit, ma chérie 268
Brahms, Johannes 23
Brandin, Walter 213, **[23]**
Brandt, Willy 114, 121
Branss, Truck 98, 110, 115 ff., 142, 180, 188, 191–195, 198, 218, 232, 240, 244, **[15]**

Brecht, Bertolt 68
Breschnew, Leonid 174
Brück, Inge 180
Brühl, Heidi 71
Burg, Lou van 224 f., **[34]**

C

Carlino, Lewis John 69
Celentano, Adriano 144, 231, 233
Chopin, Frédérik 23
Christie, Julie 67, 231
City Preachers 63 f.
Clark, Petula 128, 144
Colbert, Max 78
Coquatrix, Bruno 125, 261
Costa e Silva, Arturo da 184

D

Dalida 143
Damia, Ema 102 f.
Das macht diese Welt erst richtig schön 120
Davis, Sammy, jr. 168

Die anderen waren schuld
91, **92**
Dietrich, Marlene 123 f.
Dozel, Georg [14]
Du mußt mit den Wimpern klimpern 120
Dubček, Alexander 148, 174
Dunkles Wolkenmeer 66
Dünser, Margaret 222 f.
Duscha, Duscha 146
Duval, Frank 146

E

Elisabeth II., Königin von England 62
Erhard, Ludwig 62
Erstes Morgenrot **243**, 244, 263
Es geht eine Träne auf Reisen 131
Es war einmal ein Fischer 66, **87**
Ewer, H. 255

F

Fedov, Igor 135
Féraud 222
Feuer der Zigeuner, Das 213, **214**
Fishman, J. 65
Flor, Arno 93, 137
Frankenfeld, Peter 99, 196
Frederic, Dagmar 247
Fritsch, Thomas 121, 142, 258

G

Gilbert, Y. 137
Gildo, Rex 177, 210, [27]
Giraud, Hubert 182
Glas, Uschi 231, 265
Glück kam zu mir wie ein Traum, Das **255**
Gluth, Manfred 282
goldenen Tage von Nessebar, Die 262
Gott, Karel 71, 144, 173, 180
Grau zieht der Nebel **199**
Gréco, Juliette 67, 76, 109, 123 ff., 267

Greger, Max 166
große Clown, Der **258**
Grünefeld, Hans Otto 208

Horton, Peter 180
Howland, Chris 119, 173, **[21]**
Hübner, Karin 146

H

Haese, Jürgen 61, 199
Hardy, Françoise 123, 128, 162, 179, 191
Hauptmann, Gerhart 68
Haydn, Joseph 23
Heimweh 23
Helga 21, 24
Heston, Charlton 144
Heut hat mein Geliebter Hochzeit im Strandhotel 69
Hitler, Adolf 13
Hoff, Andreas 97 f.
Hoffmann, Hansi J. 95 ff., 149, 174, 180, 182
Hoop, Wyn 268, 270, 277
Höpfner, Andreas 189
Höpfner, Margot 56–61, 68 f., 109, 122, 189, 277, 293, **[18]**
Horn, Andrea 268

I

Ich erwarte dich 77, **78**
Ich liebe dich – Ja lublú tebjá 107, 193
Illusionen 166, **167**, 168, 177 f., 190, 198, 213
Inch Allah 124
Internationale 145

J

Ja Lublú tebjá 155
Jankowski, Horst 268
Janos von der Puszta 93, **[26]**
Je t'attends 77
Jobim, Carlos 181 f., 184 ff.
Jojic, Boris 157 f.
Jones, Tom 267
Jürgens, Udo 128, 162–169, 173, 177, 190, 207 f., 213, 232, 248 f., 265, 267, **[23]**

K

Kern, Renate 119 f., 247, **[21]**
Kiesinger, Kurt Georg 114
Kinderjahre **17**, 262
Kleine Anabelle 242
Klemmer, Horst 119 f.
Klingt Musik am Kaukasus **269**
Knef, Hildegard 91, 192, 196, 240, 267
Knust, Ilse 23
Köhler, Fritz 81, 276
Kolle, Oswald 240
Kollo, Rene 168
Konjunktur-Cha-Cha 99
Kraft, Manfred 30
Kraft, Marianne (siehe: Treitz, Marianne)
Kretzschmar, Wolfgang 81, 149, 151
Kriminal-Tango 99
Kuhn, Paul 173
Kus, Alexander 71

L

La faute du monde entier 205
La taiga 205
Lady Carneval 180
Lafaire, Pierre 225 ff., 230, 236 ff., 244, 251 f., 254, 257, 288, 292, **[42]**
Lama, S. 137
Laurent 222
Leandros, Vicky 210, 240, 253, **[26]**
leeres Haus, Ein 51
Lembke, Robert 173, **[28]**
Leone, Narra 178
Lessing, Hermann 14 f.
Lessing, Hildegard 14 f., 22, 36, 271
Lessing, Marleen 22 f., 30, 130, 133, 237, **[42]**
Liebknecht, Karl 145
Lindbergh, Stephanie 168
Lindblom, Anita 124
List, Lisbeth 125 f., 180
Lizell, Nina 100

Lollobrigida, Gina 222
London, Julie 247
Luxemburg, Rosa 145

M

Ma guitare 143
Macias, Enrico 214
Maciste, M. A. 264
Malmquist, Siw 209, 267
Manuela 267
Märchen einer Frühlingsnacht, Das **27**
Marie-France 100
Maskenball **134**
Matthieu, Mireille 267
Meier, Dr. 279
Mein Freund, der Baum 158, **159**, 161
Mein Kind, schlaf ein **46**, 88, 155
Merci Chérie 208
Michaeloff 39
Moskauer Nächte 103
Mouskouri, Nana 124
Mozart, Wolfgang Amadeus 23
Myhre, Wencke 267

N

Nathalie 67, 116
Nefedov, Alexander (Sascha) 44, 45, 88 f., 172 f., 175, 189, 201 f., 216, 219, 251, 256, 273, 277, 280, 285, 293 f., **[10]**, **[44]**, **[48]**
Nefedov, Dennis 294
Nefedov, Jelena 294, **[48]**
Nefedov, Lydia 33, 37, 39, 41, 293
Nefedov, Nikolai 32–42, 44 f., 48–54, 120, 122, 175, 201 ff., 271, 291 ff., **[9]**, **[48]**
Niessen, Charlie 51, 258
Nikolai (KGB) 105, 112
Nur einen Sommer lang 169

O

O'Brian Docker, John 63 f.
Ortel, Tonitschka 34 f., 40, 45

Ofarim, Esther und Abi 128
Ohnesorg, Benno 114
Oster, Fred 224
Osterwald, Hazy 99–104, 109, 111 f., 115, 148, 166, **[20]**
Otschi Tschernia 63

P

Pascal, Jean Claude 191
Pasternak, Boris 67
Pele 185
Peter, Frau 173
Pfleghar, Michael 244
Plessen, Graf 21
Pohl, Werner 76
Price, Dick 102
Price, Vincent 22
Primaballerina 209

Q

Quinn, Freddy 23

R

Rabanne, Paco 222
Rajter, Dunja 136

Rebroff, Iwan 136, 145, 246, 268
Relin, Joachim **[23]**
Renate 25
Resa Pahlawi, Mohammad 114
Röben, Gerd 69 ff., **[12]**
Roberts, Chris 253
Roll, Winfried 282
Roman 204, 277
Ronny 242

S

Sabia 180
Schenk, Heinz 142, **[29]**
Schenz, Alfred 272 f., 288, 293
Schneider, Romy 222
Schrade, Hans 80, 85
Schubert, Franz 23
Schwarze Augen 103, 107
Schwarze Balalaika 198 f., 206, 211, 241
Schwarze Engel 160, 263, **264**
Sehnsucht – das Lied der Taiga 136, 139, **140**, 141 ff., 155, 198, 205 f., 224, 244, 263

Semrau, Alfons 72, 104
Shakespeare, William 68
Sharif, Omar 67
Siegel, Ralph Maria 160, 264
Soja, Rolf 27
Solenzara 143
Sommer geht, Der 262
Spielt Musik am Kaukasus 244
Springfield, Dusty 267
Steinberg, Irving H. 147
Stern, Horst 238
Stifter, Adalbert 86
Swetosch, Hermine 14, 16, 22
Swetosch, Wally 13 ff., 20, 22, 30, 35 f., 61, 96, 133, 189, 203 f., 227 f., 273, 275, 281, [2], [3], [18], [42], [44]

Tombe la neige 124, 160
Torriani, Vico 71, 80, 196
Traum vom Fliegen, Der 155, **156**
Treitz, August 13 f., 16, 30, 260, [2]
Treitz, Marianne 14, 19, 24, 30, 56, 277, 284, [3], [7]
Treitz, Melitta 14, 19, 22, 29 f., 45, 59, 197, 203, 220, 227 f., 233, 238, 251, 254, 260 f., 277, 288 ff., [3], [7], [42]
Treitz, Wally (siehe: Swetosch, Wally)
Tschechow, Anton 145
Ty pasztoj 262

T

Tanz, alter Tanzbär **54**
Teufel, Fritz 114
Thellmann, Erika von 145
Those were the days 198, 230

U

Un cri d'adieu 143
Ungaro 222
Unsere Kirschen blühen weiß 262
Utecht, Ursula 272, 290, 292

V

Valente, Caterina 173, 236
Valentino, Henry 81
Valse d'été 176, 213
Vandor, I. 65
Vogelsang, Werner 152, 163, 241, 249, 275 f., 284

W

Walzer des Sommers 131, 176, 199, 223
Warum? 122
Was ist das Ziel? 137
weißen Nächte von Leningrad, Die **262**
Weißt du noch? 65
Wendland, Gerhard 253
Wenn die lila Astern blühn **146**
Weyrich, Fred 68, 71–77, 80 ff., 85 f., 88 ff., 93, 97–101, 109 ff., 113, 115–119, 121, 128 f., 134 ff., 139 ff., 143 f., 148 f., 153 ff., 158, 160, 162 f., 171, 173, 177, 182, 195 f., 207, 210, 213, 218, 234, 236 f., 242 ff., 246 f., 261, 266, 276, **[14]**, **[23]**
Weyrich, Hella 74
Wie ein Regenbogen war unser Glück 262
Wieckhorst 279
Wiggers 280
Wild ist das Land 66
Witt, Herbert 146
Wöhr, Lia **[29]**
Wolgaschiffer 122

Z

Zacharias, Helmut **[23]**
Zärtlichkeit, Die **182**
Zaus, Herbert 237
Zaus, Marleen (siehe: Lessing, Marleen)
Zigeunerjunge 82, **83**, 84 f., 116 f., 122, 127, 133 f., 143, 148, 150, 155, 172, 198, 224, 230, 268, **[19]**
Zwei Gitarren 123